Schule digital – der Länderindikator 2015

Wilfried Bos, Ramona Lorenz, Manuela Endberg,
Heike Schaumburg, Renate Schulz-Zander,
Martin Senkbeil (Hrsg.)

Schule digital – der Länderindikator 2015

Vertiefende Analysen zur schulischen Nutzung
digitaler Medien im Bundesländervergleich

Waxmann 2015
Münster · New York

Das Projekt wurde durch die Deutsche Telekom Stiftung ermöglicht.

Bibliografische Informationen der Deutschen Nationalbibliothek
Die Deutsche Nationalbibliothek verzeichnet diese Publikation in
der Deutschen Nationalbibliografie; detaillierte bibliografische
Daten sind im Internet über http://dnb.dnb.de abrufbar.

ISBN 978-3-8309-3400-4

© Waxmann Verlag GmbH, 2015
Steinfurter Strasse 555, 48159 Münster

www.waxmann.com
info@waxmann.com

Umschlaggestaltung: Inna Ponomareva, Jena
Satz: Stoddart Satz- und Layoutservice, Münster
Druck: Těšínská tiskárna, a.s., Český Těšín, Czech Republic

Gedruckt auf alterungsbeständigem Papier,
säurefrei gemäß ISO 9706

Alle Rechte vorbehalten. Nachdruck, auch auszugsweise, verboten.
Kein Teil dieses Werkes darf ohne schriftliche Genehmigung des
Verlages in irgendeiner Form reproduziert oder unter Verwendung
elektronischer Systeme verarbeitet, vervielfältigt oder verbreitet werden.

Inhalt

Kapitel I
Schule digital – der Länderindikator 2015. Überblick und zentrale Ergebnisse 9
Wilfried Bos und Ramona Lorenz

1. Theoretische Einordnung der Befunde des *Länderindikators 2015* 10
2. Zusammenfassung der zentralen Befunde des *Länderindikators 2015* 13
2.1 Schulische Ausstattung mit digitalen Medien in der Sekundarstufe I 13
2.2 Nutzung digitaler Medien im Unterricht der Sekundarstufe I 14
2.3 Einstellungen von Lehrpersonen zum Einsatz digitaler Medien im Unterricht der Sekundarstufe I 15
2.4 Förderung der IT-bezogenen Fähigkeiten der Schülerinnen und Schüler durch Lehrpersonen in der Sekundarstufe I 16
2.5 Gesamtübersicht des Bundesländervergleichs 17
Literatur 19

Kapitel II
Konzeption, Anlage und Durchführung des Projekts *Schule digital –*
***der Länderindikator 2015* 20**
Ramona Lorenz und Wilfried Bos

1. Organisationsstruktur 21
2. Stichprobenziehung und Durchführung der Lehrerbefragung 22
3. Entwicklung und Beschreibung des eingesetzten Lehrerfragebogens 23
4. Darstellung und Interpretation der Ergebnisse 24
5. Länderportraits: Länderauswahl und methodisches Vorgehen der Erstellung 27
Literatur 29

Kapitel III
Schulische Ausstattung mit digitalen Medien in der Sekundarstufe I 30
Ramona Lorenz und Renate Schulz-Zander

1. Überblick über bisherige Befunde zur Ausstattung mit digitalen Medien an Schulen der Sekundarstufe I in Deutschland 31
1.1 IT-Ausstattung an Schulen 31
1.2 Ausstattungskonzepte 33
1.3 Ausstattungsprobleme aus der Sicht schulischer Akteure 34
2. Befunde zur Ausstattung von Schulen der Sekundarstufe I mit digitalen Medien anhand des *Länderindikators 2015* 36
2.1 IT-Ausstattung 36
2.2 IT-Ausstattungskonzepte 42
2.3 IT-Ausstattungsprobleme aus Sicht der Lehrpersonen 48
3. Zusammenfassung und Diskussion 52
Literatur 56

Kapitel IV
Nutzung digitaler Medien im Unterricht der Sekundarstufe I 59

Ramona Lorenz und Heike Schaumburg

1.	Forschungsstand zur Nutzung digitaler Medien im Unterricht	60
1.1	Nutzungshäufigkeit und Nutzungsdauer	60
1.2	Schulische Rahmenbedingungen	62
1.3	IT-bezogene Kooperation	62
1.4	Unterstützungsbedarf und Support	63
2.	Befunde zur schulischen Nutzung digitaler Medien anhand des *Länderindikators 2015*	65
2.1	Nutzungsdauer und Nutzungshäufigkeit	65
2.2	Schulische Rahmenbedingungen	69
2.3	IT-bezogene Kooperation im Lehrerkollegium	76
2.4	Unterstützungsbedarf und Support	80
3.	Regressionsanalyse zur Erklärung der Nutzungshäufigkeit digitaler Medien im Unterricht	87
4.	Zusammenfassung und Diskussion	88
Literatur		92

Kapitel V
Einstellungen von Lehrpersonen der Sekundarstufe I zum Einsatz digitaler Medien im Unterricht 95

Manuela Endberg, Ramona Lorenz und Martin Senkbeil

1.	Theoretische Rahmung und Befunde zu Einstellungen von Lehrpersonen der Sekundarstufe I zum Einsatz digitaler Medien im Unterricht	96
1.1	Theoretische Einordnung der IT-bezogenen Einstellungen von Lehrpersonen	96
1.2	Aktuelle Befunde zu Einstellungen von Lehrpersonen gegenüber dem Einsatz digitaler Medien im Unterricht	99
2.	Ergebnisse hinsichtlich der Einstellungen von Lehrpersonen zum Einsatz digitaler Medien im Unterricht anhand des *Länderindikators 2015*	106
2.1	Potenziale digitaler Medien	106
2.2	Risiken digitaler Medien	113
2.3	Stellenwert digitaler Medien im Fachunterricht	119
2.4	Eigene Kompetenzeinschätzung	123
3.	Latent-Class-Analyse zur Typisierung der Lehrpersonen hinsichtlich der Einstellungen zum Einsatz digitaler Medien im Unterricht	125
3.1	Methodik	126
3.2	Ergebnisse der Latent-Class-Analyse	127
4.	Regressionsanalyse zur Erklärung von Unterschieden in der Häufigkeit der Computernutzung im Unterricht unter Berücksichtigung der Einstellungen von Lehrpersonen gegenüber dem Einsatz digitaler Medien im Unterricht	131
5.	Zusammenfassung und Diskussion	134
Literatur		138

Kapitel VI
Förderung der IT-bezogenen Fähigkeiten von Schülerinnen und Schülern durch Lehrpersonen in der Sekundarstufe I 141
Ramona Lorenz und Manuela Endberg

1.	Stand der bisherigen Forschung	142
1.1	Konstrukt der computer- und informationsbezogenen Kompetenzen in ICILS 2013	144
1.2	Kompetenzstufen computer- und informationsbezogener Kompetenzen in ICILS 2013	147
2.	Ergebnisse des *Länderindikators 2015*	151
2.1	Kompetenzförderung entsprechend den Teilbereichen der computer- und informationsbezogenen Kompetenzen in ICILS 2013	151
2.2	Kompetenzförderung entsprechend den Kompetenzstufen in ICILS 2013	175
3.	Zusammenfassung und Diskussion	184
Literatur		187

Kapitel VII
Länderportraits
Medieninitiativen in Thüringen und Nordrhein-Westfalen sowie Darstellung schulischer Good-Practice-Beispiele 189
Manuela Endberg und Ramona Lorenz

1.	Länderportrait: Thüringen	191
1.1	Thüringer Medienschulen	192
1.2	Ausstattung der Schulen mit digitalen Medien	192
1.3	Kurs *Medienkunde*	194
1.4	Fortbildungen	197
1.5	Evaluation	199
2.	Schulportraits: Thüringen	202
2.1	Schulportrait: Nessetalschule, Warza	202
2.2	Schulportrait: Geschwister-Scholl-Schule, Saalfeld	207
3.	Länderportrait: Nordrhein-Westfalen	211
3.1	Schulinterne Medienkonzepte als Grundlage der Medienerziehung	212
3.2	Aktuelle Medieninitiativen in der Sekundarstufe I in Nordrhein-Westfalen	214
4.	Schulportraits: Nordrhein-Westfalen	221
4.1	Schulportrait: Gesamtschule Xanten-Sonsbeck/Walter-Bader-Realschule	221
4.2	Schulportrait: Friedensschule, Münster	227
5.	Diskussion	233
Literatur		234

Anhang
Indikatoren der Gesamtübersicht des Bundesländervergleichs 237

Kapitel I
Schule digital – der Länderindikator 2015
Überblick und zentrale Ergebnisse

Wilfried Bos und Ramona Lorenz

Digitale Medien haben in fast allen Bereichen des privaten, gesellschaftlichen und wirtschaftlichen Lebens eine zentrale Rolle eingenommen. Damit gehören sie heutzutage in allen Lebensbereichen zum Alltag. Um an der Gesellschaft des 21. Jahrhunderts angemessen teilhaben zu können, ist es auf privater sowie auf beruflicher Ebene unverzichtbar geworden, über Kompetenzen im Umgang mit digitalen Medien zu verfügen. Die Aufgabe der Schule ist es, Kinder und Jugendliche auf diese Anforderungen vorzubereiten, indem sie die Möglichkeiten schafft, medial vermittelte Informationen auszuwählen, zu verstehen, zu nutzen und weiterzuverarbeiten. Dazu gehört nicht nur die mediengestützte Vermittlung fachlicher Kompetenzen, sondern auch die Förderung von Kompetenzen im Umgang mit digitalen Medien, welche zu den Schlüsselkompetenzen für lebenslanges Lernen gehören (Europäische Kommission, 2006). Damit werden die Schülerinnen und Schüler auch befähigt, über die Schule hinaus mediengestützt zu lernen und Wissen zu erlangen. Ein Bildungsauftrag der Schule besteht darin, die Schülerinnen und Schüler zu einem selbstbestimmten, sachgerechten, aber auch kritischen und sozial verantwortlichen Umgang mit Informationstechnologien anzuleiten. Medienbildung hat in unserer Gesellschaft in den letzten Jahren einen hohen Stellenwert eingenommen, die Schule steht in der Verantwortung dem Rechnung zu tragen und die wichtige Schlüsselkompetenz im Umgang mit digitalen Medien zu fördern.

Mit dem Projekt *Schule digital – der Länderindikator* wird das Ziel verfolgt, die Bedeutung des Lernens mit und über digitale Medien im 21. Jahrhundert aufzuzeigen und umfassend im deutschen Schulsystem zu untersuchen. Dabei wird in der dreijährigen Projektlaufzeit jährlich wechselnd ein thematischer Schwerpunkt im Bereich der schulischen Medienbildung fokussiert. Anhand einer repräsentativen Befragung von Lehrpersonen wird erstmals ein gezieltes Bildungsmonitoring über den Einsatz digitaler Medien im schulischen Kontext für die Sekundarstufe I im Bundesländervergleich erstellt (zur Anlage und Durchführung vgl. Kapitel II in diesem Band).

Der *Länderindikator 2015* fokussiert auf den thematischen Schwerpunkt der schulischen Nutzung digitaler Medien im Bundesländervergleich. Dabei wird der Frage nach Unterschieden hinsichtlich (a) der IT-Ausstattung der Schulen, (b) der Nutzung von digitalen Medien im Unterricht, (c) den IT-bezogenen Einstellungen der Lehrpersonen sowie (d) der Förderung von IT-bezogenen Fähigkeiten der Schülerinnen und Schüler nachgegangen. Des Weiteren werden Medieninitiativen in zwei ausgewählten Bundesländern und deren Umsetzung in der schulischen Praxis anhand von Good-Practice-Beispielen in den Blick genommen.

Im Folgenden wird zunächst eine theoretische Rahmung der mit dem *Länderindikator 2015* erfassten Aspekte vorgenommen, bevor die zentralen Befunde der Untersuchung zusammengefasst werden.

1. Theoretische Einordnung der Befunde des Länderindikators 2015

Zur theoretischen Einordnung der Aspekte, die im Rahmen des *Länderindikators 2015* zur Erfassung des schulischen Einsatzes digitaler Medien im Unterricht herangezogen wurden, dient der konzeptionelle Ansatz zur Analyse des Zusammenhangs von Schulentwicklung und Schuleffektivität in Bezug auf digitale Medien (Abbildung 1) in Anlehnung an Eickelmann und Schulz-Zander (2008). Aus der Perspektive der Schulentwicklung und Schuleffektivität wird dabei die Wirksamkeit digitaler Medien im Hinblick auf überfachliche und bereichsspezifische Kompetenzen betrachtet. Diesbezüglich wird für den Medienbereich ein umfassendes Verständnis von Schuleffektivität zugrunde gelegt (in Anlehnung an Scheerens, 2000), das nicht nur auf die Outputebene gerichtet ist, sondern auch Auswirkungen auf der Input- und Prozessebene einbezieht (ebd.).

Im Rahmen des Modells zielt der Einsatz digitaler Medien sowohl auf die Entwicklung bereichsspezifischer Kompetenzen ab als auch stets auf eine Reihe überfachlicher Kompetenzen, die für ein lebenslanges Lernen in der heutigen Wissensgesellschaft benötigt werden. Dazu zählen Medien- und Informationskompetenz, Lernkompetenzen (zum selbstständigen und lebenslangen Lernen), Methodenkompetenz, soziale Kompetenzen (kommunikative und kooperative Fähigkeiten, etwa zum Aufbau von Lerngemeinschaften) sowie die Problemlösefähigkeit (ebd.). Zur Entwicklung dieser Kompetenzen tragen die besonderen Merkmale digitaler Medien, vor allem ihre Multimedialität, Interaktivität und die Möglichkeit zur Vernetzung, bei. Diese im Vergleich zu traditionellen Medien erweiterten medienpädagogischen Potenziale können gezielt für fachliches und überfachliches Lernen genutzt werden (Schulz-Zander & Tulodziecki, 2007).

Abbildung 1: Konzeptioneller Ansatz zur Analyse des Zusammenhangs von Schulentwicklung und Schuleffektivität in Bezug auf digitale Medien (in Anlehnung an Eickelmann & Schulz-Zander, 2008, S. 159)

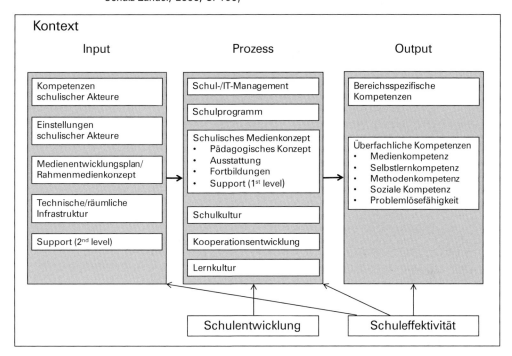

Nach Eickelmann und Schule-Zander (2008) sind auf der Inputebene in Bezug auf digitale Medien die didaktischen und medienpädagogischen Kompetenzen sowie die Medienkompetenz der Lehrkräfte und die Einstellungen schulischer Akteure besonders relevant für die Erreichung von Zielen durch die Integration digitaler Medien in unterrichtliche Lehr- und Lernkontexte im Sinne des erweiterten Verständnisses von Schuleffektivität. Ihre Wirkung entfaltet sich dabei über die Prozessebene. Weitere relevante Faktoren auf der Inputebene stellen der Medienentwicklungsplan/ das Rahmenmedienkonzept, die technische/räumliche Infrastruktur der Schule sowie der Support dar. Für die Realisierung des Supports haben sich in Deutschland zwei Konzepte entwickelt, wobei zwischen dem *First-Level-Support* und dem *Second-Level-Support* unterschieden werden kann. Der *Second-Level-Support* wird schulübergreifend von den Schulträgern, z.B. durch die Beauftragung externer Unternehmen, realisiert und ist auf der Inputebene verortet. Der *First-Level-Support* wird von den Schulen organisiert und soll eine schnelle Lösung zur internen Behebung einfacher technischer Probleme im Schulalltag darstellen, was auf der Prozessebene relevant ist.

Weitere Wirkfaktoren auf der Prozessebene sind im Schul-/IT-Management, im Schulprogramm, im schulischen Medienkonzept – welches laut Modell ein pädagogisches Konzept, ein Ausstattungskonzept, Fortbildungen und den First-Level-Support umfasst – sowie in der Schul- und Lernkultur und der Kooperationsentwicklung zu sehen.

Der *Länderindikator 2015* erfasst über die repräsentative Befragung von 1 250 Lehrpersonen der Sekundarstufe I in Deutschland Aussagen zu Indikatoren, die im Rahmen des Modells zentralen Bereichen auf der Input-, Prozess- und Outputebene zugeordnet werden können. Im Folgenden werden die Kapitel dieses Bandes vorgestellt und die darin ausgewerteten Indikatoren im vorgestellten theoretischen Modell verortet, bevor in Abschnitt 2 die zentralen Ergebnisse zusammengefasst werden.

Die Konzeption, Anlage und Durchführung des *Länderindikators 2015* beschreiben Lorenz und Bos zunächst in Kapitel II dieses Bandes.

Lorenz und Schulz-Zander fokussieren in Kapitel III die IT-Ausstattung der Schulen. Diese wird über Indikatoren zur Zufriedenheit der Lehrpersonen mit der vorhandenen Ausstattung, zu Ausstattungskonzepten mit digitalen Medien und zu IT-Ausstattungsproblemen aus Sicht der Lehrpersonen erfasst. Diese Indikatoren sind im konzeptionellen Ansatz nach Eickelmann und Schulz-Zander (2008) auf der Inputebene zu finden.

In Kapitel IV dieses Bandes nehmen Lorenz und Schaumburg die Nutzungshäufigkeit digitaler Medien im Unterricht in den Blick. Zudem werden schulische Rahmenbedingungen, die IT-bezogene Kooperation unter den Lehrpersonen, der Unterstützungsbedarf der Lehrpersonen sowie der technische und auch pädagogische Support berücksichtigt, die sich als hemmend oder förderlich hinsichtlich der Nutzungshäufigkeit digitaler Medien im Unterricht erweisen können. Damit werden vornehmlich Faktoren auf der Prozessebene betrachtet.

Endberg, Lorenz und Senkbeil betrachten mit Kapitel V die Einstellungen von Lehrpersonen der Sekundarstufe I zum unterrichtlichen Einsatz digitaler Medien. Zudem wird in diesem Zusammenhang auf den Stellenwert digitaler Medien im Fachunterricht und die Selbsteinschätzung der Lehrerkompetenzen eingegangen. Damit werden Faktoren auf der Inputebene betrachtet, die sich über die Prozessebene auf die Kompetenzen der Schülerinnen und Schüler auswirken.

Mit Kapitel VI wird ein explorativer Ansatz von Lorenz und Endberg dargestellt, mit dem die Förderung der IT-bezogenen Fähigkeiten von Jugendlichen in der Sekundarstufe I in Anlehnung an das theoretische Kompetenzmodell der internationalen Schulleistungsstudie *International Computer and Information Literacy Study* (ICILS 2013; Bos et al., 2014; Fraillon, Ainley, Schulz, Friedman & Gebhardt, 2014) untersucht wird. Damit werden Indikatoren herangezogen, denen ein direkter Einfluss auf die Outputebene zugesprochen werden kann.

Schließlich ergänzen Endberg und Lorenz mit Kapitel VII Länderportraits, in denen Medieninitiativen und Entwicklungen in zwei ausgewählten Bundesländern beschrieben werden. Aufgrund besonders konträrer Ansätze der Medienkonzepte wurden dazu Nordrhein-Westfalen und Thüringen ausgewählt. Vertiefend zur Beschreibung der Medieninitiativen werden als Einblicke in die Praxis schulische Good-Practice-Beispiele aus den beiden Ländern abgebildet.

2. Zusammenfassung der zentralen Befunde des *Länderindikators 2015*

Mit dem *Länderindikator 2015* werden auf der Basis einer repräsentativen Befragung von 1 250 Lehrpersonen der Sekundarstufe I in Deutschland Daten ausgewertet, die die gegenwärtige bundesweite Situation des Medieneinsatzes im Unterricht reflektieren. Aufgrund des Stichprobendesigns (vgl. Kapitel II in diesem Band) ist es erstmals möglich einen Bundesländervergleich hinsichtlich der erfassten Indikatoren durchzuführen, um aus Sicht der Lehrpersonen der Sekundarstufe I Unterschiede im schulischen Medieneinsatz zwischen den Bundesländern aufzeigen zu können. Dazu erfolgt eine Einteilung der Bundesländer in drei Gruppen: die oberen 25 Prozent, die mittleren 50 Prozent und die unteren 25 Prozent der Länder bezogen auf den jeweils betrachteten Indikator. Die Mittelwerte der oberen und unteren Ländergruppe unterscheiden sich hinsichtlich aller in diesem Band berichteten Indikatoren signifikant ($p < .05$), sodass diese beiden Gruppen kontrastiv miteinander verglichen werden können.

Die zentralen Befunde des *Länderindikators 2015* werden im Folgenden hinsichtlich der schulischen IT-Ausstattung, der Nutzung digitaler Medien im Unterricht, der Einstellungen der Lehrpersonen sowie der Förderung der IT-bezogenen Fähigkeiten der Schülerinnen und Schüler in Bezug auf die Sekundarstufe I in Deutschland referiert. Abschließend wird eine Gesamtübersicht des Bundesländervergleichs dargestellt, die auf zentralen Indikatoren der vier vorbenannten inhaltlichen Bereiche des *Länderindikators 2015* basiert.

2.1 Schulische Ausstattung mit digitalen Medien in der Sekundarstufe I

Insgesamt wird im Bereich der IT-Ausstattung der Schulen, die eine wichtige Voraussetzung der Medienbildung darstellt, seit Jahren eine Stagnation deutlich, was insbesondere die schulische Computerausstattung betrifft. Der *Länderindikator 2015* zeigt: Lediglich die Hälfte der Lehrpersonen schätzt die IT-Ausstattung der Schulen als ausreichend und auf einem technisch aktuellen Stand ein. Somit beurteilt ein nicht unerheblicher Anteil der Lehrpersonen die schulische IT-Ausstattung als unzureichend für einen unterstützenden Einsatz im Unterricht.

Hinsichtlich der Ausstattungskonzepte der Schulen mit mobilen Endgeräten lassen sich auf der einen Seite Bundesländer ausmachen, in denen verstärkt auf die schulische Ausstattung mit mobilen Endgeräten gesetzt wird, wohingegen auf der anderen Seite Bundesländer gezielt schülereigene Endgeräte zur Nutzung im Unterricht einbinden. Somit werden in den Bundesländern unterschiedliche Strategien verfolgt, um den Schülerinnen und Schülern digitale Medien im Unterricht zugänglich zu machen. Dabei halten es fast drei Fünftel der Lehrpersonen in Deutschland für erstrebenswert und sinnvoll, dass allen Schülerinnen und Schülern im Unterricht ein eigener Computer zur Verfügung steht.

IT-Ausstattungsprobleme werden für einen erheblichen Anteil der befragten Lehrpersonen deutlich. So schätzen zwei Fünftel der Lehrpersonen den technischen Stand der schulischen IT-Ausstattung als veraltet ein und die Kosten für Software stellen an der Schule von knapp drei Fünfteln der Lehrpersonen ein Problem dar.

Insgesamt sind im Bundesländervergleich hinsichtlich der IT-Ausstattung besonders Hamburg und Rheinland-Pfalz hervorzuheben: Ein vergleichsweise hoher Anteil der Lehrkräfte bekundet in diesen Ländern eine ausreichende und technisch aktuelle IT-Ausstattung (Computer, Software, Internetzugang und WLAN). Ein gegenteiliges Bild ergibt sich für Sachsen.

2.2 Nutzung digitaler Medien im Unterricht der Sekundarstufe I

In Bezug auf die Nutzung digitaler Medien im Unterricht weist der *Länderindikator 2015* einen Anteil von rund 7.5 Prozent an Lehrkräften aus, die Computer nie im Unterricht nutzen. Knapp die Hälfte der Lehrpersonen setzt Computer regelmäßig mindestens einmal in der Woche im Unterricht ein.

Neben der Nutzungshäufigkeit digitaler Medien im Unterricht wurden weitere Faktoren untersucht, die sich auf die Nutzungshäufigkeit auswirken können. Der Blick auf die schulischen Rahmenbedingungen verdeutlicht, dass der Einsatz von Computern nur bei einem Fünftel der Lehrpersonen Priorität an der Schule hat. Etwa zwei Fünftel der Lehrpersonen geben an, dass genügend Vorbereitungszeit für computergestützten Unterricht zur Verfügung steht, und rund ein Drittel der Lehrpersonen berichtet über organisatorische Probleme beim Einsatz von Computern im Unterricht. Zudem wünschen sich nahezu drei Fünftel der Lehrkräfte mehr Unterstützung für den Einsatz digitaler Medien im Unterricht. Somit tragen die schulischen Rahmenbedingungen noch nicht hinreichend zur Nutzung von Computern im Unterricht bei.

Hinsichtlich der IT-bezogenen Kooperation der Lehrpersonen zeigt sich, dass lediglich etwa ein Drittel der Lehrpersonen systematisch mit Kolleginnen und Kollegen an der Entwicklung computergestützter Unterrichtseinheiten zusammenarbeitet. Beispielmaterial finden hingegen drei Fünftel der Lehrpersonen an ihrer Schule vor, interne Workshops zu computergestütztem Unterricht gibt es an den Schulen von knapp zwei Fünfteln der Befragten.

Die Betrachtung der Supportsituation an den Schulen zeigt, dass nur etwa die Hälfte aller Lehrpersonen über ausreichend technischen und gut ein Drittel der Lehrpersonen über ausreichend pädagogischen Support verfügen. Damit kann insgesamt in allen Bundesländern Handlungsbedarf aufgezeigt werden.

Der Bundesländervergleich verdeutlicht, dass Bremen und Rheinland-Pfalz besonders häufig in der oberen Ländergruppe verortet sind und somit von den Lehrpersonen bezüglich der Nutzung digitaler Medien im Unterricht und des schulischen Kontexts vergleichsweise positiv bewertet werden. Dahingegen sind Hessen, Niedersachsen und

Schleswig-Holstein vergleichsweise oft in der unteren Ländergruppe zu finden, wobei in Schleswig-Holstein vergleichsweise häufig eine regelmäßige Computernutzung im Unterricht berichtet wird.

Darüber hinaus wurde der Zusammenhang der betrachteten Indikatoren hinsichtlich der schulischen Rahmenbedingungen, der Kooperation im Lehrerkollegium und des Supports für die Lehrpersonen mit der Nutzungshäufigkeit digitaler Medien regressionsanalytisch untersucht. Insgesamt indiziert die Analyse, dass die Computernutzung der befragten Lehrkräfte durch ein Zusammenspiel verschiedener Faktoren beeinflusst wird, wobei der Kooperation der Lehrpersonen sowie den von ihnen wahrgenommenen organisatorischen Problemen eine besondere Bedeutung zukommen.

2.3 Einstellungen von Lehrpersonen zum Einsatz digitaler Medien im Unterricht der Sekundarstufe I

Die Befunde des *Länderindikators 2015* hinsichtlich der IT-bezogenen Einstellungen von Lehrpersonen zeigen, dass die befragten Lehrpersonen dem Einsatz digitaler Medien im Unterricht mehrheitlich eine ganze Reihe an Potenzialen zusprechen: Dies betrifft den Zugang zu besseren Informationsquellen, die wirksamere Verarbeitung von Informationen, die Entwicklung eines größeren Interesses am Lernen, das Arbeiten auf einem den Lernbedürfnissen entsprechenden Niveau sowie allgemein der Verbesserung der schulischen Leistungen. Der Bundesländervergleich zeigt, dass Bremen und Mecklenburg-Vorpommern hier besonders häufig in der oberen Gruppe vorzufinden sind, die dem höchsten Anteil an Lehrerzustimmung zu den Potenzialen digitaler Medien entspricht. Baden-Württemberg findet sich hier dagegen vermehrt in der unteren Ländergruppe.

Im Vergleich zwischen der Einschätzung der Potenziale und der Risiken digitaler Medien wird insgesamt deutlich, dass mehr Lehrpersonen Potenziale digitaler Medien für den Unterricht wahrnehmen, als Risiken damit zu verbinden. Im Bundesländervergleich finden sich erneut Bremen und zusätzlich Hamburg besonders häufig in der oberen Ländergruppe, in der der höchste Anteil der Lehrpersonen Risiken digitaler Medien im Unterricht wahrnimmt. Mecklenburg-Vorpommern ist dagegen für alle Indikatoren der Risiken in der unteren Ländergruppe verortet.

Die insgesamt hohe Einschätzung der Potenziale des unterrichtlichen Medieneinsatzes lässt vermuten, dass Lehrpersonen durchaus einen regelmäßigen Einsatz digitaler Medien im Unterricht befürworten. Eine stärkere Integration digitaler Medien in die fachspezifischen Lehrpläne wünschen sich mehr als zwei Drittel der Lehrkräfte. Etwa jede zweite Lehrkraft erachtet den Einsatz von Computern im Unterrichtsfach in der Referenzklasse als wichtig.

Neben den Einstellungen, die Lehrpersonen gegenüber dem Einsatz digitaler Medien im Unterricht im Allgemeinen aufweisen, ist zudem von großer Bedeutung, wie gut sie ihre eigenen Fähigkeiten einschätzen, mit Hilfe digitaler Medien unterrichten zu können. Über vier Fünftel der befragten Lehrkräfte trauen sich zu, Unterricht zu planen, der den Einsatz digitaler Medien berücksichtigt.

Hinsichtlich der IT-bezogenen Einstellungen der wahrgenommenen Potenziale und Risiken konnte mittels einer Latent-Class-Analyse eine Typisierung der Lehrpersonen vorgenommen werden. Es lassen sich vier Lehrertypen unterscheiden, wobei sich insbesondere zwei Einstellungsmuster hervorheben lassen, die nahezu konträr zueinander verlaufen. Dabei nimmt ein Lehrertyp fast ausschließlich Potenziale des Medieneinsatzes wahr, wohingegen der andere Lehrertyp insbesondere Risiken digitaler Medien sieht.

Mittels einer Regressionsanalyse konnte zudem geprüft werden, inwiefern IT-bezogene Einstellungen der Lehrpersonen einen Effekt auf die Nutzungshäufigkeit digitaler Medien im Unterricht aufweisen. Dabei zeigt sich, dass gegenüber dem Medieneinsatz positiv eingestellte Lehrpersonen signifikant häufiger digitale Medien im Unterricht nutzen, wobei sowohl die Wahrnehmung von Potenzialen als auch die dem Medieneinsatz im Fachunterricht zugesprochene Bedeutung und die eigene Kompetenzeinschätzung signifikante Prädiktoren der Nutzungshäufigkeit digitaler Medien im Unterricht darstellen.

2.4 Förderung der IT-bezogenen Fähigkeiten der Schülerinnen und Schüler durch Lehrpersonen in der Sekundarstufe I

Vor dem Hintergrund der Bedeutung der Medienkompetenz für den privaten und beruflichen Alltag ist es von herausragender Bedeutung, dass IT-bezogene Fähigkeiten der Schülerinnen und Schüler in der Schule gefördert werden. In den Bundesländern gibt es bereits zahlreiche Medieninitiativen, die den Einsatz des Computers im Unterricht vorantreiben. Mit Fokus auf bestimmte Arbeitsweisen mit dem Computer, die sich im theoretischen Rahmenmodell der computer- und informationsbezogenen Kompetenzen von ICILS 2013 einem rezeptiven und einem produktiven Teilbereich zuordnen lassen, zeigt sich insgesamt, dass alle Aspekte dieses Konstrukts im Unterricht der Sekundarstufe I Berücksichtigung finden.

Darüber hinaus zeigt sich tendenziell bei der Betrachtung der Förderung von IT-bezogenen Fähigkeiten und Arbeitsweisen im Unterricht, die den fünf Kompetenzstufen der computer- und informationsbezogenen Kompetenzen aus ICILS 2013 zugeordnet werden können, dass die Anteile der Lehrpersonen, die zustimmen die benannten Arbeitsweisen mit digitalen Medien im Unterricht umzusetzen, mit höheren Kompetenzstufen zunehmen. Je anspruchsvoller und komplexer die IT-bezogenen Fähigkeiten sind, desto mehr Augenmerk legen die Lehrpersonen im Unterricht darauf. Dennoch gibt ein nicht unerheblicher Anteil von in einigen Bundesländern bis zu 50 Prozent der Lehrpersonen an, die jeweiligen IT-bezogenen Fähigkeiten im Unterricht nicht über entsprechende Arbeitsweisen zu fördern, sodass hier ein Entwicklungspotenzial in allen Bundesländern deutlich wird.

Der Vergleich der Bundesländer indiziert, dass Bremen, Hamburg, Nordrhein-Westfalen und Rheinland-Pfalz am häufigsten in der oberen Ländergruppe zu finden sind, in denen die höchsten Anteile der Lehrpersonen angeben, die entsprechenden IT-bezogenen Fähigkeiten zu fördern.

Auffällig ist dabei, dass in Hamburg ein besonderes Augenmerk auf die IT-bezogenen Fähigkeiten gelegt wird, die den Kompetenzstufen I bis III zugeordnet sind und somit der Aufbau elementarer und grundlegender IT-bezogener Fähigkeiten besonders gefördert wird, wohingegen komplexere Fähigkeiten (Kompetenzstufen IV und V) von einem im Bundesländervergleich geringen Anteil der Lehrpersonen fokussiert werden.

Darüber hinaus sind Baden-Württemberg, Bayern und Sachsen-Anhalt besonders häufig in der unteren Ländergruppe vorzufinden, in der im Bundesländervergleich nur ein geringer Anteil an Lehrkräften zustimmt, die jeweilige Arbeitsweise mit Computern im Unterricht zu verfolgen.

2.5 Gesamtübersicht des Bundesländervergleichs

Der *Länderindikator 2015* bildet die gegenwärtige Situation der Schulen in Deutschland in der Sekundarstufe I hinsichtlich digitaler Medien im Unterricht ab. Dabei werden vier Bereiche erfasst: die schulische IT-Ausstattung, die Nutzung digitaler Medien im Unterricht, die IT-bezogenen Einstellungen der Lehrpersonen sowie die Förderung von IT-bezogenen Fähigkeiten der Schülerinnen und Schüler. Für diese vier Bereiche kann im Bundesländervergleich durch die Betrachtung der Verteilung auf die Extremgruppen aufgezeigt werden, welcher Handlungsbedarf sich insgesamt für die Bundesländer ergibt.

Die Befunde zu diesen vier Bereichen können auch zu einer Gesamtübersicht zusammengeführt werden (Abbildung 2), die auf einer Auswahl von 25 Indikatoren beruht, die thematisch den Kern der vier Bereiche darstellen und diese angemessen widerspiegeln. Die jeweilige Kodierung der Indikatoren wurde bei der Zuordnung zur oberen bzw. unteren Ländergruppe berücksichtigt.

Die Indikatoren, die in die Gesamtübersicht einfließen, werden im Folgenden zusammenfassend erläutert (die einzelnen Indikatoren sind im Anhang in diesem Band aufgeführt).
- Bezüglich der IT-Ausstattung der Schulen werden Indikatoren zur Angemessenheit der schulischen IT-Ausstattung sowie zu Ausstattungsproblemen berücksichtigt.
- Die Indikatoren für die Gesamtübersicht im Bereich der Nutzung digitaler Medien im Unterricht beziehen sich auf die Nutzungshäufigkeit, die schulischen Rahmenbedingungen sowie die IT-bezogene Lehrerkooperation. Die beiden letztgenannten Facetten können sich hemmend oder förderlich auf die Nutzungshäufigkeit digitaler Medien im Unterricht auswirken. Auch die Einschätzungen der Lehrpersonen zum technischen und pädagogischen Support werden für die Gesamtübersicht berücksichtigt.[1]

---

1 Die Indikatoren für die Risikowahrnehmung digitaler Medien durch die Lehrkräfte fließen aufgrund von Ambiguitäten nicht in die Gesamtübersicht ein.

Abbildung 2: *Länderindikator 2015* – Gesamtübersicht des Bundesländervergleichs

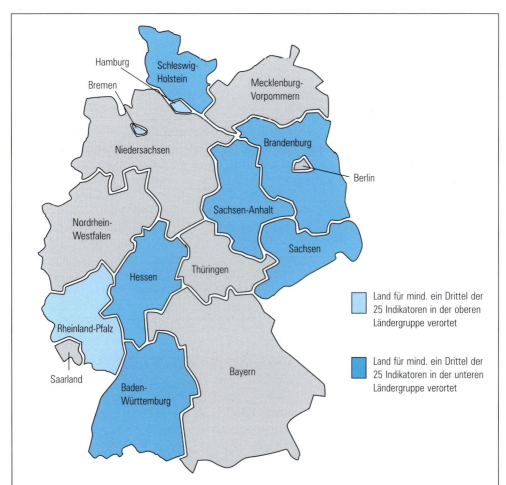

- Die IT-bezogenen Einstellungen der Lehrpersonen werden am treffendsten durch die Einschätzung der Potenziale des Einsatzes digitaler Medien im Unterricht widergespiegelt.
- Hinsichtlich der Förderung der IT-bezogenen Fähigkeiten der Schülerinnen und Schüler gehen die fünf Indikatoren in die Gesamtübersicht ein, die in Anlehnung an das Kompetenzstufenmodell der computer- und informationsbezogenen Kompetenzen aus ICILS 2013 aufgenommen wurden.

Die Gesamtübersicht des Bundesländervergleichs zeigt, dass Bremen, Hamburg und Rheinland-Pfalz insgesamt hinsichtlich mindestens eines Drittels der Indikatoren in der oberen Ländergruppe verortet sind.

Baden-Württemberg, Brandenburg, Hessen, Sachsen, Sachsen-Anhalt und Schleswig-Holstein sind in Bezug auf mindestens ein Drittel der herangezogenen Indikatoren in der unteren Ländergruppe zu finden. Hier zeigt sich der größte Handlungsbedarf im Bereich der digitalen Medien im Unterricht.

Literatur

Bos, W., Eickelmann, B., Gerick, J., Goldhammer, F., Schaumburg, H., Schwippert, K., Senkbeil, M., Schulz-Zander, R. & Wendt, H. (Hrsg.). (2014). *ICILS 2013. Computer- und informationsbezogene Kompetenzen von Schülerinnen und Schülern in der 8. Jahrgangsstufe im internationalen Vergleich.* Münster: Waxmann.

Eickelmann, B. & Schulz-Zander, R. (2008). Schuleffektivität, Schulentwicklung und digitale Medien. In W. Bos, H.G. Holtappels, H. Pfeiffer, H.-G. Rolff & R. Schulz-Zander (Hrsg.), *Jahrbuch der Schulentwicklung* (Bd. 15, S. 157–193). Weinheim: Juventa.

Europäische Kommission. (2006). *Key competences for lifelong learning.* Brüssel: Europäische Kommission.

Fraillon, J., Ainley, J., Schulz, W., Friedman, T. & Gebhardt, E. (2014). *Preparing for Life in a Digital Age. The IEA International Computer and Information Literacy Study International Report.* Springer Open.

Scheerens, J. (2000). *Improving school effectiveness.* Paris: UNESCO, International Institute for Educational Planning.

Schulz-Zander, R. & Tulodziecki, G. (2007). *Veränderung von Unterricht mit Hilfe der neuen, digitalen Medien.* Stuttgart: Landesinstitut für Schulentwicklung des Landes Baden-Württemberg.

Kapitel II
Konzeption, Anlage und Durchführung des Projekts
Schule digital – der Länderindikator 2015

Ramona Lorenz und Wilfried Bos

Vor dem Hintergrund der rasanten technologischen Entwicklungen aller Lebens- und Arbeitsbereiche und des damit einhergehenden Wandels zu einer Wissens- und Informationsgesellschaft steigt die Bedeutung des Lernens und Lehrens mit und über digitale Medien in der Schule. Anknüpfend an die höchstens mittelmäßigen Ergebnisse Deutschlands bei der *International Computer and Information Literacy Study* (ICILS 2013) und weiteren Schulleistungsstudien, die u.a. auch den thematischen Bereich der digitalen Medien erfassen, ist eine Bestandsaufnahme von Entwicklungen des deutschen Schulsystems in Bezug auf den Einsatz digitaler Medien in Schule und Unterricht sowie ein detaillierter Blick auf die Nutzung in den Bundesländern sinnvoll, um differenziert Entwicklungsstände aufzeigen zu können.

Mit dem Projekt *Schule digital – der Länderindikator* wird das Ziel verfolgt, die Bedeutung und den aktuellen Implementationsstand des Lernens mit und über digitale Medien im 21. Jahrhundert aufzuzeigen und umfassend im deutschen Schulsystem in der Sekundarstufe I zu untersuchen. Damit wird ein gezieltes Bildungsmonitoring über den Einsatz digitaler Medien im schulischen Kontext erstellt und erstmals im Bundesländervergleich ermöglicht. In der dreijährigen Projektlaufzeit (01.01.2015–31.12.2017) werden jährlich Berichte mit wechselndem Schwerpunkt im Bereich der schulischen Mediennutzung und Medienbildung erstellt, die auf einer repräsentativen Befragung von Lehrpersonen der Sekundarstufe I basieren. Der *Länderindikator 2015* fokussiert im Bundesländervergleich die Ausstattung der Schulen mit digitalen Medien (Kapitel III), die Nutzung digitaler Medien im Unterricht (Kapitel IV), die IT-bezogenen Einstellungen der Lehrpersonen (Kapitel V) sowie die Förderung der IT-bezogenen Fähigkeiten der Schülerinnen und Schüler (Kapitel VI). Dabei werden alle Schulformen der Sekundarstufe I in den Blick genommen, ausgenommen sind Förderschulen. Ergänzend dazu werden Länderportraits zu Medieninitiativen in zwei Bundesländern dargestellt (Kapitel VII), welche auch praxisnahe Einblicke in die schulische Medienarbeit im Sinne von Good-Practice-Beispielen umfassen. Die theoretische Rahmung des *Länderindikators 2015* wird in Kapitel I in diesem Band näher erläutert.

1. Organisationsstruktur

Die Forschungsarbeiten im Rahmen des Projekts *Schule digital – der Länderindikator* werden am Institut für Schulentwicklungsforschung (IFS) an der Technischen Universität Dortmund durchgeführt. Die wissenschaftliche Leitung des Projekts obliegt Prof. Dr. Wilfried Bos. Dem Projektteam gehören Dr. Ramona Lorenz (Projektleitung) und Manuela Endberg (M.A., wissenschaftliche Mitarbeiterin) an, die von den studentischen Mitarbeiterinnen und Mitarbeitern Sascha Jarsinski und Nicole Rolf unterstützt werden.

Zur Qualitätssicherung und -entwicklung wird die Projektplanung, Durchführung und Berichtslegung von einem wissenschaftlichen Konsortium begleitet, das sich aus ausgewiesenen Expertinnen und Experten zusammensetzt:

Prof. Dr. Wilfried Bos	Wissenschaftliche Leitung des Projekts *Schule digital – der Länderindikator*, Professor für empirische Bildungsforschung, Evaluation und Qualitätssicherung an der Technischen Universität Dortmund, Direktor des Arbeitsbereichs Bildungsmonitoring und Schulentwicklungsforschung am Institut für Schulentwicklungsforschung (IFS).
Dr. Heike Schaumburg	Wissenschaftliche Mitarbeiterin und stellvertretende Direktorin der Professional School of Education, Institut für Erziehungswissenschaften an der Humboldt-Universität zu Berlin.
Prof. Dr. Renate Schulz-Zander	Professorin a.D. für Bildungsforschung mit dem Schwerpunkt Informations- und Kommunikationstechnologische Bildung am Institut für Schulentwicklungsforschung (IFS) an der Technischen Universität Dortmund.
Dr. Martin Senkbeil	Wissenschaftlicher Mitarbeiter am Leibniz-Institut für die Pädagogik der Naturwissenschaften und Mathematik (IPN) in Kiel, verantwortlich für die Instrumentenentwicklung und Forschung zu ICT-Literacy in der National Educational Panel Study (NEPS).
Dr. Ramona Lorenz	Projektleitung *Schule digital – der Länderindikator*, wissenschaftliche Mitarbeiterin am Institut für Schulentwicklungsforschung (IFS) an der Technischen Universität Dortmund.

Die Durchführung der Studie wird durch die Deutsche Telekom Stiftung ermöglicht. Auszüge der Befunde, die im vorliegenden Band berichtet werden, sind auch in der Publikation „*Schule digital – der Länderindikator 2015*" der Deutschen Telekom Stiftung veröffentlicht worden.

2. Stichprobenziehung und Durchführung der Lehrerbefragung

Um differenzierte Einblicke in Aspekte der schulischen Lehr- und Lernsituation mit digitalen Medien zu erhalten, wurde im Rahmen des *Länderindikators 2015* eine repräsentative Lehrerbefragung in Deutschland durchgeführt.

Der Erhebungszeitraum der Lehrerbefragung, die durch das Markt- und Sozialforschungsinstitut TNS Emnid erfolgte, erstreckte sich von Ende März bis Anfang Juni 2015. Die Grundgesamtheit der Befragten bildeten Lehrpersonen an Schulen der Sekundarstufe I in Deutschland, wobei Förderschulen nicht berücksichtigt wurden. Dem Statistischen Jahrbuch 2014 zufolge belief sich die Anzahl dieser Lehrpersonen in Deutschland im Schuljahr 2012/2013 auf 394 775 Lehrpersonen in Vollzeit- und Teilzeitbeschäftigung (Statistisches Bundesamt, 2014, S. 83).

Für die zufallsbasierte Stichprobenziehung, die durch TNS Emnid erfolgte, wurde zuvor eine regional quotierte Verteilung festgelegt, wobei für jedes Bundesland mindestens 50 Lehrkräfte gezogen werden sollten. Für größere Bundesländer wurde die Anzahl der Lehrkräfte in der Stichprobe proportional aufgestockt. Insgesamt liegen dem Datensatz die Angaben von 1 250 Lehrpersonen zugrunde, die sich wie folgt auf die Bundesländer verteilen (Tabelle 1):

Tabelle 1: Verteilung der Lehrpersonen in der Stichprobe des *Länderindikators 2015* pro Bundesland

Bundesland	Anzahl der Lehrpersonen (n)	Anteil der Lehrpersonen in Prozent
Baden-Württemberg	124	9.9
Bayern	154	12.3
Berlin	56	4.5
Brandenburg	50	4.0
Bremen	50	4.0
Hamburg	50	4.0
Hessen	93	7.4
Mecklenburg-Vorpommern	52	4.2
Niedersachsen	109	8.7
Nordrhein-Westfalen	167	13.4
Rheinland-Pfalz	80	6.4
Saarland	54	4.3
Sachsen	51	4.1
Sachsen-Anhalt	53	4.2
Schleswig-Holstein	52	4.2
Thüringen	55	4.4

Für die zufallsbasierte Stichprobenziehung wurde darüber hinaus geprüft, dass die Schulform (zwei Gruppen: Gymnasium und andere Schulformen der Sekundarstufe I), das Alter (zwei Gruppen: Lehrpersonen bis zu 49 Jahren sowie 50 Jahre und älter) sowie das Geschlecht der Lehrpersonen der Verteilung in der Grundgesamtheit entsprechen. Die Verteilung dieser Gruppen in der Stichprobe wird in Abschnitt 4 in diesem Kapitel beschrieben.

Die Befragung der Lehrpersonen erfolgte mittels computergestützter Face-to-Face-Interviews (Computer-Assisted Personal Interview, kurz: CAPI) und nahm durchschnittlich 30 Minuten in Anspruch. Durch die computergestützten stark strukturierten Interviews konnten die Angaben der Lehrpersonen auf die fast durchgängig geschlossenen Antwortformate der Fragen unmittelbar digital erfasst und von den durch TNS Emnid rekrutierten Interviewerinnen und Interviewern zur weiteren Aufbereitung an TNS Emnid übertragen werden.

Mit der Datenaufbereitung und der Datenverarbeitung wurde ebenfalls TNS Emnid beauftragt. Um aus einer Stichprobe zuverlässige Rückschlüsse auf die Grundgesamtheit ziehen zu können, muss gewährleistet sein, dass die Stichprobe nicht verzerrt ist. Je nach Anzahl der Lehrpersonen pro Bundesland ist die Wahrscheinlichkeit, in die Stichprobe gezogen zu werden, unterschiedlich groß. Um das disproportionale Stichprobendesign angemessen zu korrigieren und somit eine bundesweite Repräsentativität der Befunde beanspruchen zu können, wurden Gewichte berechnet, die bei allen Analysen auf Bundesebene verwendet werden. Damit wurde die Proportionalität der Bundesländer in Bezug auf deren Lehrpersonenanzahl wiederhergestellt.

3. Entwicklung und Beschreibung des eingesetzten Lehrerfragebogens

Der Lehrerfragebogen, der im Rahmen des *Länderindikators 2015* eingesetzt wurde, ist in drei Bereiche gegliedert. Im ersten Teil des Fragebogens werden Angaben zur Lehrperson erfasst, die soziodemografische Merkmale (Alter, Geschlecht) und Angaben zu schulischen und unterrichtlichen Merkmalen (z.B. Bundesland, Schulform, Jahrgangsstufe, Unterrichtsfach) betreffen.

Für den zweiten Teil des Fragebogens, der die Anwendung von Computern im Unterricht thematisiert, wird eine sogenannte *Referenzklasse* festgelegt, um die Angaben der Lehrpersonen möglichst präzise erfassen und analysieren zu können. Als Referenzklasse wurde die Klasse in der Sekundarstufe I definiert, die am letzten Dienstag vor der Befragung regulär in der ersten Stunde unterrichtet wurde. Dabei wurden die Jahrgangsstufe und das Unterrichtsfach, in dem die Referenzklasse in dieser Stunde unterrichtet wurde, erfasst. Für den Fall, dass die Lehrperson am Dienstag in der ersten Stunde keine Klasse der Sekundarstufe I unterrichtet hat, sollte auf die erste Klasse der Sekundarstufe I Bezug genommen werden, die danach regulär unterrichtet wurde.

Durch die zufällige Festlegung der Referenzklasse sollte sichergestellt werden, dass sich die Angaben nicht gehäuft auf bestimmte Fächer oder Fächergruppen sowie Jahrgangsstufen beziehen, in denen digitale Medien eventuell verstärkt genutzt werden; so sollte eine mögliche Verzerrung der Ergebnisse vermieden werden. Die zufällige Festlegung stellt eine gleichmäßige Verteilung der Angaben hinsichtlich der Fächer und der Jahrgangsstufen sicher. Ein Teil der Fragen im zweiten Abschnitt des Fragebogens bezieht sich auf die Referenzklasse und thematisiert die IT-bezogenen Einstellungen der Lehrkräfte in Lehr-Lernkontexten, die Nutzungsdauer und Nutzungshäufigkeit von Computern im Unterricht sowie Aspekte der Vermittlung IT-bezogener Fähigkeiten an die Schülerinnen und Schüler. Für die Beantwortung der Fragen wurde bezüglich IT im Unterricht definiert, dass zu *Computern* neben Desktopcomputern auch Laptops, Netbooks und Tablet-PCs gezählt werden. Smartphones werden dabei nicht berücksichtigt.

Der dritte Teil des Lehrerfragebogens erfasst schließlich Angaben zur Schule u.a. hinsichtlich der IT-Ausstattung, des verfolgten Medienkonzepts und des IT-Supports.

Die Inhalte des Fragebogens sind bezüglich der Angaben zum Unterricht und der schulischen Praxis teilweise in Anlehnung an ICILS 2013 formuliert und für die Verwendung im *Länderindikator 2015* adaptiert (Bos et al., 2014; Fraillon, Ainley, Schulz, Friedman & Gebhardt, 2014; Jung & Carstens, 2015). Weitere Inhalte sind zur Vertiefung sowie bundeslandspezifischen Auswertung der Befunde unter Einbezug des wissenschaftlichen Konsortiums eigens für den *Länderindikator 2015* entwickelt worden. Um Reihenfolgeeffekte in den Antworten der Lehrpersonen zu vermeiden, wurden die Fragen innerhalb einzelner Frageblöcke randomisiert, d.h. in zufälliger Reihenfolge dargeboten.

4. Darstellung und Interpretation der Ergebnisse

Mit dem *Länderindikator 2015* wird zum ersten Mal ein Bildungsmonitoring für die schulische Nutzung digitaler Medien aus der Sicht der Lehrpersonen in Deutschland erstellt. Ein zentrales Element des *Länderindikators 2015* bildet ein Bundesländervergleich, dem eine repräsentative Befragung von Lehrkräften der Sekundarstufe I in allen 16 Bundesländern zugrunde liegt.

Dabei werden die Bundesländer jeweils in drei Gruppen eingeteilt: eine obere, eine untere und eine mittlere Gruppe. Die obere und untere Gruppe erfassen die vier Bundesländer mit den höchsten bzw. den niedrigsten Anteilen an Lehrkräftezustimmung, die mittlere die übrigen acht. Innerhalb der drei Gruppen sind die Bundesländer alphabetisch sortiert und stellen explizit keine Rangfolge dar. Zudem wurde geprüft, ob sich die Werte der oberen und unteren Ländergruppe statistisch signifikant voneinander unterscheiden ($p < .05$). Alle in diesem Band berichteten Bundesländervergleiche weisen signifikante Gruppenmittelwertunterschiede zwischen der oberen und unteren Gruppe auf.

Abbildung 1: Beispielabbildung Ländergruppenvergleich: Anteile der Lehrpersonen, die angeben, dass an ihrer Schule eine ausreichende IT-Ausstattung (z.B. Computer, Software) vorhanden ist (Angaben in Prozent, Kategorie *Zustimmung*)

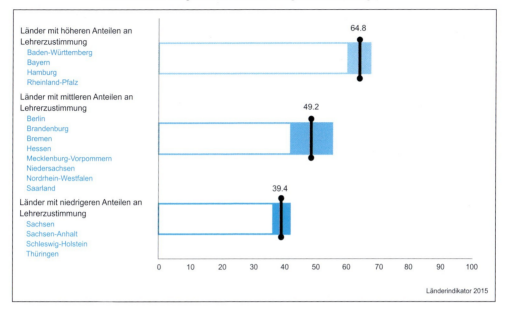

Abbildung 1 stellt ein Beispiel dar, an der die intendierte Lesart im Folgenden exemplarisch beschrieben wird.

In den Abbildungen werden die Aussagen der Lehrkräfte bezüglich bestimmter Variablen betrachtet. Dazu wurden den Lehrkräften verschiedene Aussagen vorgelegt, die sie entweder auf einer vierstufigen Skala einschätzen sollten (*Stimme voll zu, Stimme eher zu, Stimme eher nicht zu* und *Stimme nicht zu*) oder bei denen sie sich für die Antworten *Ja* oder *Nein* entscheiden mussten. Für den ersten Fall wurden jeweils die Kategorien *Stimme voll zu* und *Stimme eher zu* zusammengefasst, sodass in den Abbildungen jeweils die Zustimmungsraten der Lehrkräfte zu den betrachteten Aussagen dargestellt sind. Für die zweite Variante wird in den Abbildungen der Anteil der Lehrkräfte dargestellt, der mit *Ja* geantwortet hat. Die Differenzen zu 100 Prozent ergeben sich dementsprechend aus den Anteilen der Lehrkräfte, die den Aussagen nicht oder eher nicht zustimmen bzw. die Aussagen verneinen.

In der Abbildungsüberschrift befindet sich die paraphrasierte Itemformulierung, die den Gegenstand der Abbildung beschreibt. Für die Länder der oberen Gruppe in Abbildung 1 ergibt sich ein durchschnittlicher Zustimmungswert der vier Länder von 64.8 Prozent, der anhand der schwarzen Markierung graphisch zu erkennen ist. Der rechte Rand des farbigen Balkens stellt die höchste Zustimmungsrate für die obere Ländergruppe dar. Der linke Rand des farbigen Balkens entspricht dem Land mit der niedrigsten Zustimmungsrate in der oberen Gruppe. Dieselbe Lesart ergibt sich für die Balken der Länder der mittleren und unteren Gruppe. Die Länge der farbigen Balken pro Ländergruppe ergibt sich also aus dem Range der Länderwerte. Die Position der schwarzen Markierung kennzeichnet den Mittelwert der jeweiligen Länderwerte.

Die Abbildung kann insgesamt dazu dienen, die Mittelwerte der Ländergruppen zu vergleichen, Extremwerte zu kontrastieren und jeweils die niedrigsten und höchsten Werte einer Gruppe zu veranschaulichen.

Neben den Bundesländervergleichen werden in den Analysen weitere Gruppenvergleiche durchgeführt, die das Geschlecht oder das Alter der Lehrpersonen wie auch die Schulform, den Ganztags-/Halbtagsbetrieb, Fächergruppen oder Jahrgangsstufen betreffen können. Dabei werden hinsichtlich des Geschlechts, der Schulform und des Ganztagsbetriebs jeweils zwei Gruppen unterschieden. Bei der Schulform wird differenziert, ob die Lehrperson an einem Gymnasium oder an einer anderen Schulform der Sekundarstufe I unterrichtet. Bei der Unterscheidung des Ganztagsbetriebes wurden offene sowie gebundene Ganztagsschulen gegenüber dem Halbtagsbetrieb abgegrenzt. Der Anteil der Lehrpersonen in diesen Gruppen stellt sich wie folgt dar (Tabelle 2):

Tabelle 2: Verteilung der Stichprobe nach Geschlecht, Schulform und Ganztagsbetrieb in Prozent

Geschlecht		Schulform		Ganztagsbetrieb	
Männlich	Weiblich	Gymnasium	Andere Schulformen der Sek. I	Halbtag	Ganztag
39.8 %	60.2 %	45.1 %	54.9 %	26.8 %	73.2 %

Der Abgleich mit Daten amtlicher Statistiken (Statistisches Bundesamt, 2014; KMK, 2015) zeigt eine ähnliche Verteilung der Lehrpersonen in der Grundgesamtheit nach Geschlecht, Schulform und Ganztagsbetrieb.

Hinsichtlich des Alters und der Jahrgangsstufen werden in den Analysen jeweils drei Gruppen unterschieden. Das Alter der Lehrpersonen wird in die Kategorien *Bis 39 Jahre*, *40 bis 49 Jahre* sowie *50 Jahre und älter* unterteilt. Bezüglich der Jahrgangsstufe, in der sich die Referenzklasse befindet, werden die Jahrgangsstufen 5 bis 10 der Sekundarstufe I für die Analysen in Doppeljahrgangsstufen eingeteilt. Die prozentuale Verteilung der Lehrkräfte in diesen Gruppen stellt sich wie folgt dar (Tabelle 3):

Tabelle 3: Verteilung der Stichprobe nach Alter und Jahrgangsstufe

Alter			Jahrgangsstufe		
Bis 39 Jahre	40 bis 49 Jahre	50 Jahre und älter	5. und 6. Jahrgangsstufe	7. und 8. Jahrgangsstufe	9. und 10. Jahrgangsstufe
31.1 %	26.3 %	42.6 %	31.4 %	36.3 %	32.3 %

Die Verteilung der Lehrpersonen der Stichprobe in den drei Altersgruppen gleicht der Verteilung in der Grundgesamtheit (Statistisches Bundesamt, 2014).

Die Unterrichtsfächer, in denen die Referenzklassen von den befragten Lehrpersonen unterrichtet werden, werden in sechs Fächergruppen unterschieden. Dabei werden die Fächer Deutsch und Mathematik einzeln betrachtet und für die restlichen Unter-

Tabelle 4: Verteilung der Stichprobe nach Fächergruppe des Referenzfachs

Fächergruppe	Anteile der Lehrpersonen
Deutsch	18.6 %
Fremdsprachen	18.0 %
Mathematik	16.6 %
Naturwissenschaften	16.1 %
Geistes- und Gesellschaftswissenschaften	14.4 %
Andere	16.3 %

richtsfächer aufgrund der Vielzahl an Einzelfächern Fächergruppen gebildet. Eine Gruppe stellen die fremdsprachlichen Fächer dar (Englisch, Französisch, Italienisch usw.). In der Gruppe der Naturwissenschaften werden Physik, Chemie, Biologie, Informatik usw. erfasst und auch fächerübergreifende Kombinationen dieser Fächer. Unter Geistes- und Gesellschaftswissenschaften werden Fächer wie Geschichte, Erdkunde, Politik- und Sozialwissenschaften, Recht, Wirtschaft usw. zusammengefasst. In die Gruppe der sogenannten „anderen" Fächer wurden die Fächer Ethik/Philosophie, Religion, Sport, Hauswirtschaftslehre usw. aufgenommen. Die prozentuale Verteilung der Lehrpersonen hinsichtlich der Fächergruppen des erfassten Referenzfachs wird in der Tabelle 4 beschrieben.

Diese recht gleichmäßige Verteilung der Fächergruppen ergibt sich innerhalb der Bundesländer nicht für alle Länder, wobei der höchste Anteil an Lehrpersonen einer Fächergruppe in Rheinland-Pfalz mit 32.1 Prozent an Lehrpersonen eines naturwissenschaftlichen Fachs in der Referenzklasse zu finden ist. Den geringsten Anteil nehmen in Hamburg mit 4.0 Prozent Lehrpersonen eines sogenannten anderen Fachs ein. Schwankungen zwischen den Bundesländern sind möglicherweise auch auf die bundeslandspezifischen Stundentafeln für die Fächer(-gruppen) zurückzuführen. Zudem kann die Anzahl der Unterrichtsstunden im Pflicht- und Wahlpflichtbereich dieser Fächergruppen je nach Bundesland und Schulform unterschiedlich ausfallen.

Die Analysen, die im vorliegenden Berichtsband dargestellt werden, wurden mit der Software *SPSS Statistics 22* durchgeführt.

5. Länderportraits: Länderauswahl und methodisches Vorgehen der Erstellung

Ergänzend zu den Befunden der repräsentativen Lehrerbefragung umfasst die Ergebnisdarstellung des *Länderindikators 2015* zwei sogenannte Länderportraits, in denen Medieninitiativen und Entwicklungen in zwei ausgewählten Bundesländern im Bereich des schulischen Lernens mit digitalen Medien beschrieben werden. Diese werden durch Schulportraits vertieft, die als Good-Practice-Beispiele zur Darstellung zentraler Entwicklungen im Bereich der schulischen Medienbildung dienen sollen. Die Länderportraits basieren zum einen auf Informationen, die in Dokumenten öffentlich zugänglich sind. Zudem wurden durch das Projektteam Experteninterviews mit zentralen Akteuren im Bereich der Entwicklung und Durchführung von Medieninitiativen in den Ländern geführt sowie Schul- und Unterrichtsbesuche durchgeführt.

Das methodische Vorgehen umfasst dabei drei Herangehensweisen. Zunächst wurden umfangreiche Recherchen zu aktuellen und zentralen Medieninitiativen in allen 16 Bundesländern durchgeführt, um so eine Informationsgrundlage zu schaffen, auf deren Basis zwei Bundesländer – Nordrhein-Westfalen und Thüringen – für die Länderportraits ausgewählt wurden. Die Auswahl erfolgte aufgrund des großen Kontrasts der Medieninitiativen zwischen beiden Ländern: In Thüringen ist eine verpflichtende systematische Medienkompetenzförderung über die gesamte Spanne der Sekundarstufe I (Kurs *Medienkunde*) mit einem Medienpass als verbindliche Anlage zum Zeugnis sowie eine Grundlagenvermittlung in der Grundschule etabliert worden. Dahingegen sind die Schulen in Nordrhein-Westfalen zwar zur Erstellung eines Medienkonzepts verpflichtet, dessen Ausgestaltung aber individuell pro Schule, an die jeweiligen Bedingungen angepasst, erfolgt. Zudem ist die Wahrnehmung der zahlreichen medienbezogenen Angebote (z.B. *Medienpass NRW*) für die Schulen freiwillig.

Nachdem die Auswahl der beiden Bundesländer für die Länderportraits getroffen wurde, bestand der nächste Schritt darin, Dokumentenanalysen fokussiert für Thüringen und Nordrhein-Westfalen durchzuführen, um die bildungsadministrativen Besonderheiten hinsichtlich digitaler Medien in den beiden Ländern heraus- und gegenüberstellen zu können. Um die aus den öffentlich zugänglichen Dokumenten entnommenen Informationen vertiefen und laufende oder zukünftig geplante Medieninitiativen in beiden Bundesländern in aktuellster Form beschreiben zu können, wurden zusätzlich im April/Mai 2015 leitfadengestützte Interviews mit Medienreferentinnen und Medienreferenten beider Länder durchgeführt.

Neben der Beschreibung der Medieninitiativen in Thüringen und Nordrhein-Westfalen soll auch ihrer praktischen Umsetzung Rechnung getragen werden. Anhand von Schulportraits werden pro Bundesland zwei Schulen, die hinsichtlich ihrer medialen Ausstattung, ihres Medienkonzepts oder ihres Ansatzes zur Integration digitaler Medien in den Unterricht als Good-Practice-Beispiel dienen können, beschrieben. Die Auswahl dieser Schulen wurde für Thüringen durch die Medienreferentin/den Medienreferenten getroffen; in Nordrhein-Westfalen wurde die Auswahl der Schulen aufgrund von online verfügbaren Informationsmaterials vorgenommen, wobei zwei Schulen mit unterschiedlichen Ansätzen der Medienarbeit gewählt wurden. Für diese Schulportraits konnten im Zeitraum von April bis Mai 2015 pro Schule ein bis zwei Unterrichtsstunden, die gezielt den Einsatz digitaler Medien entsprechend dem jeweiligen Medienkonzept der Schule beinhalten, beobachtet werden. Zusätzlich wurden in Form von Gesprächen mit der Schulleitung, Schülerinnen und Schülern sowie mittels eines leitfadengestützten Interviews mit der Lehrkraft, die den beobachteten Unterricht geleitet hat, weitere schulspezifische Informationen gesammelt.

Im Einzelnen wird im Rahmen jedes Schulportraits darauf eingegangen, wie das schulinterne Medienkonzept praktische Anwendung findet, wie die für das jeweilige Bundesland spezifischen Medieninitiativen umgesetzt werden, mit welchen digitalen Medien im Unterricht gearbeitet wird und wie hoch Lehrkräfte den Vorbereitungsaufwand zur Planung und Durchführung von Unterrichtsstunden, die den Einsatz digitaler Medien beinhalten, einschätzen. Ein weiterer wichtiger Punkt, der in jedem Schulportrait Erwähnung findet, ist die Ausstattungssituation der Schulen mit digitalen Medien.

Insgesamt dienen die Länderportraits (vgl. Kapitel VII in diesem Band) des *Länderindikators 2015* als Einblick in die Medieninitiativen und Entwicklungen in zwei Bundesländern und somit als mögliche Impulse für die Weiterentwicklung und insbesondere die praktische Nutzung digitaler Medien in Schule und Unterricht.

Literatur

Bos, W., Eickelmann, B., Gerick, J., Goldhammer, F., Schaumburg, H., Schwippert, K., Senkbeil, M., Schulz-Zander, R. & Wendt, H. (Hrsg.). (2014). *ICILS 2013. Computer- und informationsbezogene Kompetenzen von Schülerinnen und Schülern in der 8. Jahrgangsstufe im internationalen Vergleich*. Münster: Waxmann.

Deutsche Telekom Stiftung (2015). *Schule digital – der Länderindikator 2015*. Zugriff am 19. November 2015 unter www.telekom-stiftung.de/schuledigital15

Fraillon, J., Ainley, J., Schulz, W., Friedman, T. & Gebhardt, E. (2014). *Preparing for Life in a Digital Age. The IEA International Computer and Information Literacy Study International Report*. Springer Open.

Jung, M. & Carstens, R. (2015). *International Computer and Information Literacy Study. ICILS 2013 User Guide for the International Database*. Amsterdam: IEA Secretariat.

KMK [Sekretariat der Ständigen Konferenz der Kultusminister der Länder in der Bundesrepublik Deutschland]. (2015). *Statistische Veröffentlichungen der Kultusministerkonferenz. Dokumentation Nr. 206 – Januar 2015. Schüler, Klassen, Lehrer und Absolventen der Schulen 2004 bis 2013*. Zugriff am 09. September 2015 unter http://www.kmk.org/fileadmin/pdf/Statistik/Dokumentationen/Dok_206_SKL_2013.pdf

Statistisches Bundesamt. (2014). *Statistisches Jahrbuch 2014. Deutschland und Internationales*. Wiesbaden: Statistisches Bundesamt.

Kapitel III
Schulische Ausstattung mit digitalen Medien in der Sekundarstufe I

Ramona Lorenz und Renate Schulz-Zander

Der kompetente Umgang mit digitalen Medien hat sich im 21. Jahrhundert als eine fächerübergreifende Schlüsselkompetenz etabliert. Damit der Erwerb IT-bezogener Fähigkeiten der Schülerinnen und Schüler in der Schule gefördert werden kann, ist eine hinreichende Ausstattung der Schulen mit digitalen Medien notwendig. Dies wird auch im Beschluss „Medienbildung in der Schule" der Ständigen Konferenz der Kultusminister der Länder in der Bundesrepublik Deutschland (KMK) deutlich, in dem hinsichtlich der Ausstattung von Schulen mit digitalen Medien herausgestellt wird, dass Schulen „eine anforderungsgerechte Ausstattung [benötigen], damit die Schülerinnen und Schüler mit und über Medien lernen und arbeiten können" (KMK, 2012, S. 7f.). Somit stellt die hinreichende Ausstattung eine erforderliche Basis für den Erwerb von IT-bezogenen Fähigkeiten dar. Auch im konzeptionellen Ansatz in Anlehnung an Eickelmann und Schulz-Zander (2008) zur Analyse des Zusammenhangs von Schulentwicklung und Schuleffektivität in Bezug auf digitale Medien stellt die technische Infrastruktur einen wesentlichen Faktor auf der Inputebene dar (vgl. Kapitel I in diesem Band).

In den letzten 15 Jahren hat es in Deutschland viele Ausstattungsinitiativen gegeben, die zu einer kontinuierlichen Verbesserung der Ausstattungssituation geführt haben. Es ist bisher jedoch nicht hinreichend bekannt, wie sich die aktuelle Ausstattungssituation der Schulen in der Sekundarstufe I mit digitalen Medien im Bundesländervergleich darstellt und welche Ausstattungskonzepte in den Ländern verfolgt werden. Eine systematische Erfassung von Ausstattungskennzahlen fehlt derzeit im deutschen Schulsystem und wurde zuletzt für das Schuljahr 2007/2008 mit der IT-Ausstattungserfassung der KMK vorgelegt (KMK, 2008). Jüngere Ausstattungskennzahlen können aus Studien oder bundesweit repräsentativen Befragungen für ganz Deutschland abgeleitet werden (u.a. BITKOM, 2015; Gerick, Schaumburg, Kahnert & Eickelmann, 2014; IfD Allensbach, 2013) oder nur für einzelne Bundesländer Einblicke liefern (u.a. Büsching & Breiter, 2011).

Neben Ausstattungskennzahlen sind weitere Ausstattungsindikatoren – wie z.B. die an Schulen verfolgten Ausstattungskonzepte mit mobilen Geräten oder Probleme hinsichtlich der IT-Ausstattung – derzeit nicht für alle Bundesländer verfügbar und können mit dem *Länderindikator 2015* erstmals im Bundesländervergleich abgebildet werden. Mit dem vorliegenden Kapitel werden die Einschätzungen der Lehrpersonen hinsichtlich verschiedener Indikatoren der IT-Ausstattung an Schulen der Sekundarstufe I dargestellt.

1. Überblick über bisherige Befunde zur Ausstattung mit digitalen Medien an Schulen der Sekundarstufe I in Deutschland

Im Folgenden wird der Stand der Forschung zur Ausstattungssituation der Schulen mit digitalen Medien fokussiert, bevor die Ergebnisse der eigenen Lehrerbefragung im Rahmen des *Länderindikators 2015* dargestellt und diskutiert werden. Dabei werden Befunde zur Zufriedenheit der Lehrpersonen mit der IT-Ausstattung an Schulen, zu IT-Ausstattungskonzepten sowie zu Ausstattungsproblemen aus Lehrersicht zusammenfassend dargestellt.

1.1 IT-Ausstattung an Schulen

Eine wichtige Voraussetzung auf schulischer Ebene für den Erwerb von IT-bezogenen Fähigkeiten stellt die Ausstattung der Schulen dar. Die technische Infrastruktur der Schulen kann sich direkt oder indirekt auf die Medienpraxen der Lehrpersonen und damit der Schülerinnen und Schüler auswirken (Welling, Breiter & Stolpmann, 2011). Das Schüler-Computer-Ausstattungsverhältnis an Schulen in Deutschland ist seit der Jahrtausendwende fortlaufend geringer geworden (BMBF, 2006; Gerick et al., 2014; KMK, 2008). Zu Beginn der Initiative *Schulen ans Netz* in Deutschland betrug 1998 das Schüler-Computer-Verhältnis an Schulen noch 36.5:1 (Schulz-Zander, 2001; Weinreich & Schulz-Zander, 2000). Allein im Zeitraum von 2001 bis 2005 verdoppelte sich die Anzahl der Computer an Schulen in Deutschland, wobei sich der Anstieg danach langsamer entwickelte. Das Schüler-Computer-Verhältnis an Schulen der Sekundarstufe I lag im Jahr 2006 bei 11 Schülerinnen und Schülern, die sich einen Computer teilten, und die IT-Ausstattungserfassung der KMK im Schuljahr 2007/2008 zeigte ein Verhältnis von 10:1 für Schulen der Sekundarstufe I und II (KMK, 2008). Im Vergleich von PISA 2009 und PISA 2012 ergab sich kein signifikanter Unterschied hinsichtlich der schulischen IT-Ausstattung (OECD, 2015). Die Befunde aus der *International Computer and Information Literacy Study* (ICILS 2013) zeigten, dass sich dieses Schüler-Computer-Verhältnis mit 11.5:1 in den letzten Jahren in Deutschland nicht substanziell verändert hat und im Bereich des Werts der Vergleichsgruppe der EU-Teilnehmerländer lag (Gerick et al., 2014). Zudem gaben mehr als zwei Fünftel (42.2 %) der Lehrpersonen in Deutschland an, dass keine ausreichende IT-Ausstattung (z.B. Computer) an der Schule vorhanden war; der internationale ICILS-Durchschnitt lag ebenfalls bei 42 Prozent (Fraillon, Ainley, Schulz, Friedman & Gebhardt, 2014; Gerick et al., 2014).

Darüber hinaus sehen sich Schulen verstärkt mit der Herausforderung konfrontiert, eine schulische IT- und Lerninfrastruktur zu entwickeln, die sowohl als Lernplattform genutzt als auch als Publikations-, Verwaltungs- und Kommunikationsmedium von allen an Schule Beteiligten eingesetzt werden kann (Kerres, Heinen & Stratmann, 2012). Eine Voraussetzung dafür stellt ein vom gesamten Schulgelände aus verfügbarer Internetzugang z.B. über WLAN dar, der auch bedingt kontrollierbar ist, indem z.B. Filter gesetzt oder bestimmte Websites gesperrt werden (ebd.).

Von den für 15-Jährige für Unterrichtszwecke verfügbaren Computern waren im Jahr 2012 in Deutschland nahezu alle mit dem Internet verbunden (OECD, 2013). Eine bundesweit repräsentative Befragung von Lehrkräften der Sekundarstufe I ergab, dass in fast allen Schulen ein Internetzugang bestand und 46 Prozent der befragten Lehrpersonen gaben an, an einer Schule zu unterrichten, an der in allen Räumen WLAN oder kabelgebundene Internetzugänge verfügbar waren (BITKOM, 2015). Hinsichtlich der Qualität der Internetverbindung gab im Rahmen von ICILS 2013 fast die Hälfte der Lehrpersonen (45.5%) einen unzureichenden Internetzugang (z.B. eine sehr langsame oder instabile Verbindung) an, der den Computereinsatz im Unterricht einschränkte (Gerick et al., 2014). Im Vergleich dazu lag der prozentuale Anteil der Lehrpersonen im internationalen Durchschnitt bei 40 Prozent (Fraillon et al., 2014).

Auch weitere Technologien wie interaktive Whiteboards finden zunehmend Einzug in Schulen und können das Lernen unterstützen. Eine repräsentative Befragung von Schülerinnen und Schülern in Deutschland im Alter von 14 bis 19 Jahren im Jahr 2010 zeigte, dass nahezu ein Drittel (32%) angab, an ihrer Schule werden Whiteboards im Unterricht eingesetzt, wobei der Anteil im Jahr 2014 auf 82 Prozent angestiegen ist (BITKOM, 2015). Laut Befunden aus ICILS 2013 befanden sich in Deutschland durchschnittlich 5.5 Whiteboards pro Schule in den Fach- bzw. Klassenräumen, was im Vergleich zu Dänemark mit 20.0 Whiteboards oder den Niederlanden mit 25.5 Whiteboards pro Schule Entwicklungspotenzial für Deutschland aufzeigte (Gerick et al., 2014).

Eine bundesweite Befragung von Lehrkräften an allgemeinbildenden Schulen ermittelte hinsichtlich der IT-Ausstattung der Schulen schulformspezifische Unterschiede zugunsten der Gymnasien (IfD Allensbach, 2013). Dabei gaben etwa ein Drittel (34%) der Gymnasiallehrkräfte und rund ein Fünftel (21%) der Haupt-/Realschullehrkräfte an, an ihrer Schule stehen Notebooks oder Tablet-PCs zur Nutzung im Unterricht zur Verfügung. Auch hinsichtlich der Ausstattung mit WLAN im Gebäude (Gymnasien: 53%; Haupt-/Realschulen: 37%) sowie mit interaktiven Whiteboards (Gymnasien: 46%; Haupt-/Realschulen: 34%) wurde die bessere Ausstattung der Gymnasien deutlich.

1.2 Ausstattungskonzepte

Aktuelle Forschungsbefunde belegen die nahezu flächendeckende Ausstattung aller Schulen in Deutschland mit Computern (BITKOM, 2015; Gerick et al., 2014). Es gibt zwischen den Schulen jedoch Unterschiede hinsichtlich der Ausstattungskonzepte und der Standorte der Geräte. Die Standorte der Computer nehmen eine bedeutende Rolle für die Gestaltung schulischer Lehr- und Lernprozesse ein (Eickelmann & Schulz-Zander, 2006; Herzig & Grafe, 2007).

Bei einer repräsentativen Lehrerbefragung in der Sekundarstufe I gaben 99 Prozent der Lehrpersonen in Deutschland an, dass stationäre Computer für den Einsatz im Unterricht an ihrer Schule vorhanden sind (Gerick et al., 2014). Alle an ICILS 2013 teilnehmenden Schulen in Deutschland verfügten über Computerräume (ebd.), im internationalen Durchschnitt besuchten 95 Prozent der Schülerinnen und Schüler eine Schule mit Computerraum (Fraillon et al., 2014). Diese Standortlösung wird jedoch vielfach kritisiert, da diese keinen situationsbezogenen Einsatz im Unterricht ermöglicht (Breiter, Welling & Stolpmann, 2010; Pelgrum, 2008; Schulz-Zander, Schmialek & Stolz, 2013). Computerräume werden zukünftig eher als sinnvoll für Projekte und Lernaktivitäten erachtet, für die eine bestimmte technische Ausstattung notwendig ist (Kerres et al., 2012). Demgegenüber wurde seitens der schulischen Akteure auf die Notwendigkeit der flexiblen und spontanen Verfügbarkeit digitaler Medien im Unterricht hingewiesen, was durch das Vorhandensein von Computern in den Fach- und Klassenräumen oder durch mobile Endgeräte wie Laptops ermöglicht wird (Eickelmann, 2010). Mobile Endgeräte können ortsunabhängig und ohne großen (zeitlichen) Aufwand in den Unterricht und andere Lehr- und Lernsituationen miteingebunden werden (Kerres et al., 2012) und fördern einen schülerorientierten und selbstgesteuerten Umgang mit digitalen Medien (Welling et al., 2011). Zudem werden mobile Geräte mit besonderen lernförderlichen Potenzialen verbunden (Fullan, 2012).

Allerdings schränken erforderliche Absprachen im Kollegium bezüglich des Einsatzes der schuleigenen Geräte in den Unterrichtsräumen wiederum eine flexible Nutzung ein, wie Evaluationsergebnisse von Schulz-Zander, Schmialek und Stolz (2013) zur Umsetzung einer kommunalen Medienentwicklungsplanung an Schulen zeigen. In den letzten Jahren ist die schulische Ausstattung zunehmend mit mobilen Endgeräten wie Notebooks oder Tablet-Computern erweitert worden. Anhand von ICILS 2013 zeigte sich für Deutschland, dass 43.7 Prozent der Achtklässlerinnen und Achtklässler eine Schule besuchten, an der zwischen Klassenräumen transportable Computer vorhanden waren (Gerick et al., 2014); im internationalen Durchschnitt waren es 34 Prozent (Fraillon et al., 2014). Eine repräsentative Lehrerbefragung in der Sekundarstufe I in Deutschland ergab, dass 89 Prozent der befragten Lehrpersonen an einer Schule unterrichteten, an der Notebooks für den Einsatz im Unterricht verfügbar waren und 18 Prozent gaben an, dass Tablet-Computer zur Verfügung standen (BITKOM, 2015). In einer repräsentativen forsa-Befragung berichteten 12 Prozent der Lehrkräfte, dass ihre Schule über Klassensätze an Tablet-Computern oder Smartphones verfügte (forsa, 2014). Daneben hat die Zahl der Schulversuche mit Laptop-Klassen (z.B. Schaumburg, Prasse, Tschackert & Blömeke, 2007) im Laufe der letzten Jahre zugenommen und Projekte und Initiativen in einzelnen Bundesländern haben dazu beigetragen, dass die Zahl der Laptop-Klassen angestiegen ist. Beispielhaft kann hier Bayern genannt werden, wo es 2009 noch 247 Laptop-Klassen gab, 2014 waren es bereits 441 (Bayerisches Staatsministerium für Bildung und Kultus, Wissenschaft und Kunst, 2014). Bundesweit flächendeckende Kennzahlen zur Anzahl von Laptop-Klassen liegen derzeit jedoch nicht vor.

Die schulische Computerausstattung wird zunehmend durch schülereigene Endgeräte ergänzt, indem Schülerinnen und Schülern die Möglichkeit gegeben wird, diese im Unterricht zu nutzen (*Bring Your Own Device*, kurz: *BYOD*). In einer repräsentativen Befragung gaben 66 Prozent der Lehrpersonen und 58 Prozent der Schülerinnen und Schüler an, private Endgeräte mit in den Unterricht zu bringen, wobei auch Smartphones berücksichtigt wurden (BITKOM, 2015). Im Rahmen von ICILS 2013 zeigte sich, dass 18 Prozent der Schülerinnen und Schüler in Deutschland sowie im internationalen Durchschnitt private oder von der Schule zur Verfügung gestellte Geräte in den Unterricht mitbrachten (Fraillon et al., 2014; Gerick et al., 2014). Diese deutlichen Unterschiede in den Ergebnissen sind vor allem darauf zurückzuführen, dass in ICILS 2013 keine Smartphones einbezogen wurden.

Um den kompetenten Umgang aller Schülerinnen und Schüler mit digitalen Medien zu fördern und allen die Teilhabe in der digitalen Gesellschaft zu ermöglichen, regte die Enquete-Kommission „Internet und digitale Gesellschaft – Medienkompetenz" (Deutscher Bundestag, 2011) u.a. an, jeder Schülerin und jedem Schüler ein eigenes mobiles Endgerät zur Verfügung zu stellen. Auch aus pädagogischer Sicht stellt sich die Frage, welches Ausstattungsverhältnis Lehrpersonen für die Nutzung digitaler Medien im Unterricht als sinnvoll erachten und ob ein 1:1-Schüler-Computerverhältnis als erstrebenswert angesehen wird. In einer repräsentativen Lehrerbefragung stimmten 58 Prozent der Lehrpersonen der Aussage zu, jedem Schüler ein mobiles Endgerät zur Verfügung zu stellen, sei erstrebenswert (BITKOM, 2015). Im Rahmen einer repräsentativen forsa-Umfrage erachteten es 43 Prozent der befragten Lehrpersonen für sinnvoll, jeder Schülerin und jedem Schüler ein mobiles Endgerät zur Verfügung zu stellen; 48 Prozent halten dies jedoch für eher überflüssig (forsa, 2014).

1.3 Ausstattungsprobleme aus der Sicht schulischer Akteure

Probleme hinsichtlich der Ausstattung mit digitalen Medien erweisen sich unmittelbar als Hemmnis bezüglich des Einsatzes digitaler Medien im Unterricht (Eickelmann, 2010; Welling et al., 2011). Besonders wenn die IT-Ausstattung in der Schule veraltet ist, nicht reibungslos funktioniert oder nicht den pädagogischen Zielvorstellungen genügt, wirken Ausstattungsprobleme einschränkend (ebd.).

Im Rahmen von ICILS 2013 gaben die Lehrkräfte, die in einer 8. Jahrgangsstufe unterrichteten, eine Einschätzung der schulischen IT-Ausstattung ab. Mehr als zwei Fünftel (43.1 %) der Lehrpersonen in Deutschland gaben dabei an, dass die Computer an der Schule veraltet waren, im internationalen Durchschnitt waren es 38 Prozent (Fraillon et al., 2014; Gerick et al., 2014).

Eine repräsentative bundesweite Befragung zeigte, dass 20 Prozent der Schülerinnen und Schüler die IT-Ausstattung ihrer Schule als unzureichend empfanden (BITKOM, 2015). Unter den befragten Lehrpersonen gaben 6 Prozent an, dass die IT-Ausstattung unzureichend war. Dabei äußerten 20 Prozent der Lehrpersonen, dass sie kaum digitale Medien im Unterricht einsetzten, weil ihrer Meinung nach die Technik nicht mitspielte. Insgesamt forderten je etwa zwei Drittel der befragten Lehrpersonen sowie Schülerinnen und Schüler eine Verbesserung der technischen Voraussetzungen (ebd.).

Von den Lehrkräften in der Sekundarstufe I stimmten 92 Prozent der Aussage zu, dass mehr in elektronische Medien (Ausstattung oder digitales Lernmaterial) investiert werden sollte (ebd.).

Ergänzend dazu kann die Ausstattungssituation aus der Perspektive der Schulleitung betrachtet werden, wobei sich Unterschiede zur Einschätzung durch die Lehrpersonen ergeben. Ein Ausstattungsaspekt, der in der Befragung der Schulleitungen im Rahmen von PISA 2012 Berücksichtigung gefunden hat, ist die Frage danach, ob die Lerngelegenheiten der Schülerinnen und Schüler durch eine unzureichende Ausstattung mit digitalen Medien eingeschränkt werden. In Deutschland besuchten 68 Prozent der Schülerinnen und Schüler der 9. Jahrgangsstufe Schulen, in denen die Schulleitung angab, dass eine unzureichende Anzahl an Computern in der Schule kaum oder überhaupt nicht zu einer Einschränkung führte (OECD, 2013). Hinsichtlich einer nicht vorhandenen oder unzureichenden Internetanbindung ergab sich für 70 Prozent der Schülerinnen und Schüler ein ähnliches Bild. Entsprechend verhielt es sich bei der Frage nach einer unzureichenden Versorgung der Schule mit Computerprogrammen, die für Lehr- und Lernzwecke eingesetzt werden konnten (69 %). Insgesamt kann damit festgehalten werden, dass in Deutschland über zwei Drittel der Schülerinnen und Schüler Schulen besuchten, für die die Schulleitung angab, dass die Lerngelegenheiten der Schülerinnen und Schüler nicht oder kaum durch eine unzulängliche Ausstattungssituation der Schule mit digitalen Medien eingeschränkt war. Auf der anderen Seite stand damit aber auch ein erheblicher Anteil von ca. 30 Prozent der Schülerinnen und Schüler, für den die Schulleitung angab, dass eine nicht ausreichende Ausstattung der Schule mit digitalen Medien zu einem gewissen Grad oder sehr stark eingeschränkt wurde (ebd.).

Der Überblick über den aktuellen Forschungsstand zeigt, dass zu verschiedenen Indikatoren der schulischen IT-Ausstattung bereits Befunde vorzufinden sind, die repräsentativ für Deutschland sind. Bisher bleibt jedoch unklar, ob sich hinsichtlich der IT-Ausstattung an Schulen, der verfolgten Ausstattungskonzepte mit mobilen Endgeräten sowie in Bezug auf mögliche Ausstattungsprobleme Unterschiede zwischen den Bundesländern ergeben. Mit dem vorliegenden Kapitel kann diese Forschungslücke bearbeitet werden, indem die Einschätzungen der Lehrpersonen hinsichtlich verschiedener Indikatoren der IT-Ausstattung in den Blick genommen werden.

2. Befunde zur Ausstattung von Schulen der Sekundarstufe I mit digitalen Medien anhand des *Länderindikators 2015*

Im Folgenden werden die Ergebnisse des *Länderindikators 2015* zur Ausstattung von Schulen der Sekundarstufe I mit digitalen Medien berichtet. Die Ergebnisse der repräsentativen Lehrerbefragung werden zunächst deskriptiv dargestellt (zur Anlage und Stichprobe der Untersuchung vgl. Kapitel II in diesem Band). Zudem werden die Befunde auf statistisch signifikante Mittelwertunterschiede zwischen verschiedenen Gruppen getestet. Unterschieden wurden dafür zum einen Lehrpersonen, die an einem Gymnasium unterrichten, von Lehrpersonen, die an anderen Schulformen der Sekundarstufe I Unterricht erteilen. Zum anderen wird zwischen Lehrkräften differenziert, die an Ganztagsschulen tätig sind im Vergleich zu Lehrkräften, die an Halbtagsschulen unterrichten. Statistisch signifikante Unterschiede ($p < .05$) werden im Text berichtet.

Der *Länderindikator 2015* zeichnet sich durch die zusätzliche Auswertung der Befunde im Bundesländervergleich aus. Die entsprechenden Ergebnisse werden im Anschluss an die deskriptiven Auswertungen dargestellt.

2.1 IT-Ausstattung

Die IT-Ausstattung einer Schule bildet die Basis für die Nutzung digitaler Medien im Unterricht sowie für die schulische Förderung der IT-bezogenen Fähigkeiten der Schülerinnen und Schüler. Für den *Länderindikator 2015* werden die Einschätzungen der vorhandenen IT-Infrastruktur aus Sicht der Lehrpersonen in den Fokus genommen. Neben einer Beurteilung, ob die vorhandene IT-Infrastruktur sowie der Internetzugang als ausreichend empfunden werden (berichtet wird die zusammengefasste Kategorie *Zustimmung*), geben die Lehrkräfte an, ob der WLAN-Zugriff in allen Klassenräumen für die Schülerinnen und Schüler möglich ist und ob an der Schule interaktive Whiteboards zur Verfügung stehen (berichtete Kategorie *Ja*). Die Befunde zur Einschätzung der IT-Ausstattung in den Schulen aus Sicht der Lehrpersonen zeigt Abbildung 1. Ergänzend dazu wurde geprüft, ob sich hinsichtlich schulischer Merkmale wie der Schulform (Gymnasien und andere Schulformen der Sekundarstufe I) oder dem Ganztags- bzw. Halbtagsbetrieb der Schule signifikante Unterschiede ($p < .05$) in der Einschätzung der schulischen IT-Ausstattung ergeben.

Abbildung 1: Einschätzung der schulischen IT-Ausstattung durch Lehrpersonen (Angaben in Prozent)

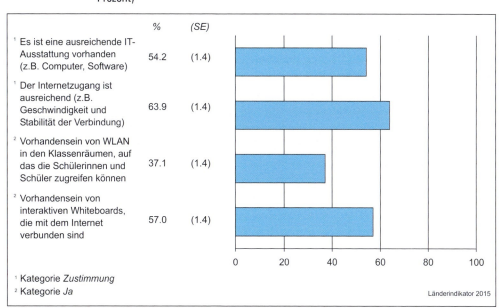

Mehr als die Hälfte (54.2%) der Lehrkräfte bekundet eine ausreichende IT-Ausstattung an ihrer Schule im Hinblick auf vorhandene Software und Computer. Lehrkräfte, die an Gymnasien (58.0%) unterrichten, stimmen dieser Aussage signifikant häufiger zu als Lehrpersonen anderer Schulformen der Sekundarstufe I (51.1%). Die Verfügbarkeit eines ausreichenden Internetzugangs wird von fast zwei Dritteln (63.9%) der Lehrpersonen angegeben. Dabei unterscheiden sich den Angaben der Lehrkräfte zufolge Ganztagsschulen (65.6%) statistisch signifikant von Halbtagsschulen (59.0%) im Hinblick auf die Verfügbarkeit eines ausreichenden Internetanschlusses. Ebenso gibt es einen statistisch signifikanten Unterschied zwischen den Aussagen von Gymnasiallehrkräften (68.7%) und Lehrkräften anderer Schulformen der Sekundarstufe I (60.1%).

Knapp zwei Fünftel (37.1%) der Lehrkräfte bestätigen das Vorhandensein eines WLANs in den Klassenräumen, auf das die Schülerinnen und Schüler zugreifen können. An der Schule von fast drei Fünfteln (57.0%) der Lehrpersonen stehen mit dem Internet verbundene interaktive Whiteboards zur Verfügung.

Bundesländervergleich

Im Rahmen des *Länderindikators 2015* kann die schulische Ausstattung mit digitalen Medien erstmals im Bundesländervergleich abgebildet werden. Die gewählte Darstellungsform lässt dabei Vergleiche zwischen Extremgruppen zu. Pro Ausstattungsindikator werden dafür die Zustimmungsraten im oberen Quartil der Bundesländer mit den höchsten Zustimmungsraten dem unteren Quartil der Bundesländer mit den niedrigsten Zustimmungsraten gegenübergestellt. Die übrigen 50 Prozent

Abbildung 2: Anteile der Lehrpersonen, die angeben, dass an ihrer Schule eine ausreichende IT-Ausstattung (z.B. Computer, Software) vorhanden ist (Angaben in Prozent, Kategorie *Zustimmung*)

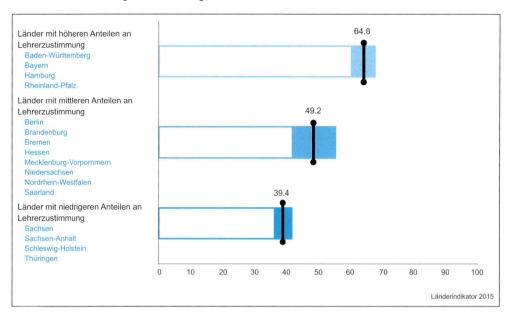

der Bundesländer bilden die mittlere Ländergruppe. Die Reihenfolge der Bundesländer innerhalb der drei Gruppen ist alphabetisch sortiert, sodass die Abbildungen keine Rückschlüsse über eine Rangfolge der Bundesländer hinsichtlich der Zustimmung der Lehrpersonen zu den einzelnen Indikatoren zulassen. Die in diesem Kapitel berichteten Unterschiede zwischen der unteren und der oberen Ländergruppe sind stets signifikant ($p < .05$).

Zunächst wird der Frage nachgegangen, ob die Lehrpersonen die IT-Ausstattung der Schulen (z.B. Computer, Software) als ausreichend für unterrichtliche Zwecke einschätzen.

Abbildung 2 zeigt den Anteil der Lehrpersonen, die der Aussage „Es ist eine ausreichende IT-Ausstattung vorhanden (z.B. Computer, Software)" zustimmen. Baden-Württemberg, Bayern, Hamburg und Rheinland-Pfalz bilden die obere Gruppe der Bundesländer, die mittlere Zustimmungsrate dieser oberen Gruppe liegt bei 64.8 Prozent der Lehrpersonen. Die untere Gruppe der Bundesländer mit den niedrigsten Zustimmungsraten besteht aus Sachsen, Sachsen-Anhalt, Schleswig-Holstein und Thüringen. Dort bekunden durchschnittlich 39.4 Prozent der Lehrkräfte eine ausreichende IT-Ausstattung. Für die mittlere Gruppe beläuft sich der Anteil der Lehrkräfte, die der Aussage zustimmen, im Durchschnitt auf 49.2 Prozent.

Um den kompetenten Umgang aller Schülerinnen und Schüler mit digitalen Medien zu fördern und allen die Teilhabe in der digitalen Gesellschaft zu ermöglichen, ist nicht nur das Vorhandensein von IT notwendig, sondern auch der Internetzugang stellt

Abbildung 3: Anteile der Lehrpersonen, die angeben, dass der Internetzugang (z.B. Geschwindigkeit und Stabilität der Verbindung) an ihrer Schule ausreichend ist (Angaben in Prozent, Kategorie *Zustimmung*)

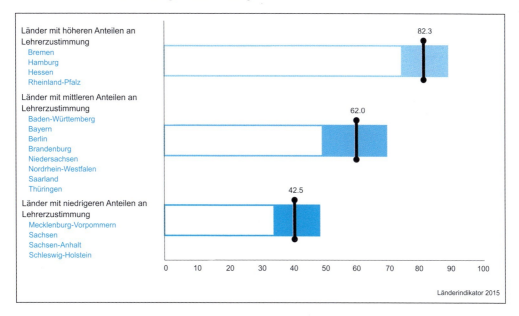

eine zentrale Voraussetzung für den Erwerb von IT-bezogenen Fähigkeiten dar. Im Bundesländervergleich zeigt sich hinsichtlich der Zufriedenheit der Lehrpersonen mit dem Internetzugang an ihrer Schule ein deutlicher Unterschied zwischen den Ländern.

Abbildung 3 zeigt den Anteil der Lehrkräfte, die der Aussage zustimmen, der Internetzugang an ihrer Schule ist ausreichend, z.B. bezogen auf die Geschwindigkeit und Stabilität der Verbindung. In der oberen Ländergruppe, die Bremen, Hamburg, Hessen und Rheinland-Pfalz umfasst, stimmen durchschnittlich 82.3 Prozent der Lehrpersonen der Aussage zu. Mecklenburg-Vorpommern, Sachsen, Sachsen-Anhalt und Schleswig-Holstein bilden die untere Gruppe, in dieser ergibt sich eine mittlere Zustimmungsrate von 42.5 Prozent. Für die mittlere Gruppe beläuft sich der Anteil der Lehrkräfte, die den Internetzugang als ausreichend einschätzen, im Durchschnitt auf 62.0 Prozent. Insgesamt verdeutlicht die Abbildung, dass in der oberen Gruppe mehr als vier Fünftel der Lehrpersonen den Internetzugang der Schule für ausreichend halten. In der unteren Gruppe äußern rund zwei Fünftel der Lehrkräfte ihre Zustimmung, womit deutliche Differenzen zwischen den Ländern ersichtlich werden.

Abbildung 4: Anteile der Lehrpersonen, die angeben, dass WLAN in den Klassenräumen vorhanden ist, auf das die Schülerinnen und Schüler zugreifen können (Angaben in Prozent, Kategorie *Ja*)

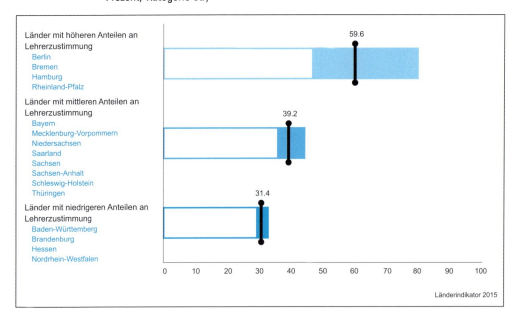

Mit der steigenden Verbreitung von mobilen Endgeräten, die in der Schule zu Unterrichtszwecken genutzt werden, gewinnt der Zugang zum Internet über WLAN zunehmend an Bedeutung. In Abbildung 4 ist dargestellt, wie groß die Anteile der Lehrpersonen in den Bundesländern sind, an deren Schule WLAN in den Klassenräumen vorhanden ist, auf das die Schülerinnen und Schüler zugreifen können. In der oberen Gruppe mit Berlin, Bremen, Hamburg und Rheinland-Pfalz stimmen der Aussage im Durchschnitt 59.6 Prozent der befragten Lehrkräfte zu. Von den Lehrkräften der unteren Gruppe (Baden-Württemberg, Brandenburg, Hessen und Nordrhein-Westfalen) stimmen durchschnittlich 31.4 Prozent der Aussage zu. Für die mittlere Gruppe berechnet sich die mittlere Zustimmungsrate der Lehrkräfte auf 39.2 Prozent.

Abbildung 5: Anteile der Lehrpersonen, die angeben, dass es an ihrer Schule interaktive Whiteboards gibt, die mit dem Internet verbunden sind (Angaben in Prozent, Kategorie *Ja*)

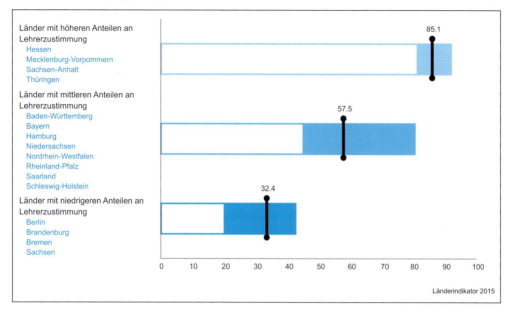

Abbildung 5 stellt die Anteile der Lehrpersonen dar, an deren Schule interaktive Whiteboards, die mit dem Internet verbunden sind, vorhanden sind. In der oberen Gruppe, die sich aus Hessen, Mecklenburg-Vorpommern, Sachsen-Anhalt und Thüringen zusammensetzt, liegt der durchschnittliche Zustimmungswert bei 85.1 Prozent. Berlin, Brandenburg, Bremen und Sachsen bilden die untere Gruppe, in dieser liegt der Anteil der Lehrkräfte, die der Aussage zustimmen, bei durchschnittlich 32.4 Prozent. Für die mittlere Gruppe berechnet sich eine mittlere Zustimmungsrate von 57.5 Prozent.

Tabelle 1 zeigt die Befunde des Bundesländervergleichs hinsichtlich der im *Länderindikator 2015* herangezogenen Indikatoren der schulischen IT-Ausstattung im Überblick. Dabei wird deutlich, dass Hamburg und Rheinland-Pfalz hinsichtlich drei der betrachteten IT-Ausstattungsindikatoren in der oberen Ländergruppe verortet sind, in der ein vergleichsweise hoher Anteil der Lehrpersonen Zufriedenheit mit der technischen Infrastruktur bzw. deren Vorhandensein bekundet. Sachsen hingegen befindet sich hinsichtlich dreier Indikatoren in der unteren Ländergruppe.

Tabelle 1: Schulische IT-Ausstattung im Bundesländervergleich

Bundesland	Ausreichende IT-Ausstattung	Ausreichender Internetzugang	WLAN-Zugang in den Klassenräumen	Whiteboards
Baden-Württemberg	▲	■	▼	■
Bayern	▲	■	■	■
Berlin	■	■	▲	▼
Brandenburg	■	■	▼	▼
Bremen	■	▲	▲	▼
Hamburg	▲	▲	▲	■
Hessen	■	▲	▼	▲
Mecklenburg-Vorpommern	■	▼	■	▲
Niedersachsen	■	■	■	■
Nordrhein-Westfalen	■	■	▼	■
Rheinland-Pfalz	▲	▲	▲	■
Saarland	■	■	■	■
Sachsen	▼	▼	■	▼
Sachsen-Anhalt	▼	▼	■	▲
Schleswig-Holstein	▼	▼	■	■
Thüringen	▼	■	■	▲

▲ obere Gruppe; ■ mittlere Gruppe; ▼ untere Gruppe

2.2 IT-Ausstattungskonzepte

In Bezug auf die in der Schule vorhandene bzw. für den Einsatz im Unterricht verfügbare IT-Ausstattung verfolgen Schulen zum Teil sehr unterschiedliche Strategien. Im *Länderindikator 2015* werden drei verschiedene Ausstattungskonzepte erfasst: (1) die Nutzung in der Schule vorhandener, jedoch zwischen einzelnen Klassen- und Fachräumen transportabler mobiler Endgeräte wie Laptops oder Notebooks, (2) die Möglichkeit für Schülerinnen und Schüler, private Geräte mitzubringen und damit im Sinne des *Bring Your Own Device* (kurz: *BYOD*) im Unterricht zu nutzen, sowie (3) die Einrichtung von Laptopklassen, die hauptsächlich mit Computern im Unterricht arbeiten (berichtete Kategorie *Ja*). Darüber hinaus wird erfasst, ob die Lehrpersonen

Abbildung 6: IT-Ausstattungskonzepte der Schulen (Angaben in Prozent)

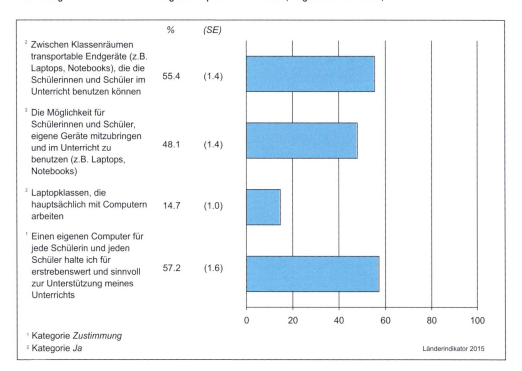

ein 1:1-Schüler-Computer-Verhältnis für erstrebenswert und sinnvoll zur Unterstützung ihres Unterrichts halten (berichtet wird die zusammengefasste Kategorie *Zustimmung*). Die entsprechenden Befunde sind in Abbildung 6 dargestellt. Ergänzend dazu werden im Text signifikante Unterschiede ($p < .05$) hinsichtlich schulischer Merkmale wie der Schulform (Gymnasien und andere Schulformen der Sekundarstufe I) oder dem Ganztags- bzw. Halbtagsbetrieb der Schule angegeben.

Das Ausstattungskonzept der zwischen Klassenräumen transportablen Endgeräte wird an den Schulen von 55.4 Prozent und damit von über der Hälfte der befragten Lehrpersonen verfolgt. Das Konzept des *BYOD* und damit der Einbindung schülereigener Endgeräte im Unterricht ist der durchgeführten Lehrerbefragung zufolge an der Schule von 48.1 Prozent der Lehrpersonen verbreitet. Dabei wird signifikant häufiger an Gymnasien (53.0%) auf dieses Konzept gesetzt als an Schulen anderer Schulformen der Sekundarstufe I (44.1%). Knapp 15 Prozent der Lehrpersonen geben an, dass es an ihrer Schule Laptopklassen gibt, die hauptsächlich mit Computern arbeiten.

Einen eigenen Computer für jede Schülerin und jeden Schüler halten 57.2 Prozent der Lehrpersonen für eine sinnvolle und erstrebenswerte Unterstützung ihres Unterrichts. Dabei geben Gymnasiallehrkräfte (53.8%) signifikant seltener an, ein 1:1-Schüler-Computer-Verhältnis als erstrebenswert und sinnvoll zu erachten als Lehrkräfte anderer Schulformen der Sekundarstufe I (60.1%).

Bundesländervergleich

Aktuelle Forschungsbefunde belegen, dass bundesweit an nahezu allen Schulen Computer vorhanden sind. Dabei gibt es jedoch Unterschiede hinsichtlich des Ausstattungskonzepts und der Standorte der Geräte. Daher werden im Folgenden die vorgenannten mobilen Ausstattungskonzepte im Bundesländervergleich fokussiert.

Abbildung 7 stellt dar, wieviel Prozent der befragten Lehrpersonen pro Bundesland angeben, an ihrer Schule über zwischen Klassenräumen transportable Endgeräte (z.B. Laptops, Notebooks, Tablet-PCs) zu verfügen, die die Schülerinnen und Schüler im Unterricht nutzen können. Bremen, Nordrhein-Westfalen, Rheinland-Pfalz und Sachsen-Anhalt bilden die obere Gruppe der Bundesländer mit einem mittleren Zustimmungswert von 74.0 Prozent. In der unteren Gruppe bestehend aus Berlin, Brandenburg, Hessen und Sachsen stimmen im Durchschnitt 40.4 Prozent der Lehrpersonen der Aussage zu. Für die mittlere Gruppe liegt der Anteil der Lehrkräfte, die der Aussage zustimmen, durchschnittlich bei 54.5 Prozent.

Abbildung 7: Anteile der Lehrpersonen, die angeben, dass zwischen den Klassenräumen transportable Endgeräte (z.B. Laptops, Notebooks, Tablet-PCs) vorhanden sind, die die Schülerinnen und Schüler im Unterricht benutzen können (Angaben in Prozent, Kategorie *Ja*)

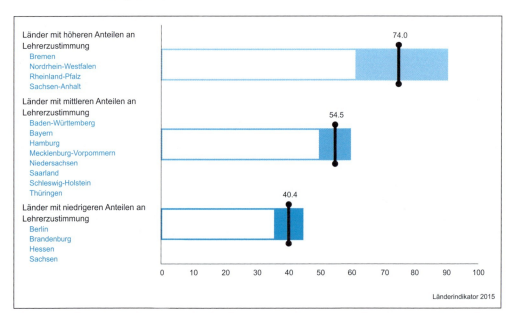

Abbildung 8: Anteile der Lehrpersonen, die angeben, dass die Möglichkeit für die Schülerinnen und Schüler besteht, eigene Geräte in den Unterricht mitzubringen und zu nutzen (Angaben in Prozent, Kategorie *Ja*)

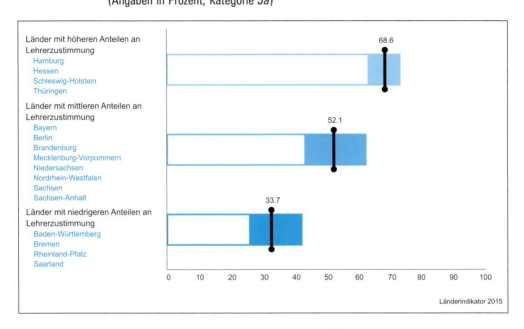

Die Ausstattung der Schulen wird zunehmend durch schülereigene Endgeräte ergänzt, indem Schülerinnen und Schülern im Sinne des *BYOD* eigene Geräte im Unterricht nutzen dürfen. In Abbildung 8 ist für die drei Ländergruppen dargestellt, wie hoch die Anteile der Lehrpersonen in den Bundesländern ausfallen, an deren Schule für Schülerinnen und Schüler die Möglichkeit eingeräumt ist, eigene Geräte mitzubringen und im Unterricht zu nutzen (z.B. Laptops, Notebooks, Tablet-PCs oder Smartphones). In der oberen Gruppe, die Hamburg, Hessen, Schleswig-Holstein und Thüringen umfasst, ergibt sich ein mittlerer Wert von 68.6 Prozent der Lehrpersonen, an deren Schule das Prinzip des *BYOD* verfolgt wird. Baden-Württemberg, Bremen, Rheinland-Pfalz und das Saarland bilden die untere Gruppe, in dieser ergibt sich eine mittlere Zustimmungsrate von 33.7 Prozent. Für die mittlere Gruppe beläuft sich der Anteil der Lehrkräfte, die der Aussage zustimmen, im Durchschnitt auf 52.1 Prozent.

Abbildung 9: Anteile der Lehrpersonen, die angeben, dass es an ihrer Schule Laptopklassen gibt, die hauptsächlich mit Computern arbeiten (Angaben in Prozent, Kategorie *Ja*)

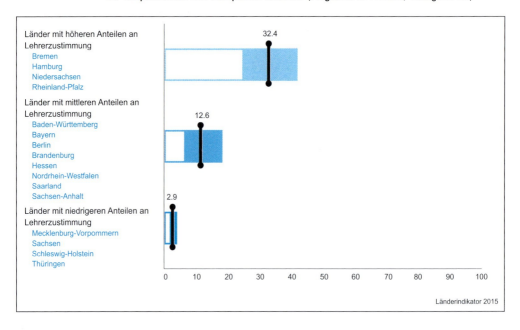

Abbildung 9 zeigt die Zustimmung der Lehrkräfte zum Vorhandensein von Laptopklassen an ihrer Schule, die hauptsächlich mit Computern arbeiten. In der oberen Gruppe mit Bremen, Hamburg, Niedersachsen und Rheinland-Pfalz geben im Durchschnitt 32.4 Prozent der befragten Lehrpersonen an, Laptopklassen seien an ihrer Schule vorzufinden. Von den Lehrkräften der unteren Gruppe (Mecklenburg-Vorpommern, Sachsen, Schleswig-Holstein und Thüringen) stimmen durchschnittlich 2.9 Prozent der Aussage zu. Für die mittlere Gruppe berechnet sich die mittlere Zustimmungsrate der Lehrkräfte auf 12.6 Prozent. Zusammenfassend zeigt die Abbildung, dass knapp ein Drittel der Lehrkräfte in den Ländern der oberen Gruppe an Schulen tätig ist, an denen Laptopklassen eingerichtet sind. In der unteren Gruppe ist dies für rund 3 Prozent der befragten Lehrkräfte der Fall.

Abbildung 10: Anteile der Lehrpersonen, die angeben, dass sie einen eigenen Computer für jede Schülerin und jeden Schüler für erstrebenswert und sinnvoll zur Unterstützung ihres Unterrichts halten (Angaben in Prozent, Kategorie *Zustimmung*)

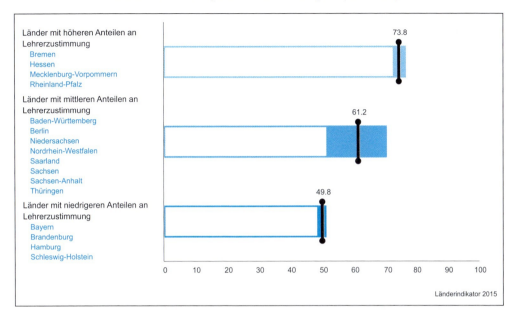

Aus pädagogischer Sicht stellt sich die Frage, ob es für den Unterricht sinnvoll und unterstützend ist, alle Schülerinnen und Schüler mit einem eigenen Computer für unterrichtliche Zwecke auszustatten. In Abbildung 10 werden die Einschätzungen der befragten Lehrkräfte hinsichtlich ihrer Zustimmung zu der Aussage „Einen eigenen Computer für jede Schülerin und jeden Schüler halte ich für erstrebenswert und sinnvoll zur Unterstützung meines Unterrichts" (1:1-Schüler-Computer-Verhältnis) dargestellt. Bremen, Hessen, Mecklenburg-Vorpommern und Rheinland-Pfalz bilden die obere Gruppe der Bundesländer, für die sich eine mittlere Zustimmungsrate von 73.8 Prozent ergibt. In der unteren Gruppe, die Bayern, Brandenburg, Hamburg und Schleswig-Holstein umfasst, stimmen durchschnittlich 49.8 Prozent der Lehrpersonen der Aussage zu. Für die mittlere Gruppe berechnet sich der Anteil der Lehrkräfte, die der Aussage zustimmen, im Durchschnitt auf 61.2 Prozent.

Einen Überblick über den Bundesländervergleich bezüglich der an Schulen verfolgten IT-Ausstattungskonzepte zeigt Tabelle 2. Bremen, Hamburg und Rheinland-Pfalz sind in Bezug auf zwei der drei erfassten Ausstattungskonzepte mit mobilen Geräten in der oberen Ländergruppe verortet. Zudem gibt in Bremen und Rheinland-Pfalz ein vergleichsweise hoher Anteil der Lehrpersonen an, ein 1:1-Schüler-Computer-Verhältnis sei als sinnvoll und erstrebenswert anzusehen. Sachsen ist hinsichtlich zweier Ausstattungskonzepte mit mobilen Geräten in der unteren Ländergruppe verortet.

Tabelle 2: IT-Ausstattungskonzepte im Bundesländervergleich

Bundesland	Transportable schuleigene Geräte	Schülereigene Geräte	Laptop-klassen	1:1-Schüler-Computer-Verhältnis
Baden-Württemberg	■	▼	■	■
Bayern	■	■	■	▼
Berlin	▼	■	■	■
Brandenburg	▼	■	■	▼
Bremen	▲	▼	▲	▲
Hamburg	■	▲	▲	▼
Hessen	▼	▲	■	▲
Mecklenburg-Vorpommern	■	■	▼	▲
Niedersachsen	■	■	▲	■
Nordrhein-Westfalen	▲	■	■	■
Rheinland-Pfalz	▲	▼	▲	▲
Saarland	■	▼	■	■
Sachsen	▼	■	▼	■
Sachsen-Anhalt	▲	■	■	■
Schleswig-Holstein	■	▲	▼	▼
Thüringen	■	▲	▼	■

▲ obere Gruppe; ■ mittlere Gruppe; ▼ untere Gruppe

2.3 IT-Ausstattungsprobleme aus Sicht der Lehrpersonen

Um die in der Schule vorhandene IT-Ausstattung effektiv im Unterricht nutzen zu können, ist es entscheidend, dass die Geräte technisch auf dem aktuellen Stand gehalten werden und benötigte Software (Betriebssysteme, Lernsoftware etc.) installiert ist. Im *Länderindikator 2015* geben die Lehrpersonen ihre Einschätzung der technischen Aktualität der Computer in der Schule ab und beurteilen, ob die Kosten für Software an der Schule als Problem wahrgenommen werden (berichtet wird die zusammengefasste Kategorie *Zustimmung*).

Abbildung 11: IT-Ausstattungsprobleme aus Sicht der Lehrpersonen (Angaben in Prozent)

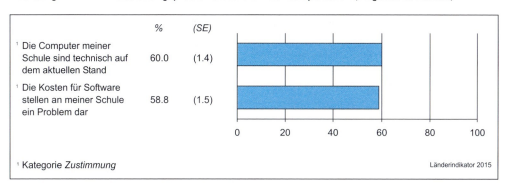

Abbildung 11 verdeutlicht, dass 60.0 Prozent der befragten Lehrkräfte die technische Aktualität der in der Schule vorhandenen Computer bestätigen. Auf der anderen Seite stehen damit 40 Prozent der Lehrkräfte, die an ihrer Schule nicht auf technisch aktuelle Computer zurückgreifen können, was sich damit für einen großen Teil der Lehrpersonen hemmend auf den Einsatz digitaler Medien im Unterricht auswirken kann. Ein signifikant höherer Anteil von Lehrkräften an Gymnasien (64.2%) schätzt die Computer in der Schule als technisch auf dem aktuellen Stand ein als Lehrkräfte an anderen Schulformen der Sekundarstufe I (56.8%). Die Kosten für Software werden von knapp drei Fünfteln (58.8%) der Lehrpersonen als Problem an ihrer Schule angesehen. Dabei werden Softwarekosten signifikant häufiger von Lehrkräften anderer Schulformen der Sekundarstufe I (62.2%) als Problem berichtet als von Lehrkräften an Gymnasien (54.5%).

Bundesländervergleich

Neben dem Vorhandensein einer ausreichenden IT-Ausstattung und den Ausstattungskonzepten mit digitalen Medien an den Schulen können weitere Faktoren hinzukommen, die sich hemmend auf den Einsatz digitaler Medien im Unterricht auswirken. Die vorhandene IT-Ausstattung muss den Anforderungen genügen und darf technisch nicht veraltet sein, um im Unterricht angemessen unterstützend wirken zu können. Der Bundesländervergleich offenbart deutliche Differenzen in der Einschätzung dieser beiden Ausstattungsprobleme durch die Lehrpersonen.

Abbildung 12: Anteile der Lehrpersonen, die angeben, dass die Computer ihrer Schule technisch auf dem aktuellen Stand sind (Angaben in Prozent, Kategorie *Zustimmung*)

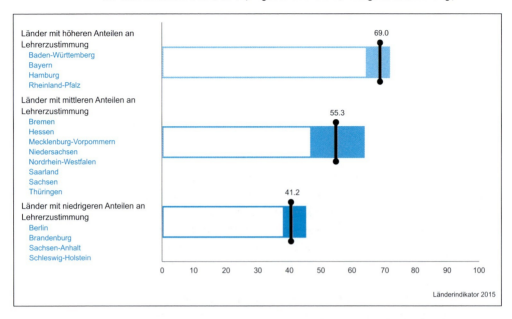

Abbildung 12 stellt die Zustimmung der Lehrkräfte zu der Aussage „Die Computer meiner Schule sind technisch auf dem aktuellen Stand" dar. In der oberen Gruppe, die sich aus Baden-Württemberg, Bayern, Hamburg und Rheinland-Pfalz zusammensetzt, liegt die durchschnittliche Zustimmungsrate bei 69.0 Prozent. Berlin, Brandenburg, Sachsen-Anhalt und Schleswig-Holstein bilden die untere Gruppe, in dieser liegt der Anteil der Lehrkräfte, die der Aussage zustimmen, bei durchschnittlich 41.2 Prozent. Für die mittlere Gruppe berechnet sich eine mittlere Zustimmungsrate von 55.3 Prozent.

Abbildung 13: Anteile der Lehrpersonen, die angeben, dass die Kosten für Software an ihrer Schule ein Problem darstellen (Angaben in Prozent, Kategorie *Zustimmung*)

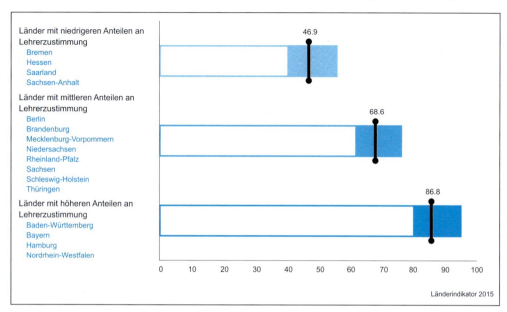

Die schulische IT-Ausstattung technisch auf dem aktuellen Stand zu halten, stellt die Schulen und Schulträger u.a. auch vor finanzielle Herausforderungen. In Abbildung 13 werden die Einschätzungen der Lehrpersonen im Hinblick auf ihre Zustimmung zu der Aussage „Die Kosten für Software stellen an meiner Schule ein Problem dar" gezeigt. In der oberen Gruppe, zu der Bremen, Hessen, das Saarland und Sachsen-Anhalt zählen, nehmen durchschnittlich 46.9 Prozent der befragten Lehrpersonen die Kosten für Software als ein Problem an ihrer Schule wahr. Für die Länder der unteren Gruppe, Baden-Württemberg, Bayern, Hamburg und Nordrhein-Westfalen, ergibt sich eine durchschnittliche Zustimmungsrate von 86.8 Prozent. Für die mittlere Gruppe berechnet sich der Anteil der Lehrkräfte, die der Aussage zustimmen, im Durchschnitt auf 68.6 Prozent.

In Tabelle 3 wird eine Übersicht der IT-Ausstattungsprobleme, die sich aus der Sicht der Lehrpersonen an Schulen ergeben, dargestellt. Dabei sind hinsichtlich der Softwarekosten die Länder in der oberen Gruppe verortet, in denen die geringsten Anteile der Lehrpersonen diese als problematisch einschätzen. Es zeigt sich für Baden-Württemberg, Bayern und Hamburg, dass ein vergleichsweise hoher Anteil der Lehrpersonen die vorhandenen Computer als technisch auf dem aktuellen Stand bewertet, gleichzeitig aber auch die Kosten für Software vermehrt als Problem eingeschätzt werden.

Tabelle 3: IT-Ausstattungsprobleme aus Sicht der Lehrpersonen im Bundesländervergleich

Bundesland	Technischer Stand der Computer	Kein Problem mit Softwarekosten
Baden-Württemberg	▲	▼
Bayern	▲	▼
Berlin	▼	■
Brandenburg	▼	■
Bremen	■	▲
Hamburg	▲	▼
Hessen	■	▲
Mecklenburg-Vorpommern	■	■
Niedersachsen	■	■
Nordrhein-Westfalen	■	▼
Rheinland-Pfalz	▲	■
Saarland	■	▲
Sachsen	■	■
Sachsen-Anhalt	▼	▲
Schleswig-Holstein	▼	■
Thüringen	■	■

▲ obere Gruppe; ■ mittlere Gruppe; ▼ untere Gruppe

3. Zusammenfassung und Diskussion

Schulisches Lernen mit digitalen Medien ist in hohem Maße von der zur Verfügung stehenden IT-Ausstattung an Schulen abhängig, die den pädagogischen Anforderungen genügen soll. Um die IT-Ausstattungssituation in Deutschland erfassen zu können, werden im vorliegenden Kapitel die drei Bereiche der IT-Ausstattung, der IT-Ausstattungskonzepte mit mobilen Geräten sowie der IT-Ausstattungsprobleme aus der Sicht von Lehrpersonen abgebildet. Zudem ist es im Rahmen des *Länderindikators 2015* möglich, einen Vergleich zwischen den Bundesländern vorzunehmen, sodass die IT-Ausstattungssituation im Sinne eines Monitorings erfasst werden kann.

Die Einschätzungen der Lehrpersonen zur schulischen IT-Ausstattung verdeutlichen insgesamt eine wenig zufriedenstellende Situation an den Schulen in Deutschland:

Der *Länderindikator 2015* weist die Zufriedenheit von etwas mehr als der Hälfte der befragten Lehrkräfte (54.2 %) mit der vorhandenen IT-Ausstattung der Schule aus. Im Vergleich der Befunde aus ICILS 2013 ist eine ähnliche Einschätzung der IT-Ausstattung durch die Lehrpersonen zu erkennen; rund 58 Prozent der Lehrpersonen der 8. Jahrgangsstufe in Deutschland sowie im internationalen Durchschnitt schätzten die IT-Ausstattung ihrer Schule als ausreichend ein.

Darüber hinaus verdeutlichte ICILS 2013, dass 54 Prozent der Lehrpersonen in Deutschland und 60 Prozent im internationalen Durchschnitt den Internetzugang an ihrer Schule als ausreichend einschätzten. Im Rahmen des *Länderindikators 2015* zeigt sich tendenziell eine höhere Zufriedenheit der Lehrpersonen mit dem Internetzugang: Insgesamt bewerten etwa zwei Drittel der Lehrpersonen (63.9 %) den Internetzugang als ausreichend, was eventuell auf einen zunehmenden Ausbau des Internetzugangs im Vergleich zu 2013 zurückzuführen ist. Dennoch wird insgesamt hinsichtlich der IT-Ausstattung an Schulen in Deutschland weiterhin ein klarer Handlungsbedarf deutlich.

Weiterhin besteht auf Basis des *Länderindikators 2015* für 37.1 Prozent der Lehrpersonen ein WLAN-Zugang in den Klassenräumen und an den Schulen von 57.0 Prozent der Lehrpersonen ist mindestens ein interaktives Whiteboard vorhanden. Aus pädagogischer Perspektive wird die IT-Ausstattung der Schulen somit nicht flächendeckend als ausreichend eingeschätzt und es zeigt sich insgesamt ein deutlicher Handlungsbedarf im Bereich der schulischen IT-Ausstattung aus der Sicht der Lehrpersonen.

Betrachtet man die Ergebnisse getrennt nach Schulformen, zeigt sich ein Vorsprung der Gymnasien gegenüber anderen Schulformen der Sekundarstufe I hinsichtlich einer ausreichenden IT-Ausstattung und der Verfügbarkeit eines ausreichenden Internetanschlusses. Dabei unterscheiden sich den Angaben der Lehrkräfte zufolge auch Ganztagsschulen (65.6 %) statistisch signifikant von Halbtagsschulen (59.0 %) im Hinblick auf die Verfügbarkeit eines ausreichenden Internetanschlusses. Hier ergibt sich weiterer Forschungsbedarf, um diese Unterschiede zu ergründen. Durch die Trennung zwischen inneren und äußeren Schulangelegenheiten obliegt es den kommunalen Schulträgern, für die Bereitstellung und den Betrieb der schulischen IT-Infrastruktur zu sorgen, wodurch Unterschiede entstehen können. Des Weiteren könnte die bessere Ausstattung von Ganztagsschulen auf Projekte wie z.B. das Investitionsprogramm „Zukunft Bildung und Betreuung" des Bundesministeriums für Bildung und Forschung zurückzuführen sein, mit dem bundesweit im Zeitraum von 2003 bis 2007 in den Auf- und Ausbau von Ganztagsschulen investiert wurde, was eventuell auch der IT-Ausstattung zugutekam. Eine weitere mögliche Erklärung liegt in der zusätzlichen Investition von Geldern in die Infrastruktur der Schule, die z.B. über den Förderverein zur Verfügung stehen und damit indirekt auch der Schulstandort zur Erklärung von Differenzen beitragen kann.

Der Bundesländervergleich verdeutlicht darüber hinaus, dass die IT-Ausstattung der Schulen insgesamt von den Lehrpersonen in Hamburg und Rheinland-Pfalz am positivsten bewertet wird: Hinsichtlich einer ausreichenden IT-Ausstattung an der Schule, einer ausreichenden Internetverbindung sowie des Zugangs zum WLAN in den Klassenräumen sind Hamburg und Rheinland-Pfalz in der oberen Ländergruppe verortet, in der der größte Anteil der Lehrpersonen die IT-Ausstattung als ausreichend einschätzt. Sachsen ist hinsichtlich einer ausreichenden IT-Ausstattung, eines ausreichenden Internetzugangs und des Vorhandenseins von interaktiven Whiteboards in der unteren Gruppe vorzufinden. Der Bundesländervergleich zeigt somit hinsichtlich der IT-Ausstattung an Schulen, die als Grundlage für mediengestütztes Lehren und Lernen angesehen wird, deutliche Unterschiede zwischen den Bundesländern. Diese Unterschiede sind möglicherweise auf diverse IT-Ausstattungsinitiativen in den Bundesländern zurückzuführen und müssen vor dem Hintergrund der auf den Weg gebrachten Medieninitiativen der letzten Jahre pro Bundesland interpretiert werden. Vor dem Hintergrund der Bildungsgerechtigkeit sollte die Infrastruktur der Schulen besonders in den Bundesländern der unteren Ländergruppe gefördert werden, um Lernen mit und über digitale Medien in der heutigen Wissens- und Informationsgesellschaft bundesweit adäquat zu ermöglichen und zu fördern. Um eine „anforderungsgerechte Ausstattung" zu ermöglichen, empfiehlt die KMK (2012) die Erstellung von Medienentwicklungsplänen, mit denen die Bedarfe der Schulen und die Planungen der Schulträger abgestimmt werden können. Solche Medienentwicklungspläne entstehen zunehmend in den Kommunen und können erste Anhaltspunkte hinsichtlich des IT-Bedarfes von Schulen liefern.

Die Befunde zu den IT-Ausstattungskonzepten der Schulen lassen erkennen, dass Schulen neben den nahezu flächendeckend verbreiteten Computerräumen verstärkt auf die Ausstattung mit mobilen und flexibel im Unterricht einsetzbaren Geräten setzen. Dabei werden entweder die in der Schule vorhandenen mobilen Endgeräte genutzt oder das nahezu konträre Ausstattungskonzept der Einbindung schülereigener Endgeräte (*BYOD*) verfolgt. Dieses Ergebnis lässt sich insbesondere im Bundesländervergleich bestätigen: Der Vergleich dieser beiden Ausstattungskonzepte, der schuleigenen transportablen bzw. schülereigenen Endgeräte, liefert einen ersten Hinweis darauf, dass in Bundesländern, in denen verstärkt auf die schulische Ausstattung mit mobilen Endgeräten gesetzt wird, seltener schülereigene Geräte in den Unterricht einbezogen werden und umgekehrt. So sind Rheinland-Pfalz und Bremen hinsichtlich der Ausstattung mit mobilen Endgeräten in der Schule in der oberen Ländergruppe zu finden, bezüglich des Konzepts des *Bring Your Own Device* allerdings in der unteren Gruppe. Umgekehrt gilt dies für Hessen.

Im Vergleich zu den Befunden aus ICILS 2013 gibt es erste Anhaltspunkte dafür, dass sich die Ausstattung der Schulen mit transportablen Endgeräten verbessert. Ein direkter Vergleich der Befunde dieser beiden Studien kann aufgrund des unterschiedlichen Erhebungsdesigns allerdings nur unter Vorbehalt vorgenommen werden. Während bei ICILS 2013 noch rund 44 Prozent der Schülerinnen und Schüler in Deutschland (und 34 Prozent im internationalen Vergleich) eine Schule besuchten, an der zwischen Klassenräumen transportable Computer vorhanden waren, gibt im Rahmen des *Länderindikators 2015* mehr als die Hälfte der Lehrpersonen (55,4%) an, an der Schule transportable Endgeräte zur Verfügung zu haben. Weiterhin besuchten im Rahmen von ICILS 2013 rund 18 Prozent der Achtklässlerinnen und Achtklässler in Deutschland und 18 Prozent im internationalen Vergleich eine Schule, an der Schülerinnen und Schüler private oder von der Schule zur Verfügung gestellte Geräte mit in den Unterricht brachten. Insgesamt berichtet etwa die Hälfte (48.1%) der Lehrpersonen im Kontext des *Länderindikators 2015* über die Möglichkeit für Schülerinnen und Schüler, eigene Geräte im Unterricht zu nutzen. Hier könnten einerseits erste Hinweise auf eine zunehmende Einbindung mobiler Geräte und andererseits eine deutliche Öffnung hin zu schülereigenen Endgeräten erkennbar werden, die in einigen Bundesländern bereits vergleichsweise stark verbreitet ist. Daneben unterrichten 14.7 Prozent der Lehrpersonen an einer Schule, an der Laptopklassen vorzufinden sind. Im Bundesländervergleich ist der Anteil in Bremen, Hamburg, Niedersachsen und Rheinland-Pfalz besonders hoch. Dies ist möglicherweise auf Modellversuche mit Laptopklassen wie z.B. „1000mal1000: Notebooks im Schulranzen" in Niedersachsen (Schaumburg et al., 2007) zurückzuführen.

Im Kontext der Ausstattungskonzepte wurden die Lehrpersonen auch gefragt, ob es aus pädagogischer Sicht zur Unterstützung des Unterrichts sinnvoll ist, jedem Schüler und jeder Schülerin einen eigenen Computer im Unterricht zur Verfügung zu stellen. Mit Bremen, Hessen und Rheinland-Pfalz sind hinsichtlich der Befürwortung eines 1:1-Schüler-Computer-Verhältnisses drei Länder in der oberen Gruppe vertreten, die sich bereits in Bezug auf eines der beiden vorbezeichneten Ausstattungskonzepte mit mobilen Endgeräten oder mit dem Vorhandensein von Laptopklassen in einer der oberen Gruppen befinden. Dies lässt vermuten, dass eine gute Ausstattung mit mobilen und flexibel im Unterricht einsetzbaren Geräten von den Lehrpersonen als besonders positiv und förderlich im Unterricht wahrgenommen wird. Möglicherweise führen diese Erfahrungen dazu, dass es als erstrebenswert erachtet wird, jeder Schülerin und jedem Schüler einen eigenen Computer im Unterricht zur Verfügung zu stellen. Hier zeigt sich ein Ansatzpunkt für weitere Forschung, die die Erfahrungen der Lehrpersonen mit digitalen Medien mit qualitativen Forschungsdesigns vertiefend untersuchen sollte.

Schließlich stellt der dritte im Kontext der schulischen IT-Ausstattung betrachtete Bereich die Probleme dar, die Lehrpersonen in der Schule mit digitalen Medien wahrnehmen. Dazu wurden die technische Aktualität der schulischen Computer sowie die Probleme bezüglich der Kosten für Software in den Blick genommen. Insgesamt stimmen drei Fünftel der Lehrpersonen der Aussage zu, dass die Computer ihrer Schule technisch auf dem aktuellen Stand sind. Ausstattungsprobleme in Form von zu hohen Kosten für Software berichten knapp drei Fünftel der Lehrkräfte.

Im Bundesländervergleich zeigt sich hinsichtlich der Einschätzungen des technischen Standes der Computer sowie der Softwarekosten, dass drei der Länder aus der oberen Gruppe zur Angabe der technischen Aktualität der IT-Ausstattung in der unteren Gruppe hinsichtlich der Softwarekosten verortet sind. Dies trifft auf Baden-Württemberg, Bayern und Hamburg zu. Hier kann deutungsweise angenommen werden, dass in den Ländern, in denen die Schulen besonders um eine aktuelle IT-Ausstattung bemüht sind, die Kosten für Software vermehrt als Problem wahrgenommen werden.

Zudem zeigt sich, dass die Zusammensetzung der oberen Ländergruppe bezüglich der Einschätzung einer ausreichenden IT-Ausstattung der Schulen der oberen Gruppe bezüglich des technischen Standes der Geräte entspricht und somit in diesen Ländern die Zufriedenheit mit der Ausstattung wie auch mit dem technischen Stand am größten ist.

Im Vergleich zu ICILS 2013, in der rund 43 Prozent der Lehrpersonen in Deutschland und 38 Prozent im internationalen Durchschnitt äußerten, dass die Computer an der Schule veraltet sind, geben im Rahmen des *Länderindikators 2015* insgesamt 60.0 Prozent der Lehrpersonen an, dass die Computer ihrer Schule technisch auf dem aktuellen Stand sind. Somit wird ein ähnlicher Befund im Hinblick auf den technischen Stand der vorhandenen Computer deutlich. Der im Rahmen von ICILS 2013 herausgestellte Entwicklungsbedarf hinsichtlich der Modernisierung der schulischen IT-Ausstattung zeigt sich damit weiterhin.

Handlungsbedarf besteht vor allem in den Bundesländern, die im Rahmen des *Länderindikators 2015* im Hinblick auf die Aktualität und Quantität der IT-Ausstattung in den Schulen in der unteren Gruppe verortet werden. Bezogen auf die Frage nach ausreichender IT-Ausstattung, ausreichend schnellerer und stabiler Internetverbindung sowie technischer Aktualität der Computer in der Schule schätzen die Lehrkräfte in den Bundesländern der unteren Gruppen im Durchschnitt zu 60 Prozent alle drei Aspekte als nicht ausreichend an ihrer Schule ein. Sachsen-Anhalt und Schleswig-Holstein fallen dabei für diese drei Bereiche jeweils in die untere Gruppe.

Abschließend bleibt festzuhalten, dass weder die Ausstattungsquantität noch die Ausstattungsqualität unmittelbare Rückschlüsse über die unterrichtliche Nutzung digitaler Medien und die Qualität der computergestützten Lernprozesse zulassen. Damit verbundene Fragen werden in Kapitel IV in diesem Band näher betrachtet.

Literatur

Bayerisches Staatsministerium für Bildung und Kultus, Wissenschaft und Kunst. (2014). *Pressemitteilungen. Nr. 408 vom 20.11.2014. Rahmenbedingungen für gute Medienbildung an bayerischen Schulen kontinuierlich verbessert*. Zugriff am 15. Juni 2015 unter http://www.km.bayern.de/m/pressemitteilung/9218/nr-408-vom-20-11-2014.html

BITKOM [Bundesverband Informationswirtschaft, Telekommunikation und neue Medien e.V.]. (2015). *Digitale Schule – vernetztes Lernen. Ergebnisse repräsentativer Schüler- und Lehrerbefragungen zum Einsatz digitaler Medien im Schulunterricht*. Zugriff am 01. September 2015 unter https://www.bitkom.org/Publikationen/2015/Studien/Digitale-Schule-vernetztes-Lernen/BITKOM-Studie_Digitale_Schule_2015.pdf

BMBF [Bundesministerium für Bildung und Forschung]. (2006). *IT-Ausstattung der allgemeinbildenden und berufsbildenden Schulen in Deutschland. Bestandsaufnahme 2006 und Entwicklung 2001 bis 2006*. Zugriff am 03. August 2015 unter http://www.bmbf.de/pub/it-ausstattung_der_schulen_2006.pdf

Breiter, A., Welling, B. & Stolpmann, B.E. (2010). *Medienkompetenz in der Schule. Integration von Medien in den weiterführenden Schulen in Nordrhein-Westfalen*. Düsseldorf: Landesanstalt für Medien Nordrhein-Westfalen (LfM).

Büsching, N. & Breiter, A. (2011). *Ergebnisse der Befragungen von Schulen und Lehrkräften in Bremen zum Themenbereich Digitale Medien. Forschungsvorhaben „IT-Governance im Schulsystem"* in Bremen. Zugriff am 13. Oktober 2015 unter http://www.ifib.de/publi kationsdateien/IT-Gov_-_Bericht_zu_den_Umfragen.pdf

Deutscher Bundestag. (2011). *Zweiter Zwischenbericht der Enquete-Kommission „Internet und digitale Gesellschaft". Medienkompetenz.* Zugriff am 01. Juni 2015 unter http://dipbt.bundestag.de/dip21/btd/17/072/1707286.pdf

Eickelmann, B. (2010). *Digitale Medien in Schule und Unterricht erfolgreich implementieren.* Münster: Waxmann.

Eickelmann, B. & Schulz-Zander, R. (2006). Schulentwicklung mit digitalen Medien – nationale Entwicklungen. In W. Bos, H.G. Holtappels, H. Pfeiffer, H.-G. Rolff & R. Schulz-Zander (Hrsg.), *Jahrbuch der Schulentwicklung* (Bd. 14, S. 277–309). Weinheim: Juventa.

Eickelmann, B. & Schulz-Zander, R. (2008). Schuleffektivität, Schulentwicklung und digitale Medien. In W. Bos, H.G. Holtappels, H. Pfeiffer, H.-G. Rolff & R. Schulz-Zander (Hrsg.), *Jahrbuch der Schulentwicklung* (Bd. 15, S. 157–193). Weinheim: Juventa.

forsa [forsa Politik- und Sozialforschung GmbH]. (2014). *IT an Schulen. Ergebnisse einer Repräsentativbefragung von Lehrkräften in Deutschland.* Zugriff am 10. Juni 2015 unter http://www.vbe.de/fileadmin/vbe-pressedienste/Studien/IT_an_Schulen_-_Bericht_gesamt.pdf

Fraillon, J., Ainley, J., Schulz, W., Friedman, T. & Gebhardt, E. (2014). *Preparing for Life in a Digital Age. The IEA International Computer and Information Literacy Study International Report.* Springer Open.

Fullan, M. (2012). *Stratosphere: Integrating technology, pedagogy, and change knowledge.* Scarborough: Prentice-Hall.

Gerick, J., Schaumburg, H., Kahnert, J. & Eickelmann, B. (2014). Lehr- und Lernbedingungen des Erwerbs informationsbezogener Kompetenzen in den ICILS-2013-Teilnehmerländern. In W. Bos, B. Eickelmann, J. Gerick, F. Goldhammer, H. Schaumburg, K. Schwippert, R. Schulz-Zander & H. Wendt (Hrsg.), *ICILS 2013. Computer- und informationsbezogene Kompetenzen von Schülerinnen und Schülern in der 8. Jahrgangsstufe im internationalen Vergleich* (S. 147–196). Münster: Waxmann.

Herzig, B. & Grafe, S. (2007). *Digitale Medien in der Schule. Standortbestimmung und Handlungsempfehlungen für die Zukunft. Studie zur Nutzung digitaler Medien in allgemein bildenden Schulen in Deutschland.* Bonn: Deutsche Telekom AG. Zugriff am 16. Oktober 2015 unter: http://www2.uni-paderborn.de/fileadmin/kw/institute-einrichtungen/erziehungswissenschaft/arbeitsbereiche/herzig/downloads/forschung/Studie_Digitale_Medien.pdf

IfD Allensbach [Institut für Demoskopie Allensbach]. (2013). *Digitale Medien und Unterricht – Möglichkeiten und Grenzen.* Zugriff am 10. Juni 2015 unter http://www.telekom-stiftung.de/dts-cms/sites/default/files/dts-library/body-files/rechte-spalte/05_Impulse/ZEIT-Konferenzen/allensbach-studie_web-pdf.pdf

Kerres, M., Heinen, R. & Stratmann, J. (2012). Schulische IT-Infrastrukturen: Aktuelle Trends und ihre Implikationen für Schulentwicklung. In R. Schulz-Zander, B. Eickelmann, H. Moser, H. Niesyto & P. Grell (Hrsg.), *Jahrbuch Medienpädagogik 9* (S. 161–174). Wiesbaden: Springer VS.

KMK [Sekretariat der Ständigen Konferenz der Kultusminister der Länder in der Bundesrepublik Deutschland]. (2008). *Dataset – IT-Ausstattung der Schulen. Schuljahr 2007/2008.* Zugriff am 03. Juni 2015 unter http://www.kmk.org/fileadmin/veroeffentlichungen_beschluesse/2008/2008_12_08-Dataset-IT-Ausstattung-07-08.pdf

KMK [Sekretariat der Ständigen Konferenz der Kultusminister der Länder in der Bundesrepublik Deutschland]. (2012). *Medienbildung in der Schule*. Beschluss der Kultusministerkonferenz vom 8. März 2012. Zugriff am 20. April 2015 unter http://www.kmk.org/fileadmin/veroeffentlichungen_beschluesse/2012/2012_03_08_Medienbildung.pdf

OECD [Organisation for Economic Co-operation and Development]. (2013). *PISA 2012. What makes schools successful? Resources, policies and practices*. Paris: OECD Publishing.

OECD [Organisation for Economic Co-operation and Development]. (2015). Students, Computers and Learning. Making the Connection. Paris: OECD Publishing.

Pelgrum, W.J. (2008). School practices and conditions for pedagogy and ICT. In N. Law, W.J. Pelgrum & T. Plomp (Hrsg.), Pedagogy and ICT use in schools around the world. Findings from the IEA SITES 2006 study (S. 67–121). Hong Kong: CERC-Springer.

Schaumburg, H., Prasse, D., Tschackert, K. & Blömeke, S. (2007). *Lernen in Notebook-Klassen. Endbericht zur Evaluation des Projekts „1000mal1000: Notebooks im Schulranzen". Analysen und Ergebnisse*. Bonn: Schulen ans Netz e.V.

Schulz-Zander, R. (2001). Lernen mit neuen Medien in der Schule. *Zeitschrift für Pädagogik, 43. Beiheft*, 181–195.

Schulz-Zander, R., Schmialek, P. & Stolz, T. (2013). *Evaluation zur Umsetzung der Medienentwicklungsplanung der Stadt Detmold*. Zugriff am 09. Juli 2015 unter http://www.ifs.tu-dortmund.de/cms/de/home/Mitarbeiter-Unterseiten/Schulz-Zander-Renate/Berichte-Dokumente-Downloads/Evaluation-zur-Umsetzung-der-Medienentwicklungsplanung-der-Stadt-Detmold-2008-2013-_MEP-2008-2013_/Evaluationsbericht_MEP_Detmold_Langfassung2013_Schulz-Zander-Schmialek-Stolz.pdf

Weinreich, F. & Schulz-Zander, R. (2000). Schulen ans Netz – Ergebnisse der bundesweiten Evaluation. Ergebnisse einer Befragung der Computerkoordinatoren und -koordinatorinnen an Schulen. *Zeitschrift für Erziehungswissenschaft, 3*(4), 577–593.

Welling, S., Breiter, A. & Stolpmann, B.E. (2011). Medienintegration in der Schule – Nutzung und Rahmenbedingungen am Beispiel Nordrhein-Westfalens. *Forum Kriminalprävention, 2*, 26–33.

Kapitel IV
Nutzung digitaler Medien im Unterricht der Sekundarstufe I

Ramona Lorenz und Heike Schaumburg

Obwohl sich die IT-Ausstattungssituation an Schulen in Deutschland in den letzten Jahren verbessert hat (vgl. Kapitel III in diesem Band), werden digitale Medien nur allmählich in den Unterricht integriert. Im internationalen Vergleich hat sich vielfach gezeigt, dass in Deutschland eine regelmäßige Nutzung digitaler Medien durch Schülerinnen und Schüler in alltäglichen Lehr- und Lernprozessen vergleichsweise selten stattfindet (u.a. Eickelmann, Schaumburg, Drossel & Lorenz, 2014; Gerick, Eickelmann & Vennemann, 2014; Kahnert & Endberg, 2014; Senkbeil & Wittwer, 2008). Sofern digitale Medien eingesetzt werden, verfolgt ihre Einbindung in den Unterricht in der Regel das Ziel, das fachliche Lernen zu unterstützen, den Erwerb fachübergreifender Kompetenzen zu fördern sowie die Qualität des Unterrichts zu verbessern (u.a. Eickelmann & Schulz-Zander, 2008). Nicht zuletzt wird auch die Förderung des kompetenten Umgangs mit digitalen Medien verstärkt als schulische Aufgabe gesehen (Eickelmann, 2010; KMK, 2012). Im Rahmen des konzeptionellen Ansatzes in Anlehnung an Eickelmann und Schulz-Zander (2008) zur Analyse des Zusammenhangs von Schulentwicklung und Schuleffektivität in Bezug auf digitale Medien wird in diesem Beitrag die Nutzung digitaler Medien im Unterricht der Sekundarstufe I betrachtet, wobei zentrale Wirkfaktoren auf der Prozessebene einbezogen werden.

Aufgrund der föderalen Struktur des deutschen Bildungssystems sind in den 16 Bundesländern viele teils sehr unterschiedliche Medieninitiativen angestoßen worden und es werden unterschiedliche Strategien zur Implementation digitaler Medien in der Schule verfolgt (Wetterich, Burghart & Rave, 2014). Inwiefern es hierdurch hinsichtlich der Nutzung digitaler Medien im Unterricht zu Unterschieden zwischen den Bundesländern kommt, ist bisher noch nicht hinreichend untersucht worden.

Das vorliegende Kapitel schließt hier eine Lücke, indem auf der Grundlage repräsentativer Daten erstmals in Abgrenzung zu bisherigen Untersuchungen Lehreraussagen zur Nutzung digitaler Medien im Unterricht im Bundesländervergleich betrachtet werden. Um Hinweise auf die Wirksamkeit verschiedener Implementations- und Unterstützungsstrategien seitens der Bundesländer bzw. der Schulträger zu erhalten, werden neben der unterrichtlichen Nutzung die Aussagen der Lehrpersonen zu

Aspekten der schulischen Rahmenbedingungen analysiert. Zudem werden diese im Zusammenhang mit der Nutzungshäufigkeit digitaler Medien im Unterricht ausgewertet.

1. Forschungsstand zur Nutzung digitaler Medien im Unterricht

In diesem Abschnitt werden einleitend aktuelle Befunde zur Nutzungsdauer und Nutzungshäufigkeit digitaler Medien im Unterricht an Schulen in Deutschland zusammengefasst. Anschließend werden Befunde zu Faktoren auf der schulischen Ebene in den Blick genommen, die die Nutzung digitaler Medien im Unterricht hemmen oder fördern können. Betrachtet werden dafür Aspekte der schulischen Rahmenbedingungen, der Kooperation zwischen Lehrkräften hinsichtlich digitaler Medien sowie der Unterstützungsbedarf, den Lehrkräfte zum Einsatz digitaler Medien im Unterricht formulieren.

1.1 Nutzungshäufigkeit und Nutzungsdauer

Die Ergebnisse internationaler Schulleistungsstudien konnten immer wieder zeigen, dass digitale Medien im Unterricht in Deutschland vergleichsweise selten zum Unterrichtsalltag gehören und deren Potenziale zur Unterstützung von Lehr- und Lernprozessen hinsichtlich fachlicher aber auch überfachlicher Kompetenzen nicht ausgeschöpft werden (Eickelmann et al., 2014; OECD, 2013). Bereits mit den Ergebnissen aus dem *Programme for International Student Assessment* (PISA 2000) sowie auch in den nachfolgenden PISA-Zyklen wurde ersichtlich, dass 15-Jährige Schülerinnen und Schüler in Deutschland Computer und Internet im Unterricht unterdurchschnittlich häufig nutzten (OECD, 2011; Senkbeil & Drechsel, 2004). Nur etwa ein Fünftel der Schülerinnen und Schüler in Deutschland berichtete in PISA 2003 über eine regelmäßige, mindestens wöchentliche Nutzung digitaler Medien im Unterricht. Deutschland bildete damit das Schlusslicht unter den beteiligten OECD-Staaten (Senkbeil & Drechsel, 2004). In den folgenden Jahren blieb der Anstieg in der Nutzungshäufigkeit im internationalen Vergleich kontinuierlich hinter der durchschnittlichen Zuwachsrate zurück (Eickelmann, 2010). Im Rahmen von PISA 2009 berichteten weiterhin nur etwa knapp 20 Prozent der in Deutschland befragten Schülerinnen und Schüler, dass sie Computer in der Schule im Fach Deutsch (als Fach der Testsprache) regelmäßig nutzten. Der durchschnittliche Anteil im OECD-Vergleich betrug etwa 25 Prozent. In den Ländern der Spitzengruppe (Dänemark, Schweden, Norwegen, Australien) nutzten 50 Prozent der Schülerinnen und Schüler Computer und Internet mindestens wöchentlich (OECD, 2011).

Hinsichtlich der Nutzungshäufigkeit von Computern im Unterricht durch die Lehrpersonen zeigte die Studie ICILS 2013, dass Lehrpersonen in der 8. Jahrgangsstufe in keinem anderen Teilnehmerland Computer seltener im Unterricht einsetzten als in Deutschland (Eickelmann et al., 2014). Nur 9.1 Prozent der Lehrkräfte gaben an, den

Computer täglich im Unterricht zu nutzen. Weitere 25.3 Prozent gaben eine mindestens wöchentliche Nutzung an. In der Vergleichsgruppe EU berichteten 30 Prozent der Lehrpersonen über eine tägliche Nutzung und weitere 28.8 Prozent über eine mindestens wöchentliche Nutzung. In der nationalen BITKOM-Lehrerbefragung (2015) wurden insgesamt deutlich höhere Zahlen für die Unterrichtsnutzung berichtet. 64 Prozent der Lehrkräfte gaben in dieser Studie an, stationäre Computer, bzw. Notebooks/Laptops (48%) regelmäßig oder sogar an allen Tagen im Unterricht zu nutzen. Whiteboards fanden bei 52 Prozent der Lehrpersonen regelmäßig oder an allen Tagen Einsatz im Unterricht (ebd.).

Neben der Nutzungshäufigkeit wird in einigen Studien die Erfahrung von Lehrpersonen mit dem schulischen Einsatz neuer Technologien erfasst. Auf diese Weise kann betrachtet werden, wie sich verschiedene Länder hinsichtlich der Tradition, die digitale Medien im Unterricht haben, unterscheiden, und wie weit der Implementationsprozess vorangeschritten ist (Kubicek & Breiter, 1998; Eickelmann, 2010). Für Deutschland zeigte sich diesbezüglich im Rahmen von ICILS 2013, dass der Anteil der Lehrpersonen, die Computer seit 10 Jahren oder länger nutzten, bei 71.6 Prozent und damit im Bereich der Vergleichsgruppe EU mit 69.2 Prozent lag (Gerick, Schaumburg, Kahnert & Eickelmann, 2014).

Mit Bezug auf schulformspezifische Unterschiede kommen verschiedene Studien zu widersprüchlichen Ergebnissen. Laut PISA 2006 (Senkbeil & Wittwer, 2007) wurden Computer und Internet an Gymnasien (19% regelmäßige Nutzung) deutlich seltener genutzt als an allen anderen Schulformen (Schulen mit mehreren Bildungsgängen: 41%; Hauptschulen: 39%, Realschulen/integrierte Gesamtschulen: 31%). Einen (allerdings deutlich geringeren) Unterschied fand dagegen die aktuelle Schülerbefragung des Medienpädagogischen Forschungsverbands Südwest (MPFS, 2014). Dort berichteten 12 Prozent der Gymnasiasten und 18 Prozent der Schülerinnen und Schüler an anderen Schulformen über einen regelmäßigen Einsatz von Computern und Internet. Eine bundesweite Befragung an allgemeinbildenden Schulen der Sekundarstufen I und II ergab dagegen einen schulformspezifischen Unterschied in der Nutzungshäufigkeit zugunsten der Gymnasien. Während 72 Prozent der Gymnasiasten angaben, im Unterricht mit digitalen Medien zu arbeiten, gaben dies nur 60 Prozent der Haupt- und Realschülerinnen und -schüler an (IfD Allensbach, 2013). In der Studie ICILS 2013 zeigten sich schließlich bei der Betrachtung der regelmäßigen mindestens wöchentlichen Computernutzung der Schülerinnen und Schüler an verschiedenen Schulformen in Deutschland keine statistisch signifikanten Unterschiede (Eickelmann et al., 2014.).

Auch im Altersverlauf der Schülerinnen und Schüler zeigten sich, zumindest für die Sekundarstufen I und II, kaum Unterschiede in der Nutzungshäufigkeit digitaler Medien im Unterricht (MPFS, 2014). Lediglich hinsichtlich der regelmäßigen Nutzung des Internets im Unterricht sowie des Schreibens von Texten nahm die Nutzungshäufigkeit mit dem Alter zu (ebd.).

1.2 Schulische Rahmenbedingungen

Die Nutzungshäufigkeit digitaler Medien im Unterricht wird maßgeblich durch schulische Rahmenbedingungen beeinflusst, die sich hemmend oder förderlich auswirken können. Im Rahmen des konzeptionellen Ansatzes in Anlehnung an Eickelmann und Schulz-Zander (2008) zur Analyse des Zusammenhangs von Schulentwicklung und Schuleffektivität in Bezug auf digitale Medien werden auf der Prozessebene Wirkfaktoren einbezogen, die die Nutzung digitaler Medien im Unterricht beeinflussen. Dazu zählen das schulische Medienkonzept oder auch das Schul/IT-Management.

Beispielsweise kann die Zugänglichkeit zu digitalen Medien in der Schule eine zentrale Rolle für die Nutzung von Computern im Unterricht spielen (Eickelmann, 2010). Indikatoren für eine eingeschränkte Zugänglichkeit zu digitalen Medien in der Schule können in organisatorischen Schwierigkeiten in der Schule gesehen werden. Im Rahmen der internationalen Schulleistungsstudie ICILS 2013 stimmte mehr als ein Drittel (34.4%) der Lehrkräfte, die in der 8. Jahrgangsstufe unterrichteten, der Aussage zu, dass der Einsatz von Computern im Unterricht mit organisatorischen Problemen in der Schule verbunden war (Gerick et al., 2014).

Ein weiterer relevanter Aspekt für die schulische Computernutzung ist die Zeit, die für die Vorbereitung von Unterricht, in dem digitale Medien integriert werden, aufgewendet werden muss. In einer Umfrage gaben 30 Prozent der Lehrkräfte an, dass der Vorbereitungsaufwand für Unterricht mit digitalen Medien im Vergleich zum Vorbereitungsaufwand beim traditionellen Unterricht höher war (forsa, 2014). Die Mehrheit (57%) war allerdings der Meinung, dass der Aufwand ähnlich hoch war; jede zehnte Lehrkraft schätzte den Aufwand geringer ein. Im Vergleich der Schulformen wurde deutlich, dass 41 Prozent der Gymnasiallehrkräfte den Vorbereitungsaufwand für Unterricht mit digitalen Medien als höher einschätzten und nur 31 Prozent der Lehrkräfte an Haupt-/Real-/Gesamtschulen (ebd.). Im Vergleich zwischen Altersgruppen zeigten sich kaum Unterschiede in der Einschätzung eines höheren Vorbereitungsaufwandes von Unterricht, der den Einsatz digitaler Medien beinhaltet.

Schließlich zeigte sich, dass das Vorhandensein schulinterner Medienkonzepte zum Einsatz digitaler Medien in schulischen Lehr- und Lernkontexten in einem positiven Zusammenhang mit dem tatsächlichen Einsatz der digitalen Technologien stand (European Union, 2013).

1.3 IT-bezogene Kooperation

Die Kooperation von Lehrkräften sowie der Austausch und die gemeinsame Entwicklung von didaktischen Unterrichtsmaterialien, die den Einsatz digitaler Medien beinhalten, wird als relevant für die Unterrichtsentwicklung angesehen und kann dazu beitragen, neue Technologien erfolgreich und dauerhaft in den Unterricht zu implementieren (Dexter, Seashore & Anderson, 2002; Schulz-Zander, Eickelmann & Goy, 2010). In Deutschland ist die kooperative Unterrichtsplanung und -gestaltung allerdings nicht besonders verbreitet. So zeigte sich auf Grundlage der Internationalen Grundschul-Lese-Untersuchung (IGLU) 2011 für den Grundschulbereich, dass 59.1 Prozent der Schülerinnen und Schüler von Lehrpersonen unterrichtet werden, die in der Fachgruppe Deutsch nie die Erstellung von Unterrichtsmaterialien für den Einsatz des Computers thematisierten, was verdeutlicht, dass sich hier ein weitgehend ungenutztes Potenzial verbirgt (Eickelmann & Lorenz, 2014). Ähnliche Zahlen für die Kooperation in der Grundschule berichteten Breiter, Aufenanger, Averbeck, Welling und Wedjelek (2013). Auch in der Sekundarstufe I konnte im Rahmen der Studie ICILS 2013 festgestellt werden, dass weniger als die Hälfte der in der 8. Jahrgangsstufe unterrichtenden Lehrkräfte die betrachteten Kooperationsformen praktizierte (Gerick et al., 2014). Rund 40.6 Prozent der Lehrkräfte gaben an, andere Lehrkräfte beim Einsatz von IT im Unterricht zu beobachten. Aber nur knapp ein Drittel (30.0 %) arbeitete mit anderen Lehrkräften zusammen, um die IT-Nutzung im Unterricht zu verbessern. Die geringste Zustimmung fand sich in Bezug auf die systematische Zusammenarbeit zur Entwicklung von IT-gestützten Unterrichtsstunden (11.8 %; ebd.); im internationalen ICILS-Durchschnitt wurde diese Art der Zusammenarbeit von etwa jeder zweiten Lehrkraft gepflegt (Fraillon, Ainley, Schulz, Friedman & Gebhardt, 2014). Im Vergleich zu den anderen ICILS-2013-Teilnehmerländern zeigten sich für Lehrpersonen in Deutschland die geringsten Zustimmungsraten zu diesen Kooperationsformen.

1.4 Unterstützungsbedarf und Support

Evaluationen von Modellprojekten zum Einsatz digitaler Medien haben immer wieder gezeigt, dass eine an die Bedürfnisse von Schülerinnen und Schülern sowie Lehrpersonen angepasste technische und organisatorische Unterstützung eine unverzichtbare schulische Bedingung für die Nutzung digitaler Medien im Unterricht darstellt (Becker, 2000; Breiter et al., 2013; Pelgrum, 2001; Schaumburg, Prasse, Tschackert & Blömeke, 2007; Welling, Breiter & Stolpmann, 2011). Dabei lassen sich verschiedene Bereiche unterscheiden, in denen Unterstützungsbedarf besteht. Von grundlegender Wichtigkeit ist die technische Unterstützung, die eine möglichst reibungslose Nutzung digitaler Medien an Schulen gewährleisten soll. Diese reicht von der Bereitstellung und Wartung der technischen Infrastruktur bis zur Fortbildung der Lehrpersonen hinsichtlich der technischen Bedienung von Hard- und Software (Schaumburg et al., 2007). Geregelte Zuständigkeiten für den technischen Support haben sich dabei als entscheidende Entwicklungsbedingung für die Integration von digitalen Medien im Unterricht herauskristallisiert (Breiter, Welling & Stolpmann, 2010; Eickelmann, 2010; Law & Chow, 2008).

Studien zur technischen Unterstützung an Schulen in Deutschland zeigten dabei, dass der technische Support häufig mit sehr begrenzten Ressourcen, in der Regel durch Lehrpersonen, geleistet wird, die dem Unterstützungsbedarf des Kollegiums vielfach nicht gerecht werden (Schaumburg et al., 2007; Gerick et al., 2014). Im Rahmen von ICILS 2013 zeigte sich für Deutschland, dass der technische Support oftmals von dem/

der IT-Koordinatoren/in einer Schule geleistet wurde, also von der Person, die diese Funktion an der Schule übernommen hat (Gerick et al., 2014). Insgesamt 87.8 Prozent der Achtklässlerinnen und Achtklässler in Deutschland besuchten eine Schule, an der der/die IT-Koordinator/in für den *technischen Support* zuständig war. Weit weniger verbreitet war der technische Support durch den/die Netzwerkadministrator/in der Schule (23.9%) oder durch andere Lehrkräfte (37.8%). Eine externe Durchführung des technischen Supports etwa durch Personal des Schulträgers (34.7%) oder Personal von externen Firmen (43.2%) war in den Schulen in Deutschland ebenfalls weitaus seltener realisiert worden als die Wartung durch den/die schulinterne/n IT-Koordinator/in.

Dabei führten 21.3 Prozent der Lehrpersonen, die in der 8. Jahrgangsstufe unterrichteten, an, dass nicht genügend Unterstützung bei der Wartung der IT-Ausstattung vorhanden war (ebd.). Bei einer repräsentativen Lehrerbefragung von Lehrkräften der Sekundarstufe I gaben 69 Prozent der Lehrpersonen an, dass jemand fehlte, der sich um die Technik kümmerte und bei Problemen schnell Abhilfe schaffte (BITKOM, 2015). Bisher scheinen nur wenige Schulen dazu übergegangen zu sein, Schülerinnen und Schüler in den technischen Support einzubinden: Bei einer repräsentativen Befragung gaben 3 Prozent der Lehrpersonen an, an einer Schule zu unterrichten, an der sich auch interessierte Schülerinnen und Schüler um die Sicherheit, Stabilität und Aktualität der IT-Ausstattung kümmerten (forsa, 2014).

Darüber hinaus benötigen Lehrpersonen pädagogische Unterstützung hinsichtlich der didaktischen Konzepte und Möglichkeiten der Integration digitaler Medien in den Unterricht (Pelgrum & Doornekamp, 2009). Nachdem die technische Hürde genommen ist, erweist sich diese Form der Unterstützung als zentral für eine langfristige Integration sowie insbesondere für die Veränderung des Unterrichts und die Erprobung neuer Unterrichtsformen (Prasse, 2012; Eickelmann, 2012). Hinsichtlich des *pädagogischen Supports* wurde deutlich, dass 84.0 Prozent der Achtklässlerinnen und Achtklässler in Deutschland eine Schule besuchten, an der der/die IT-Koordinator/in regelmäßig pädagogische Unterstützung für die Lehrpersonen leistete (Gerick et al., 2014). Auch andere Lehrkräfte (56.9%) nahmen dabei eine zentrale Rolle ein, wohingegen anderes technisches IT-Personal (15.8%), andere Administrator/innen der Schule (20.1%) oder Personal des Schulträgers (16.0%) seltener zuständig waren (ebd.). Die bereits im vorigen Abschnitt genannten Maßnahmen der Lehrerkooperation können hinsichtlich des pädagogischen Supports unterstützend wirken. Daneben sind sowohl für den Erwerb technischer wie mediendidaktischer Kompetenzen Fortbildungen entscheidend. Studien der vergangenen Jahre haben aber immer wieder belegt, dass es hier Defizite gibt (Breiter et al., 2010; Herzig & Grafe, 2007). Obwohl Lehrkräfte in Deutschland einerseits den Wunsch nach mehr und besseren Fortbildungen äußerten (Herzig & Grafe, 2007), zeichnen sie sich andererseits durch eine eher unterdurchschnittliche Teilnahme an Fortbildungen aus, zumal diese im Vergleich zu anderen europäischen Ländern weniger verbindlich sind (Gerick et al., 2014). So haben laut der BITKOM-Lehrerbefragung 40 Prozent der befragten Lehrpersonen bisher keine Fortbildung zum Einsatz digitaler Medien besucht (BITKOM, 2015). Die geringe Fortbildungstätigkeit der Lehrpersonen in Deutschland im internationalen Vergleich wurde auch durch die Studie ICILS 2013 bestätigt (Fraillon et al., 2014). Die forsa-Lehrerumfrage belegte ebenfalls, dass Lehrpersonen, die digitale Medien einsetzen, diese Kenntnisse in erster Linie privat und in Eigeninitiative erworben haben (forsa, 2014).

2. Befunde zur schulischen Nutzung digitaler Medien anhand des *Länderindikators 2015*

Nachfolgend werden die Ergebnisse des *Länderindikators 2015* berichtet (zur Anlage und Stichprobe der Untersuchung vgl. Kapitel II in diesem Band). Zunächst geben deskriptive Befunde einen repräsentativen Überblick über die Situation der Nutzung digitaler Medien im Unterricht durch Lehrkräfte der Sekundarstufe I in Deutschland. Darüber hinaus wurden für die Ergebnisse des *Länderindikators 2015* Gruppenvergleiche bezüglich des Geschlechts und des Alters der Lehrpersonen sowie der Fächergruppe, dem das Referenzfach[1] zugeordnet werden kann, berechnet. Für den Fall, dass diese Analysen signifikante Mittelwertunterschiede zwischen diesen Gruppen aufzeigen konnten, wird dies an entsprechender Stelle berichtet.

Anschließend werden die Indikatoren im Bundesländervergleich ausgewertet. Dazu werden die Zustimmungsraten der Lehrpersonen in den Bundesländern in drei Gruppen eingeteilt, um die oberen und unteren 25 Prozent der Bundesländer vergleichen zu können. Die in diesem Kapitel berichteten Mittelwertunterschiede zwischen diesen beiden Extremgruppen sind stets statistisch signifikant ($p < .05$).

2.1 Nutzungsdauer und Nutzungshäufigkeit

Befunde aus internationalen Schulleistungsstudien stellen deutlich heraus, dass digitale Medien im Unterricht in Deutschland vergleichsweise selten zum Unterrichtsalltag gehören und deren Potenziale zur Unterstützung von Lehr- und Lernprozessen hinsichtlich fachlicher aber auch überfachlicher Kompetenzen noch nicht ausgeschöpft werden. Daher wird im Folgenden zunächst die Nutzungsdauer digitaler Medien betrachtet (ohne Abbildung). Im Rahmen der repräsentativen Lehrerbefragung des *Länderindikators 2015* gibt etwa ein Fünftel (20.7 %) der Lehrpersonen an, seit elf Jahren oder länger Computer im Unterricht einzusetzen. Ungefähr ein Drittel (34.5 %) der befragten Lehrkräfte berichtet, seit sechs bis zehn Jahren mit Computern im Unterricht zu arbeiten. Ein Anteil von 23.3 Prozent nutzt den Computer im Unterricht seit drei bis fünf Jahren und 14 Prozent seit höchstens zwei Jahren. Eine nicht unbedeutender Anteil an Lehrpersonen von 7.5 Prozent gibt hingegen an, nie Computer im Unterricht einzusetzen. Einschränkend ist dazu anzumerken, dass die Nutzungsdauer

---

1 Mit der zufälligen Festlegung der Referenzklasse können die Jahrgangsstufe und das Fach bestimmt werden, auf die sich die Angaben der Lehrpersonen beziehen (vgl. Kapitel II in diesem Band).

nach der Dauer differenziert werden muss, die die Lehrperson bereits im Schuldienst tätig ist, was besonders im Hinblick auf eine lange Nutzungsdauer relevant ist.

Betrachtet man die Häufigkeit der unterrichtlichen Computernutzung durch Lehrpersonen, zeigt sich, dass 14.2 Prozent der Lehrpersonen digitale Medien täglich in ihrem Unterricht einsetzen und 33.5 Prozent mindestens wöchentlich. Weitere 28.7 Prozent der Lehrpersonen greifen mindestens einmal im Monat, aber nicht jede Woche in ihrem Unterricht auf den Computer zurück und 16.1 Prozent setzen ihn seltener als einmal im Monat ein (Abbildung 1).

Zudem wurde geprüft, ob sich signifikante Unterschiede hinsichtlich der mindestens wöchentlichen Computernutzung im Unterricht zwischen verschiedenen Gruppen von Lehrpersonen ergeben. Dabei hat sich gezeigt, dass ein signifikant höherer Anteil der Lehrpersonen eines naturwissenschaftlichen Fachs (62.3%) angibt, digitale Medien mindestens einmal pro Woche im Unterricht einzusetzen als Lehrpersonen einer Fremdsprache (38.5%), Deutschlehrkräfte (42.9%) oder Lehrpersonen eines Fachs der sogenannten anderen Fächergruppe (43.6%). Zudem finden Computer signifikant häufiger in der höheren Doppeljahrgangsstufe 9 und 10 (56.1%) regelmäßig mindestens einmal in der Woche Einsatz als in den Doppeljahrgangsstufen 5 und 6 (43.8%) sowie sieben und acht (43.8%). Schließlich gibt auch ein signifikant höherer Anteil von Lehrern (55.2%) an, den Computer mindestens wöchentlich im Unterricht zu nutzen als Lehrerinnen (42.4%). Hinsichtlich des Alters der Lehrpersonen, der Schulform und des Ganztags- bzw. Halbtagsbetriebes der Schule ergeben sich keine statistisch signifikanten Unterschiede.

Darüber hinaus wurden die Lehrkräfte befragt, wie häufig der Computer im Unterricht in der Referenzklasse im Referenzfach eingesetzt wird (zur prozentualen Verteilung des Referenzfachs der Lehrpersonen hinsichtlich der Fächergruppen vgl. Kapitel II in diesem Band). Dabei wurden nur die Lehrpersonen berücksichtigt, die angeben, Computer im Unterricht zu nutzen (n=1156). Von diesen Lehrkräften nutzen 8.9 Prozent den Computer an jedem Tag, an dem die Referenzklasse in der Woche unterrichtet wird (Abbildung 2). Mindestens einmal in der Woche, aber nicht jeden Tag findet der Computer in der Referenzklasse von 23.8 Prozent der Lehrpersonen Einsatz und mindestens einmal im Monat, aber nicht jede Woche bei 33.3 Prozent. Seltener als einmal im Monat wird der Computer von 22.1 Prozent der Lehrpersonen in den jeweiligen Unterricht eingebunden. 11.8 Prozent nutzen ihn im Unterrichtsfach der Referenzklasse nie.

Im Vergleich der Nutzungshäufigkeit von Computern im Unterricht allgemein zur Nutzungshäufigkeit im Unterrichtsfach in der Referenzklasse zeigt sich, dass ein geringerer Anteil an Lehrpersonen den Computer im Referenzfach regelmäßig (mindestens einmal in der Woche oder in jeder Unterrichtsstunde) einsetzt. Die geringere Nutzungshäufigkeit in der Referenzklasse ist maßgeblich auf das geringere Unterrichtsvolumen der Lehrpersonen im Unterrichtsfach in der Referenzklasse zurückzuführen. Durch diese Reduktion des Unterrichtsvolumens und die Fokussierung auf die Referenzklasse kann die Nutzungshäufigkeit im Unterricht noch präziser erfasst werden, als es in bisherigen Studien möglich war.

Hinsichtlich der mindestens wöchentlichen Nutzung von Computern im Unterricht wurde ebenfalls geprüft, ob sich statistisch signifikante Unterschiede zwischen Gruppen von Lehrpersonen nachweisen lassen. Dabei wurde ersichtlich, dass signifikant mehr Lehrpersonen eines naturwissenschaftlichen Fachs in der Referenzklasse (43.2%) angeben, mindestens einmal pro Woche Computer im Unterricht einzusetzen als Lehrpersonen eines der sogenannten anderen Fächer der Referenzklasse (25.4%). Bezüglich der Jahrgangsstufen zeigt sich ebenfalls, dass Lehrpersonen, die die Referenzklasse in der 9. und 10. Jahrgangsstufe unterrichten (41.5%) signifikant häufiger angeben, Computer mindestens wöchentlich im Unterricht einzusetzen als Lehrpersonen, die die Referenzklasse in der 5. und 6. (26.5%) bzw. in der 7. und 8. Jahrgangsstufe (30.5%) unterrichten. Bezüglich des Geschlechts wird eine signifikant häufigere Nutzung von Computern in der Referenzklasse von männlichen Lehrpersonen (37.0%) im Vergleich zu weiblichen Lehrpersonen (29.6%) deutlich. Schließlich ergibt sich für Gymnasiallehrkräfte (27.4%) ein signifikant geringerer Anteil, der den Computer mindestens wöchentlich in der Referenzklasse einsetzt, als für Lehrpersonen, die an einer anderen Schulform unterrichten (37.2%). Keine signifikanten Unterschiede konnten hinsichtlich des Alters der Lehrpersonen und des Ganztags- bzw. Halbtagsbetriebs der Schulen ermittelt werden.

Bundesländervergleich

Die Nutzung digitaler Medien unterstützt diverse Lehr- und Lernprozesse. Wie in Kapitel VII exemplarisch für zwei Bundesländer näher ausgeführt, unterscheiden sich die Bedingungen für den IT-Einsatz zwischen den Bundesländern z.T. erheblich. Daher wird im Folgenden die schulische Nutzungshäufigkeit digitaler Medien zwischen den Bundesländern verglichen. In Abbildung 1 ist die Häufigkeit des Computereinsatzes im Unterricht im Bundesländervergleich dargestellt. Dabei wird eine Darstellung der Nutzungshäufigkeit gewählt, die eine Unterscheidung zwischen prozentualen Anteilen der Lehrpersonen in den Bundesländern ermöglicht, die *täglich, mindestens wöchentlich, mindestens monatlich, seltener als einmal im Monat* oder *nie* Computer im Unterricht verwenden. Die Bundesländer sind in der Abbildung in absteigender Reihenfolge der regelmäßigen (mindestens wöchentlichen) Nutzung von Computern im Unterricht sortiert. Die Reihenfolge ergibt sich aus der Addition der Anteile der Lehrpersonen, die täglich Computer im Unterricht verwenden und denen, die mindestens wöchentlich Computer im Unterricht einsetzen.

Abbildung 1: Nutzungshäufigkeit digitaler Medien im Unterricht allgemein (Angaben in Prozent)

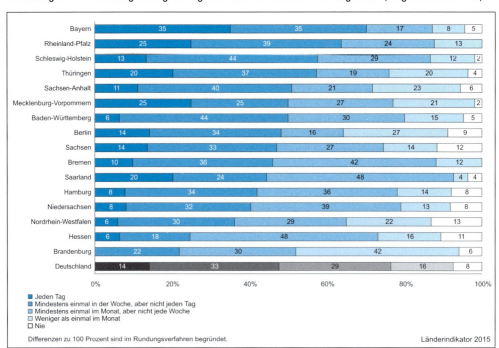

Abbildung 1 zeigt, dass die befragten Lehrkräfte in Bayern am häufigsten von einer regelmäßigen Computernutzung im Unterricht berichten. Dabei fällt nicht nur der summierte Anteil von 70 Prozent der Lehrpersonen, die den Computer täglich bzw. mindestens wöchentlich im Unterricht verwenden im Bundesländervergleich am höchsten aus, sondern auch der Anteil der Lehrkräfte, die täglich auf den Computer zur Gestaltung von Unterrichtsprozessen zurückgreifen (35 %).

Auch in Rheinland-Pfalz, Schleswig-Holstein und Thüringen gibt deutlich über die Hälfte der für diese Bundesländer befragten Lehrpersonen eine mindestens wöchentliche Computernutzung an. Am seltensten nutzen Lehrpersonen digitale Medien in Brandenburg: dort gibt etwas mehr als ein Fünftel (22 %) der Lehrpersonen an, den Computer mindestens einmal in der Woche aber nicht jeden Tag im Unterricht zu verwenden. Von einer täglichen Computernutzung wird in Brandenburg nicht berichtet. Hessen, Nordrhein-Westfalen und Sachsen sind die Bundesländer, in denen der Anteil an Lehrpersonen, die angeben, nie Computer im Unterricht zu nutzen, bei über 10 Prozent liegt. In Rheinland-Pfalz und Bremen wird die Kategorie *Nie* dagegen nicht angegeben.

Die Nutzungshäufigkeit digitaler Medien in der Referenzklasse im Referenzfach wird in Abbildung 2 im Bundesländervergleich dargestellt. Insgesamt lässt sich für alle Bundesländer eine seltenere regelmäßige Nutzung (mindestens wöchentlich) von digitalen Medien im Unterricht der Referenzklasse im Referenzfach erkennen, als im allgemeinen Unterricht der Lehrpersonen, was in erster Linie mit dem geringeren

Abbildung 2: Nutzungshäufigkeit digitaler Medien im Unterricht der Referenzklasse im Referenzfach (Angaben in Prozent)

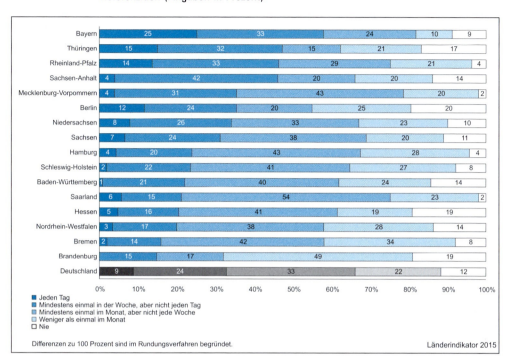

Unterrichtsvolumen der Lehrpersonen in der Referenzklasse im Vergleich zu ihrem gesamten Unterricht zu begründen ist.

In Bayern, Thüringen, Rheinland-Pfalz und Sachsen-Anhalt geben jeweils mehr als zwei Fünftel der befragten Lehrpersonen eine regelmäßige (mindestens wöchentliche) Computernutzung im Unterricht der Referenzklasse an. Für Brandenburg und Bremen zeigt sich ein vergleichsweise geringer Anteil an Lehrpersonen, die regelmäßig Computer im Unterricht einsetzen. In Mecklenburg-Vorpommern und im Saarland gibt mit je zwei Prozent der Lehrpersonen der geringste Anteil an, nie Computer im Unterricht der Referenzklasse einzusetzen.

2.2 Schulische Rahmenbedingungen

Die Nutzung digitaler Medien im Unterricht unterliegt schulischen Rahmenbedingungen, die sich förderlich aber auch hemmend auf die Nutzungshäufigkeit auswirken können. Im Rahmen des *Länderindikators 2015* wurden vier Aspekte schulischer Rahmenbedingungen erfasst, denen ein direkter Bezug zur Nutzung digitaler Medien im Unterricht unterstellt werden kann. Dazu zählt das Vorhandensein eines schulischen Medienkonzepts (erfasst über die Antwortkategorien *Ja* und *Nein*). Zudem werden die Angaben der Priorität des Medieneinsatzes in der Schule, die ausrei-

Abbildung 3: Schulische Rahmenbedingungen der Nutzung digitaler Medien im Unterricht (Angaben in Prozent)

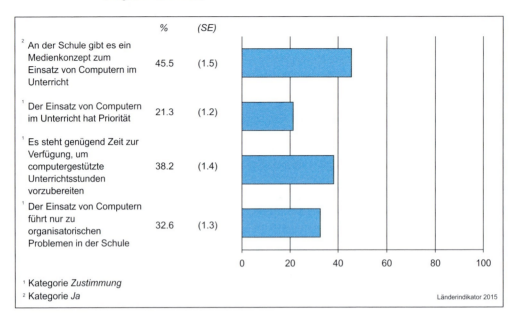

¹ Kategorie *Zustimmung*
² Kategorie *Ja*

Länderindikator 2015

chende Vorbereitungszeit für computergestützten Unterricht sowie das Auftreten organisatorischer Probleme durch den Computereinsatz berücksichtigt (dargestellt für die aus den Angaben *Stimme voll zu* und *Stimme eher zu* zusammengefasste Kategorie *Zustimmung*). Abbildung 3 zeigt die Einschätzungen der befragten Lehrpersonen zu diesen hemmenden und förderlichen Indikatoren.

Die größte Zustimmung der im *Länderindikator 2015* befragten Lehrkräfte im Bereich der schulischen Rahmenbedingungen erhält mit 45.5 Prozent die Aussage, an der Schule gibt es ein Medienkonzept zum Einsatz von Computern im Unterricht. Etwa ein Fünftel (21.3 %) der Lehrpersonen gibt an, dass der Einsatz von Computern im Unterricht an der Schule Priorität hat. Der Aussage, es steht genügend Zeit zur Verfügung, um computergestützte Unterrichtsstunden vorzubereiten, stimmen 38.2 Prozent der Lehrpersonen zu. Dabei stimmen signifikant häufiger Lehrkräfte, die ein naturwissenschaftliches Fach (50.5 %) unterrichten, zu als Lehrkräfte, die Fremdsprachen (28.6 %) unterrichten. Der Einsatz von Computern in der Schule ist für etwa ein Drittel (32.6 %) der Lehrkräfte in Deutschland mit organisatorischen Problemen verbunden.

Alters- und geschlechtsspezifische signifikante Unterschiede bestehen für die betrachteten Indikatoren nicht.

Bundesländervergleich

Die betrachteten Indikatoren der schulischen Rahmenbedingungen der Nutzung digitaler Medien werden im Folgenden im Bundesländervergleich dargestellt. Dabei wurde für alle in diesem Kapitel berichteten Bundesländervergleiche geprüft, dass sich die Werte der oberen und der unteren Ländergruppe signifikant voneinander unterscheiden ($p < .05$).

Abbildung 4: Anteile der Lehrpersonen, die angeben, dass die Schule über ein Medienkonzept zum Einsatz von Computern im Unterricht verfügt (Angaben in Prozent, Kategorie *Ja*)

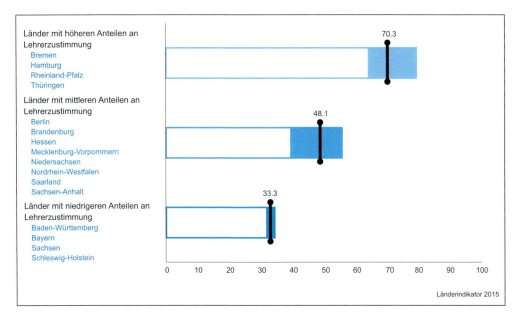

Abbildung 4 stellt die Zustimmung der Lehrpersonen hinsichtlich der Aussage „Es gibt an meiner Schule ein Medienkonzept zum Einsatz von Computern im Unterricht" dar. Bremen, Hamburg, Rheinland-Pfalz und Thüringen bilden die obere Gruppe, in der im Durchschnitt 70.3 Prozent der Lehrkräfte angeben, an ihrer Schule ein entsprechendes Medienkonzept vorzufinden. In der unteren Gruppe, die Baden-Württemberg, Bayern, Sachsen und Schleswig-Holstein umfasst, stimmen 33.3 Prozent der Lehrpersonen der Aussage zu. In der mittleren Gruppe geben durchschnittlich 48.1 Prozent an, dass ihre Schule über ein Medienkonzept verfügt.

Abbildung 5: Anteile der Lehrpersonen, die angeben, dass der Einsatz von Computern im Unterricht Priorität hat (Angaben in Prozent, Kategorie *Zustimmung*)

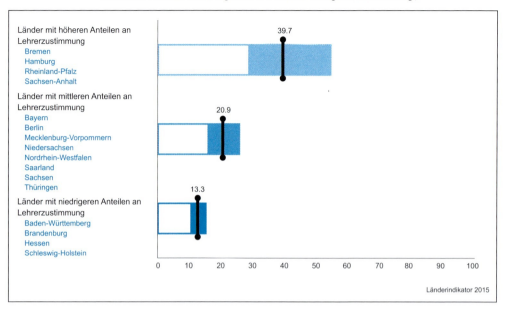

Abbildung 5 bildet die Einschätzung der befragten Lehrkräfte hinsichtlich der Aussage ab, dass der Einsatz von Computern im Unterricht an ihrer Schule Priorität hat. Bremen, Hamburg, Rheinland-Pfalz und Sachsen-Anhalt bilden die obere Gruppe, in der die mittlere Zustimmungsrate 39.7 Prozent beträgt. In der Gruppe mit den geringsten Ausprägungen, die Baden-Württemberg, Brandenburg, Hessen und Schleswig-Holstein umfasst, liegt die Zustimmung zu dieser Aussage bei durchschnittlich 13.3 Prozent. In der mittleren Gruppe stimmen im Mittel 20.9 Prozent der befragten Lehrkräfte der Aussage zu. Ferner beträgt die Differenz zwischen den mittleren Zustimmungsraten der oberen und der unteren Gruppe in etwa 26 Prozentpunkte.

Abbildung 6: Anteile der Lehrpersonen, die angeben, dass genügend Zeit zur Verfügung steht, um computergestützte Unterrichtsstunden vorzubereiten (Angaben in Prozent, Kategorie *Zustimmung*)

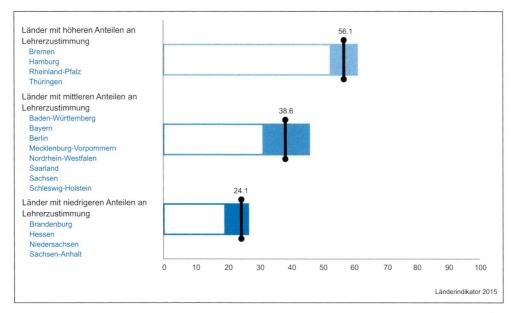

In Abbildung 6 wird die Zustimmung der befragten Lehrpersonen hinsichtlich der Aussage „Es steht genügend Zeit zur Verfügung, um computergestützte Unterrichtsstunden vorzubereiten" dargestellt. In der oberen Gruppe, in der die Zustimmung zu dieser Aussage mit durchschnittlich 56.1 Prozent am größten ist, befinden sich die Bundesländer Bremen, Hamburg, Rheinland-Pfalz und Thüringen. In der unteren Gruppe, die Brandenburg, Hessen, Niedersachsen und Sachsen-Anhalt umfasst, ist die mittlere Zustimmungsrate mit 24.1 Prozent nur halb so hoch. In der mittleren Gruppe stimmen im Durchschnitt 38.6 Prozent der Lehrpersonen der Aussage zu.

Abbildung 7: Anteile der Lehrpersonen, die angeben, dass der Einsatz von Computern im Unterricht zu organisatorischen Problemen führt (Angaben in Prozent, Kategorie *Zustimmung*)

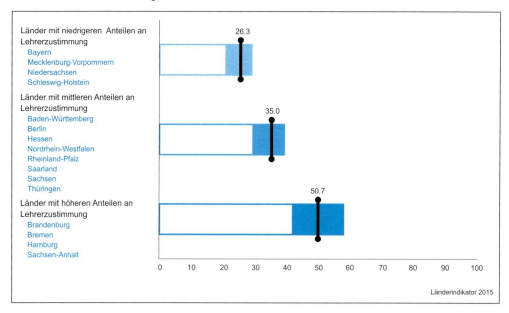

In Abbildung 7 werden die Einschätzungen der befragten Lehrpersonen hinsichtlich der Aussage, der Einsatz von Computern im Unterricht führt nur zu organisatorischen Problemen, betrachtet. Bayern, Mecklenburg-Vorpommern, Niedersachsen und Schleswig-Holstein bilden dabei die obere Gruppe, in der die Zustimmungsrate zu der genannten Aussage mit 26.3 Prozent am niedrigsten ist. In der unteren Gruppe, in der die Zustimmung am höchsten ausfällt, befinden sich Brandenburg, Bremen, Hamburg und Sachsen-Anhalt. In dieser Gruppe liegt die mittlere Zustimmungsrate bei 50.7 Prozent. Für die mittlere Gruppe ergibt sich eine mittlere Zustimmungsrate von durchschnittlich 35.0 Prozent.

Insgesamt verdeutlicht die Abbildung, dass gut ein Viertel der Lehrpersonen der oberen Gruppe beim Computereinsatz im Unterricht und beim Lernen auf organisatorische Probleme stößt. In der unteren Gruppe stimmt dieser Aussage jede zweite Lehrkraft zu. Zudem zeigt sich hinsichtlich der mittleren Zustimmungsrate zwischen oberer und unterer Gruppe eine große Differenz von 24 Prozentpunkten.

Tabelle 1 zeigt den Bundesländervergleich der schulischen Rahmenbedingungen für die Nutzung digitaler Medien im Unterricht in der Übersicht. Dabei ist zu beachten, dass hinsichtlich der Angabe organisatorischer Probleme die Länder in der oberen Gruppe verortet sind, in denen ein vergleichsweise geringer Anteil an Lehrpersonen derartige Probleme bekundet.

Insgesamt wird deutlich, dass die Zusammensetzung der oberen Ländergruppe hinsichtlich des Vorhandenseins eines Medienkonzepts an der Schule den Ländern entspricht, die hinsichtlich der ausreichenden Vorbereitungszeit für computergestützten Unterricht in der oberen Ländergruppe verortet sind. Bezüglich dieser beiden Indikatoren sowie hinsichtlich der Priorität des Medieneinsatzes an der Schule sind Bremen, Hamburg und Rheinland-Pfalz in der oberen Gruppe verortet. Brandenburg hingegen ist hinsichtlich dreier Indikatoren in der unteren Ländergruppe zu finden.

Tabelle 1: Schulische Rahmenbedingungen der Nutzung digitaler Medien im Bundesländervergleich

Bundesland	Vorhandensein eines Medienkonzepts in der Schule	Priorität des Medieneinsatzes in der Schule	Ausreichende Vorbereitungszeit für computergestützten Unterricht	Wenig organisatorische Probleme
Baden-Württemberg	▼	▼	■	■
Bayern	▼	■	■	▲
Berlin	■	■	■	■
Brandenburg	■	▼	▼	▼
Bremen	▲	▲	▲	▼
Hamburg	▲	▲	▲	▼
Hessen	■	▼	▼	■
Mecklenburg-Vorpommern	■	■	■	▲
Niedersachsen	■	■	▼	▲
Nordrhein-Westfalen	■	■	■	■
Rheinland-Pfalz	▲	▲	▲	■
Saarland	■	■	■	■
Sachsen	▼	■	■	■
Sachsen-Anhalt	■	▲	▼	▼
Schleswig-Holstein	▼	▼	■	▲
Thüringen	▲	■	▲	■

▲ obere Gruppe; ■ mittlere Gruppe; ▼ untere Gruppe

2.3 IT-bezogene Kooperation im Lehrerkollegium

Für den *Länderindikator 2015* wurden die Lehrkräfte gefragt, ob sie hinsichtlich der gezielten unterrichtlichen Nutzung digitaler Medien kooperieren oder diesbezüglich von weiteren Interaktions- und Kooperationsformen profitieren. Dabei wurden in Anlehnung an ICILS 2013 drei Indikatoren erfasst, die spezifisch auf eine IT-bezogene Kooperation innerhalb der Schule ausgerichtet sind (Abbildung 8). Zunächst wird erfasst, ob Lehrpersonen systematisch im Kollegium zusammenarbeiten um computergestützte Unterrichtsstunden zu entwickeln, die auf dem Lehrplan basieren (dargestellt für die aus den Angaben *Stimme voll zu* und *Stimme eher zu* zusammengefasste Kategorie *Zustimmung*). Zudem wurden zwei Indikatoren entwickelt, die das Vorhandensein von Beispielmaterial zu computergestütztem Unterricht und die Durchführung interner Workshops zu computergestütztem Unterricht betreffen (berichtete Kategorie *Ja*).

Etwa ein Drittel der Lehrpersonen stimmt der Aussage zu, mit Kolleginnen und Kollegen systematisch daran zu arbeiten, computergestützte Unterrichtsstunden zu entwickeln (30.2 %). Die kooperative und lehrplanorientierte Entwicklung von computergestützten Unterrichtsstunden erfolgt bei Lehrkräften, die naturwissenschaftliche Fächer (44.4 %) unterrichten, signifikant häufiger im Vergleich zu Lehrkräften, die Fremdsprachen (22.1 %) unterrichten. Der Aussage, dass an der Schule Beispielmaterial zu computergestütztem Unterricht verfügbar ist, stimmen 59.6 Prozent der Lehrpersonen zu. Männliche Lehrkräfte (63.1 %) stimmen der Aussage dabei signifikant häufiger zu als weibliche Lehrkräfte (57.1 %). Beispielmaterial für computergestützte Unterrichtsstunden an der Schule finden ältere Lehrpersonen (40 bis 49 Jahre: 63.0 %, 50 Jahre oder älter: 62.3 %) signifikant häufiger vor als jüngere Lehrpersonen (bis 39

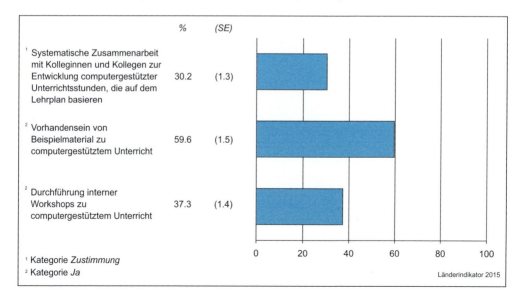

Abbildung 8: IT-bezogene Kooperation im Lehrerkollegium (Angaben in Prozent)

Jahre: 53.5 %). Die Durchführung schulinterner Workshops zu computergestütztem Unterricht wird an den Schulen von 37.3 % der Lehrkräfte praktiziert.

Bundesländervergleich

Abbildung 9 beschreibt die Zustimmung der befragten Lehrpersonen hinsichtlich ihrer systematischen Zusammenarbeit mit Kolleginnen und Kollegen zur Entwicklung computergestützter Unterrichtsstunden, die auf dem Lehrplan basieren.

In der oberen Gruppe, bestehend aus Berlin, Bremen, Hamburg und dem Saarland, liegt die mittlere Zustimmungsrate bei 51.5 Prozent. In der unteren Gruppe, in der sich Hessen, Niedersachsen, Sachsen-Anhalt und Schleswig-Holstein befinden, beträgt die Zustimmungsrate hinsichtlich der Zusammenarbeit durchschnittlich 23.3 Prozent. In der mittleren Gruppe liegt dieser Anteil bei 33.8 Prozent.

Abbildung 9: Anteile der Lehrpersonen, die angeben, dass sie mit Kolleginnen und Kollegen systematisch daran arbeiten, computergestützte Unterrichtsstunden zu entwickeln (Angaben in Prozent, Kategorie *Zustimmung*)

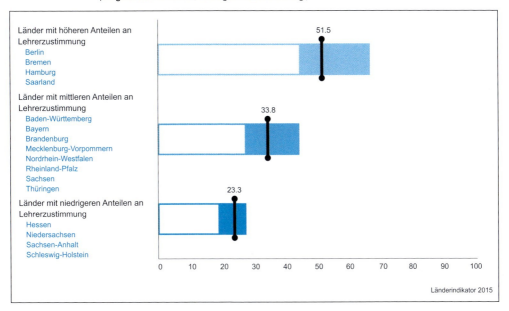

Abbildung 10: Anteile der Lehrpersonen, die angeben, dass die Schule über Beispielmaterial zu computergestütztem Unterricht verfügt (Angaben in Prozent, Kategorie *Ja*)

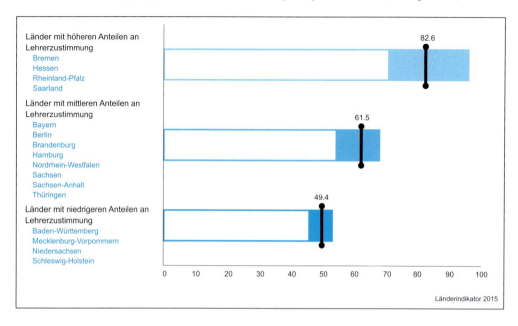

Abbildung 10 zeigt die Zustimmung der befragten Lehrpersonen zu der Aussage, die eigene Schule verfügt über Beispielmaterial zu computergestütztem Unterricht. In der oberen Gruppe, die sich aus den Bundesländern Bremen, Hessen, Rheinland-Pfalz und dem Saarland zusammensetzt, stimmen im Durchschnitt 82.6 Prozent der befragten Lehrpersonen der Aussage zu. In Baden-Württemberg, Mecklenburg-Vorpommern, Niedersachsen und Schleswig-Holstein, die die untere Gruppe bilden, beträgt die mittlere Zustimmungsrate 49.4 Prozent. In der mittleren Gruppe stimmen 61.5 Prozent der Lehrkräfte der Aussage zu.

Abbildung 11: Anteile der Lehrpersonen, die angeben, dass es an der Schule interne Workshops zu computergestütztem Unterricht gibt (Angaben in Prozent, Kategorie *Ja*)

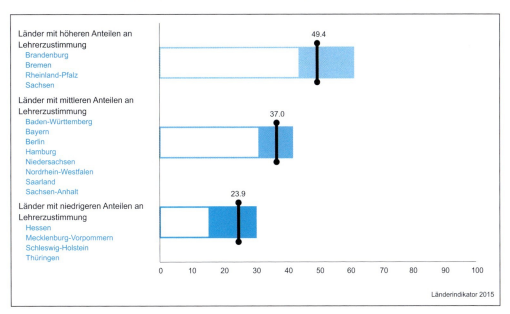

In Abbildung 11 wird die Zustimmung der Lehrpersonen mit Blick auf die Aussage „Es gibt an meiner Schule interne Workshops zu computergestütztem Unterricht" betrachtet. Brandenburg, Bremen, Rheinland-Pfalz und Sachsen bilden dabei die obere Gruppe, in der die mittlere Zustimmungsrate 49.4 Prozent beträgt. In den Bundesländern Hessen, Mecklenburg-Vorpommern, Schleswig-Holstein und Thüringen, die die untere Gruppe bilden, stimmen 23.9 Prozent der Lehrkräfte der Aussage zu. In der mittleren Gruppe geben im Mittel 37.0 Prozent der befragten Lehrpersonen an, dass an ihrer Schule interne Workshops organisiert werden, in denen Möglichkeiten des Computereinsatzes im Unterricht erlernt werden können.

Eine Übersicht über die IT-bezogene Kooperation der Lehrpersonen im Vergleich der Bundesländer zeigt Tabelle 2. Dabei liegt Bremen hinsichtlich der drei fokussierten Kooperationsarten in der oberen Ländergruppe, in der relativ hohe Anteile der Lehrpersonen angeben, den IT-bezogenen Kooperationsarten nachzugehen. Dahingegen liegt Schleswig-Holstein hinsichtlich der drei Indikatoren in der unteren Ländergruppe. Für die übrigen Bundesländer ergibt sich ein eher uneinheitliches Bild, sodass unterschiedliche Kooperationsstrategien in den Ländern hinsichtlich der vorbezeichneten IT-bezogenen Kooperationsarten deutlich werden.

Tabelle 2: IT-bezogene Lehrerkooperation im Bundesländervergleich

Bundesland	Gemeinsame Entwicklung computergestützter Unterrichtsstunden	Vorhandensein von Beispielmaterial zu computergestütztem Unterricht	Interne Workshops zu computergestütztem Unterricht
Baden-Württemberg	■	▼	■
Bayern	■	■	■
Berlin	▲	■	■
Brandenburg	■	■	▲
Bremen	▲	▲	▲
Hamburg	▲	■	■
Hessen	▼	▲	▼
Mecklenburg-Vorpommern	■	▼	▼
Niedersachsen	▼	▼	■
Nordrhein-Westfalen	■	■	■
Rheinland-Pfalz	■	▲	▲
Saarland	▲	▲	■
Sachsen	■	■	▲
Sachsen-Anhalt	▼	■	■
Schleswig-Holstein	▼	▼	▼
Thüringen	■	■	▼

▲ obere Gruppe; ■ mittlere Gruppe; ▼ untere Gruppe

2.4 Unterstützungsbedarf und Support

Über die vorhandenen schulischen Rahmenbedingungen sowie die praktizierten Kooperationsformen hinausgehend wurde den Lehrpersonen im Rahmen des *Länderindikators 2015* die Möglichkeit gegeben, den Wunsch nach mehr Unterstützungsbedarf beim Einsatz von Computern im Unterricht zu äußern (berichtete Kategorie *Zustimmung*). Der Support, d.h. die Unterstützung der Lehrkräfte bei der Wartung der schulischen IT-Ausstattung oder beim Einsatz digitaler Medien im Unterricht, kann an Schulen sehr vielfältig geregelt sein. Im *Länderindikator 2015* werden keine unterschiedlichen Supportstrategien erfasst. Stattdessen wurden die Lehrkräfte gebeten eine Einschätzung dahingehend abzugeben, ob sie die technische Unterstützung sowie die

Abbildung 12: Unterstützungsbedarf der Lehrpersonen zum IT-Einsatz im Unterricht (Angaben in Prozent)

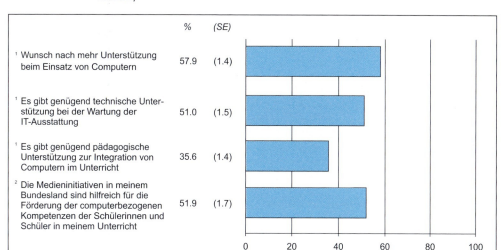

pädagogische Unterstützung an ihrer Schule als ausreichend wahrnehmen (berichtete Kategorie *Zustimmung*). Schließlich wurde die Zufriedenheit der Lehrpersonen mit den vorhandenen Medieninitiativen ihres Bundeslands erfasst (berichtete Kategorie *Ja*). Abbildung 12 zeigt die entsprechenden Ergebnisse der Lehrerbefragung. Zudem werden gruppenspezifische Unterschiede berichtet.

Den Wunsch nach mehr Unterstützung beim Einsatz von Computern äußern 57.9 Prozent der befragten Lehrpersonen. Diese Lehrpersonen wurden weiterhin befragt, durch wen sie sich mehr Unterstützung wünschen (ohne Abbildung). An erster Stelle geben dabei 49.1 Prozent dieser Lehrkräfte an, sich Unterstützung durch Fortbildungsangebote zu wünschen. Lehrplanbasierte Unterrichtsmaterialien (auch von Schulbuchverlagen) erhoffen sich 24.0 Prozent der Lehrkräfte. 22.5 Prozent geben an, Kooperationen im Lehrerkollegium als wünschenswerte Unterstützung zum Einsatz von Computern im Unterricht zu sehen. Zudem wünschen sich 21.0 Prozent der Lehrpersonen Hilfestellungen durch Initiativen des Ministeriums. Unterstützung seitens der Schulleitung wünschen sich 19.6 Prozent. Im Hinblick auf die Ausstattung äußern 16.1 Prozent der Lehrpersonen, sich mehr und bessere Computer mit Internetanschluss sowie deren Wartungen zu wünschen. Des Weiteren wurden von einem geringen Anteil der Lehrpersonen von jeweils maximal 9 Prozent folgende Aspekte als wünschenswerte Unterstützung zum Einsatz von Computern im Unterricht genannt: Medienberater, Fachkollegen, IT-Beauftragte der Schulen, Bereitstellung der erforderlichen Finanzen, Schulträger, geeignete Software, mehr Zeit, Schulamt, bessere Ausbildung (Studium/Referendariat), digitale Unterrichtsmaterialen und insgesamt Unterstützung von allen Seiten.

Abbildung 12 zeigt weiterhin, dass ca. die Hälfte (51.0%) der befragten Lehrpersonen die technische Unterstützung bei der Wartung der schulischen IT-Ausstattung als ausreichend einschätzt. Demgegenüber beurteilt etwas mehr als ein Drittel der Lehrkräfte (35.6%) die pädagogische Unterstützung zur Integration von Computern in den Unterricht als genügend. Schließlich gibt etwas mehr als die Hälfte (51.9%) der Lehrpersonen im Rahmen des *Länderindikators 2015* an, dass die Medieninitiativen in ihrem Bundesland hilfreich für die Förderung der computerbezogenen Kompetenzen der Schülerinnen und Schüler in ihrem Unterricht sind, wobei dennoch wie oben beschrieben der Wunsch nach Hilfestellungen durch Medieninitiativen von zahlreichen Lehrpersonen geäußert wird.

Bundesländervergleich

Die IT-bezogenen Fähigkeiten von Schülerinnen und Schülern zu fördern und digitale Medien angemessen in den Unterricht einzubinden, stellt eine herausfordernde Aufgabe für Lehrkräfte dar.

Inwiefern die Lehrpersonen Unterstützungsbedarf zur Integration digitaler Medien im Unterricht sehen, ist in bisherigen Untersuchungen noch nicht hinreichend erfasst worden. Abbildung 13 stellt die Anteile der befragten Lehrpersonen dar, die bestätigen sich allgemein mehr Unterstützung zum Einsatz von Computern im Unterricht zu wünschen. Den größten Unterstützungsbedarf sehen die Lehrkräfte in Bayern, Hessen, Niedersachsen und Schleswig-Holstein. Im Durchschnitt geben dort 69.7 Prozent der

Abbildung 13: Anteile der Lehrpersonen, die angeben, dass sie sich mehr Unterstützung für den Einsatz von Computern im Unterricht wünschen (Angaben in Prozent, Kategorie *Ja*)

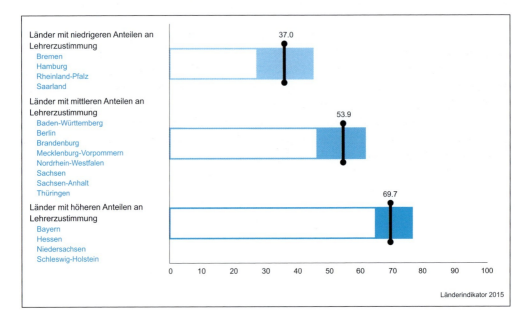

Abbildung 14: Anteile der Lehrpersonen, die angeben, dass es an ihrer Schule genügend technische Unterstützung bei der Wartung der IT-Ausstattung gibt (Angaben in Prozent, Kategorie *Zustimmung*)

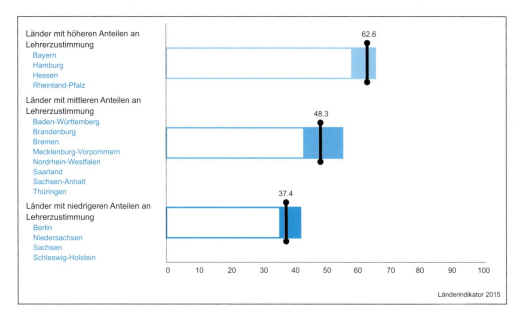

befragten Lehrpersonen der unteren Gruppe an, sich mehr Unterstützung zum Einsatz von Computern im Unterricht zu wünschen. In der oberen Gruppe, zu der Bremen, Hamburg, Rheinland-Pfalz und das Saarland zählen, bestätigen durchschnittlich 37.0 Prozent diese Aussage. In der mittleren Gruppe liegt der Anteil bei 53.9 Prozent.

Eine möglichst reibungslose Nutzung digitaler Medien an Schulen soll durch einen technischen Support gewährleistet werden. In Abbildung 14 ist dargestellt, inwiefern die befragten Lehrkräfte der Aussage, an ihrer Schule gibt es genügend technische Unterstützung bei der Wartung der IT-Ausstattung, zustimmen. Bayern, Hamburg, Hessen und Rheinland-Pfalz bilden die obere Gruppe der Bundesländer, in der eine mittlere Zustimmungsrate der Lehrpersonen von 62.6 Prozent vorliegt. In der unteren Gruppe, die Berlin, Niedersachsen, Sachsen und Schleswig-Holstein umfasst, stimmen durchschnittlich 37.4 Prozent der Aussage zu. Für die mittlere Gruppe berechnet sich eine mittlere Zustimmungsrate von 48.3 Prozent.

Abbildung 15: Anteile der Lehrpersonen, die angeben, dass es an ihrer Schule genügend pädagogische Unterstützung zur Integration von Computern im Unterricht gibt (Angaben in Prozent, Kategorie *Zustimmung*)

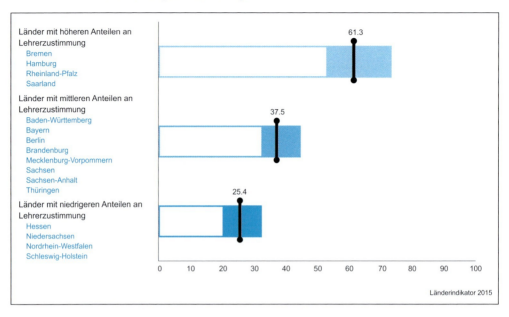

In Abbildung 15 werden die Einschätzungen der befragten Lehrkräfte hinsichtlich der Aussage „Es gibt genügend pädagogische Unterstützung zur Integration von Computern im Unterricht" dargestellt. Bremen, Hamburg, Rheinland-Pfalz und das Saarland bilden die obere Gruppe der Bundesländer, in der die mittlere Zustimmungsrate bei 61.3 Prozent liegt. Die untere Gruppe besteht aus Hessen, Niedersachsen, Nordrhein-Westfalen und Schleswig-Holstein, dort stimmen durchschnittlich 25.4 Prozent der Lehrkräfte der Aussage zu. Für die mittlere Gruppe beläuft sich der Anteil der Lehrkräfte, die der Aussage zustimmen, im Durchschnitt auf 37.5 Prozent.

Hinsichtlich des Supports sind Hamburg und Rheinland-Pfalz sowohl in Bezug auf die technische als auch auf die pädagogische Unterstützung in der oberen Ländergruppe verortet.

Als Unterstützung der Lehrpersonen bei der Einbindung digitaler Medien im Unterricht werden in den Ländern zahlreiche Initiativen eingeleitet, die diese Prozesse fördern und Lehrpersonen bei ihrer Arbeit entlasten sollen. Dabei stellt sich die Frage nach der Nützlichkeit dieser Initiativen aus Sicht der schulischen Akteure.

Abbildung 16: Anteile der Lehrpersonen, die angeben, dass die Medieninitiativen in ihrem Bundesland hilfreich für die Förderung der computerbezogenen Kompetenzen der Schülerinnen und Schüler in ihrem Unterricht sind (Angaben in Prozent, Kategorie *Zustimmung*)

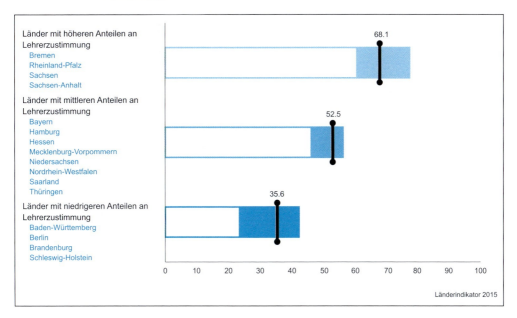

Abbildung 16 stellt die Zustimmung der befragten Lehrpersonen hinsichtlich der Aussage „Die Medieninitiativen in meinem Bundesland sind hilfreich für die Förderung der computerbezogenen Kompetenzen der Schülerinnen und Schüler in meinem Unterricht" dar. Bremen, Rheinland-Pfalz, Sachsen und Sachsen-Anhalt bilden die obere Gruppe der Bundesländer, in denen die Zustimmung zu dieser Aussage mit 68.1 Prozent im Durchschnitt am höchsten ist. Die untere Gruppe umfasst die Bundesländer Baden-Württemberg, Berlin, Brandenburg und Schleswig-Holstein. In dieser Gruppe liegt die mittlere Zustimmungsrate bei 35.6 Prozent und ist damit am niedrigsten. In der mittleren Gruppe stimmen durchschnittlich 52.5 Prozent der Aussage zu.

Die Abbildung verdeutlicht starke Unterschiede zwischen den Ländergruppen: Während mehr als zwei Drittel der Lehrpersonen der oberen Gruppe der Aussage, dass die Medieninitiativen ihres Bundeslands hilfreich für die Förderung der computerbezogenen Kompetenzen der Schülerinnen und Schüler im Unterricht sind, zustimmen, sind es in der unteren Gruppe nur halb so viele.

Tabelle 3 zeigt den Unterstützungsbedarf und den Support, den Lehrpersonen beim Einsatz digitaler Medien im Unterricht wahrnehmen, im Bundesländervergleich. Hinsichtlich des Unterstützungsbedarfs gilt zu beachten, dass die Länder in der oberen Gruppe zu finden sind, in denen die geringsten Anteile der Lehrpersonen den Wunsch nach mehr Unterstützung äußern.

Insgesamt wird deutlich, dass Bremen, Hamburg und Rheinland-Pfalz häufig in der oberen Ländergruppe vertreten sind und die Lehrpersonen mit der vorhandenen Unterstützung und dem Support am zufriedensten sind. Niedersachsen und Schleswig-Holstein sind häufig in der unteren Gruppe verortet, hier zeigt sich der größte Unterstützungsbedarf der Lehrpersonen beim Einsatz digitaler Medien im Unterricht.

Tabelle 3: Unterstützungsbedarf und Support der Lehrpersonen beim Einsatz digitaler Medien im Unterricht im Bundesländervergleich

Bundesland	Wunsch nach mehr Unterstützung	Technischer Support	Pädagogischer Support	Hilfreiche Medieninitiativen
Baden-Württemberg	■	■	■	▼
Bayern	▼	▲	■	■
Berlin	■	▼	■	▼
Brandenburg	■	■	■	▼
Bremen	▲	■	▲	▲
Hamburg	▲	▲	▲	■
Hessen	▼	▲	▼	■
Mecklenburg-Vorpommern	■	■	■	■
Niedersachsen	▼	▼	▼	■
Nordrhein-Westfalen	■	■	▼	■
Rheinland-Pfalz	▲	▲	▲	▲
Saarland	▲	■	▲	■
Sachsen	■	▼	■	▲
Sachsen-Anhalt	■	■	■	▲
Schleswig-Holstein	▼	▼	▼	▼
Thüringen	■	■	■	■

▲ obere Gruppe; ■ mittlere Gruppe; ▼ untere Gruppe

3. Regressionsanalyse zur Erklärung der Nutzungshäufigkeit digitaler Medien im Unterricht

Die Nutzung digitaler Medien im Unterricht ist immer in Verbindung mit den schulischen Lehr- und Lernbedingungen zu betrachten. Die nachfolgenden empirischen Analysen dienen der Betrachtung dieses Zusammenhangs, wobei die Bedeutung der schulischen Rahmenbedingungen, der Kooperation im Lehrerkollegium und der eingeschätzten Supportsituation unter Kontrolle des Geschlechts und des Alters für die Häufigkeit der Computernutzung im Unterrichtsfach der Referenzklasse untersucht werden. Die abhängige Variable der Häufigkeit der Computernutzung im Unterrichtsfach der Referenzklasse wurde über eine fünfstufige Ratingskala von *0 = Nie, 1 = Weniger als einmal im Monat, 2 = Mindestens einmal im Monat, aber nicht jede Woche, 3 = Mindestens einmal in der Woche, aber nicht jeden Tag* bis *4 = Jeden Tag* erfasst. Dazu wurde eine lineare Regression (Einschluss-Methode) mit der Software *SPSS Statistics 22* durchgeführt.

Tabelle 4: Regressionsmodell zur Erklärung von Unterschieden in der Häufigkeit der Computernutzung im Unterricht

	Modell	
	ß	(SE)
Schulische Rahmenbedingungen		
Organisatorische Probleme[a]	-.17*	(.08)
Priorität des Computereinsatzes im Unterricht an der Schule[a]	.13*	(.09)
Genügend Zeit zur Vorbereitung computergestützten Unterrichts[a]	.04	(.08)
Medienkonzept der Schule[b]	.07*	(.08)
IT-bezogene Kooperation		
Systematische Zusammenarbeit zur Vorbereitung computergestützten Unterrichts[a]	.20*	(.08)
Vorhandensein von Beispielmaterial zu computergestütztem Unterricht[b]	-.05	(.08)
Schulinterne Workshops zu computergestütztem Unterricht[b]	.03	(.08)
Support		
Genügend technischer Support[a]	-.04	(.07)
Genügend pädagogischer Support[a]	.13*	(.08)
Hintergrundvariablen		
Geschlecht[c]	-.10*	(.07)
Alter[d]	.05	(.04)
R^2	.19	

Anmerkungen:
Abhängige Variable: Häufigkeit der Computernutzung im Unterrichtsfach der Referenzklasse
(0 = Nie; 1 = Weniger als einmal im Monat; 2 = Mindestens einmal im Monat, aber nicht jede Woche; 3 = Mindestens einmal in der Woche, aber nicht jeden Tag; 4 = Jeden Tag)
ß = Regressionskoeffizienten (standardisiert)
* signifikante Koeffizienten ($p < .05$)
[a] 0 = Ablehnung; 1 = Zustimmung
[b] 0 = Nein; 1 = Ja
[c] 0 = Männlich; 1 = Weiblich
[d] 0 = Bis 39 Jahre; 1 = 40 bis 49 Jahre; 2 = 50 Jahre und älter

Die Regressionsanalyse zeigt, dass die systematische Zusammenarbeit der Lehrkräfte bei der Vorbereitung des Unterrichts den stärksten Effekt auf die Nutzungshäufigkeit von Computern in ihrer jeweiligen Referenzklasse aufweist (Tabelle 4). Lehrerkooperation bezüglich der Entwicklung computergestützter Unterrichtseinheiten, die auf dem Lehrplan basiert, scheint also besonders wichtig zu sein, damit Lehrpersonen Computer im Unterricht auch tatsächlich einsetzen. Andere Maßnahmen, wie das Angebot schulinterner Workshops oder die Bereitstellung von Beispielmaterialien erweisen sich dagegen als weniger bedeutsam für die Nutzungshäufigkeit von Computern im Unterricht. Unter den schulischen Rahmenbedingungen weisen besonders die von den Lehrkräften wahrgenommenen organisatorischen Probleme einen starken Zusammenhang mit der Häufigkeit der Computernutzung im Unterricht auf. Darüber hinaus stellen die Priorität, die an der Schule dem Unterrichtseinsatz von Computern beigemessen wird, sowie das Vorhandensein eines Medienkonzepts weitere signifikante Prädiktoren dar. Bei der Betrachtung des Supports für die Lehrpersonen zeigt sich für die pädagogische Unterstützung der Lehrpersonen ein signifikanter Effekt auf die Nutzungshäufigkeit von Computern im Unterricht der Referenzklasse, während sich der technische Support hier nicht als bedeutsam herausstellt. Unter den betrachteten Hintergrundmerkmalen erweist sich das Geschlecht der Lehrpersonen als signifikant, wobei männliche Lehrpersonen häufiger digitale Medien einsetzen.

Insgesamt verdeutlicht die Regressionsanalyse, dass die Computernutzung der befragten Lehrkräfte durch ein Zusammenspiel verschiedener Faktoren beeinflusst wird, wobei der Kooperation der Lehrpersonen sowie den von ihnen wahrgenommenen organisatorischen Problemen eine besondere Bedeutung zuzukommen scheint. Das betrachtete Modell erklärt 19 Prozent der Varianz in der Nutzungshäufigkeit digitaler Medien im Unterricht der Referenzklasse. Um eine höhere Varianzaufklärung zu erreichen, wäre ein Modell zu berücksichtigen, das weitere schulische Rahmenbedingungen und IT-bezogene Kooperationsformen berücksichtigt, die besonders eine enge Zusammenarbeit der Lehrpersonen fokussieren. Zudem scheinen insbesondere die Einstellungen der Lehrpersonen zum Einsatz digitaler Medien im Unterricht (vgl. Kapitel V in diesem Band) relevante Prädiktoren der Nutzung digitaler Medien darzustellen.

4. Zusammenfassung und Diskussion

Ausgehend von dem hohen Stellenwert digitaler Medien in der heutigen Gesellschaft und dem Potenzial, das digitale Medien für Lehr- und Lernprozesse bieten, wurde im vorliegenden Kapitel die Nutzung digitaler Medien im Unterricht in Deutschland insbesondere im Bundesländervergleich untersucht. Um die schulische Mediennutzung zu analysieren, wurde zunächst die Nutzungshäufigkeit von Computern im Unterricht betrachtet. Hinsichtlich der Nutzungshäufigkeit im allgemeinen Unterricht der Lehrpersonen in der Sekundarstufe I zeigt sich im Rahmen des *Länderindikators 2015*, dass 47.7 Prozent der Lehrpersonen den Computer mindestens wöchentlich einsetzen. Im Vergleich zu ICILS 2013, wo Lehrpersonen der 8. Jahrgangsstufe befragt wurden, zeigt sich ein etwas höherer Anteil von Lehrpersonen, die mindestens wöchentlich Computer im Unterricht nutzen, dennoch bleibt Deutschland weiterhin hinter dem internationalen Durchschnitt zurück. Deutschland stellte in ICILS 2013 das Teilnehmerland dar, in dem Computer am seltensten im Unterricht Einsatz fanden, sodass dieser erste Hinweis auf eine häufigere Nutzung erfreulich ist, aber dennoch im internationalen Vergleich weiterhin deutliches Steigerungspotenzial zu sehen ist. Der Bundesländervergleich zeigt, dass die Länder mit den höchsten Anteilen an Lehrpersonen, die eine mindestens wöchentliche Computernutzung in ihrem Unterricht berichten (Bayern, Rheinland-Pfalz, Schleswig-Holstein und Thüringen) im Bereich des internationalen ICILS-Mittelwerts liegen. Der stärkste Nachholbedarf hinsichtlich des regelmäßigen Computereinsatzes im Unterricht wird für Brandenburg und Hessen deutlich, wo weniger als ein Viertel der Lehrpersonen den Computer mindestens wöchentlich in den Unterricht integriert. Dabei zeigen bisherige Forschungsbefunde, dass eine häufigere Nutzung digitaler Medien im Unterricht nicht zwangsläufig mit besseren Leistungen der Schülerinnen und Schüler einhergeht, sondern eine situationsgerechte und angepasste Nutzung eher zielführend zu sein scheint (u.a. OECD, 2015; Lorenz & Gerick, 2014).

Im Vergleich der Nutzungshäufigkeit von Computern im allgemeinen Unterricht zum Unterricht in der Referenzklasse gibt ein geringerer Anteil an Lehrpersonen an, den Computer regelmäßig (mindestens einmal in der Woche oder in jeder Unterrichtsstunde) in der Referenzklasse einzusetzen. Die verringerte Nutzungshäufigkeit muss vor dem Hintergrund des geringeren Unterrichtsvolumens der Lehrpersonen in der Referenzklasse im Referenzfach im Vergleich zum gesamten Unterricht der Lehrpersonen betrachtet werden. Der Unterschied deutet allerdings auch darauf hin, dass digitale Medien noch keinen regelmäßigen Einzug in allen Unterrichtsstunden (unabhängig vom Fach) gefunden haben. Andererseits ist ein Zusammenhang mit dem Unterrichtsfach zu vermuten, sodass Lehrpersonen durch den Bezug zum Referenzfach eine seltenere Nutzungshäufigkeit im Referenzfach angeben als im Mittel über ihre gesamten Unterrichtsfächer, zu denen eventuell Fächer mit tendenziell häufigerer Computernutzung gehören.

Schulische Rahmenbedingungen können sich auf die Nutzung digitaler Medien im Unterricht auswirken. Ein Drittel der Lehrpersonen erfährt beim Einsatz von Computern im Unterricht organisatorische Probleme an der Schule. Nur an der Schule eines Fünftels der Lehrpersonen hat der Einsatz digitaler Medien im Unterricht Priorität und weniger als die Hälfte der Lehrpersonen gibt an, ein Medienkonzept an der Schule vorzufinden. Lediglich knapp zwei Fünftel der Lehrpersonen haben genügend Zeit computergestützte Unterrichtsstunden vorzubereiten. Die Befunde zur 8. Jahrgangsstufe aus ICILS 2013 zeigten im Vergleich dazu, dass 34.4 Prozent der Lehrpersonen in Deutschland organisatorische Probleme beim IT-Einsatz im Unterricht erfuhren, was insgesamt etwa dem Anteil der Lehrpersonen im Rahmen des *Länderindikators 2015* bezüglich der gesamten Sekundarstufe I entspricht. Im internationalen Vergleich lag Deutschland in ICILS 2013 damit weit über dem internationalen Mittelwert von 17.1 Prozent, der selbst von der oberen Ländergruppe des *Länderindikators 2015* mit einem Anteil von 24.4 Prozent überstiegen wird. Organisatorische Probleme stellen in

Deutschland demzufolge insgesamt eine vergleichsweise große Herausforderung beim Einsatz von Computern im Unterricht dar.

Der Bundesländervergleich zeigt, dass Bremen, Hamburg und Rheinland-Pfalz hinsichtlich eines Medienkonzepts an der Schule, der ausreichenden Vorbereitungszeit für computergestützten Unterricht und der Priorität des Medieneinsatzes in der Schule in der oberen Ländergruppe verortet sind. Gleichzeitig gibt in Bremen und Hamburg ein hoher Anteil von Lehrkräften an, an der Schule auf organisatorische Probleme beim Einsatz digitaler Medien zu stoßen. Darüber hinaus sind mit Bayern und Schleswig-Holstein hinsichtlich organisatorischer Probleme im Unterricht zwei Länder in der oberen Gruppe zu finden, in der vergleichsweise wenige Lehrpersonen organisatorische Probleme bekunden. Diese beiden Länder weisen auch in Bezug auf die Nutzungshäufigkeit von Computern im Unterricht einen hohen Anteil an Lehrpersonen auf, die Computer mindestens wöchentlich im Unterricht einsetzen. Die Länder, in denen die meisten Lehrpersonen angeben, dass es an ihrer Schule ein Medienkonzept zum Einsatz digitaler Medien im Unterricht gibt, entsprechen genau den Ländern, in denen ein großer Teil der Lehrpersonen angibt, dass genügend Zeit zur Vorbereitung für Unterricht mit digitalen Medien zur Verfügung steht. Es scheint hier, als ob in den Medienkonzepten der zeitliche Rahmen für die Lehrkräfte zur Vorbereitung des mediengestützten Unterrichts berücksichtigt worden sei. Auffällig ist dabei, dass Nordrhein-Westfalen hinsichtlich des Vorhandenseins eines Medienkonzepts in der mittleren Ländergruppe verortet ist, obwohl alle Schulen zur Erstellung eines Medienkonzepts verpflichtet sind (vgl. Kapitel VII in diesem Band). Hier ist fraglich, ob das Medienkonzept innerhalb der Schule verbreitet ist und die Lehrpersonen dieses zur Gestaltung des Unterrichts berücksichtigen.

Die Kooperation zwischen Lehrpersonen wurde empirischen Befunden zufolge immer wieder als ein zentrales Element herausgestellt, das relevant für die Implementation von Innovationen im Unterricht ist und hat sich auch in dieser Studie, wie berichtet, als besonders relevant erwiesen. Die Befunde zur IT-bezogenen Kooperation von Lehrpersonen zeigen in der Zusammenschau, dass ein knappes Drittel der Lehrpersonen systematisch mit anderen Lehrkräften kooperiert, um lehrplanbasierte computergestützte Unterrichtsstunden vorzubereiten. Im Vergleich zu Befunden aus ICILS 2013 für die 8. Jahrgangsstufe zeigt sich eine Zunahme dieser Kooperationsart: Für Deutschland lag dieser Wert bei 11.8 Prozent, dennoch arbeiten weiterhin weniger Lehrpersonen systematisch zusammen als im internationalen ICILS-Durchschnitt (53%). Verbreiteter ist es an Schulen in Deutschland dagegen, Beispielmaterial für computergestützten Unterricht innerhalb des Kollegiums bereitzustellen, was knapp 60 Prozent der Lehrpersonen berichten. Dabei zeigen die Befunde, dass ältere Lehrpersonen signifikant häufiger Beispielmaterial an ihrer Schule vorfinden als jüngere Lehrkräfte. Über eine schulinterne Weiterbildung durch Workshops zu computergestütztem Unterricht können knapp zwei Fünftel der Befragten berichten. Der Bundesländervergleich zeigt, dass Bremen hinsichtlich der drei erfassten Kooperationsarten stets in der oberen Ländergruppe verortet ist und Schleswig-Holstein durchweg in der unteren. Da die Gruppenzusammensetzung hinsichtlich der IT-bezogenen Kooperationsarten bei allen erfassten Kooperationsbereichen variiert, scheint es in den Ländern unterschiedliche Kooperationsstrategien zu geben, die von den Lehrpersonen verfolgt werden, sodass nicht alle erfassten Kooperationsbereiche gleichermaßen stark praktiziert werden.

Weiterhin wurde im Rahmen des *Länderindikators 2015* der Unterstützungsbedarf der Lehrpersonen für die Nutzung digitaler Medien im Unterricht erfasst. Etwas mehr als die Hälfte der Lehrpersonen schätzt die Medieninitiativen in ihrem Bundesland als hilfreich für die Förderung der IT-bezogenen Fähigkeiten der Schülerinnen und Schüler ein, wobei allerdings im Bundesländervergleich ein starker Unterschied deutlich wird. Knapp 60 Prozent der Lehrkräfte wünschen sich mehr Unterstützung beim Einsatz von Computern im Unterricht. Danach befragt, wodurch sie sich mehr Unterstützung wünschen, nennt die Hälfte dieser Lehrkräfte Fortbildungsangebote. Hier wird ein Bedarf deutlich, der nach mehr Fortbildungen und einer vorherigen Erfassung des genauen inhaltlichen sowie pädagogischen Unterstützungsbedarfs verlangt. Dies wird durch den Befund gestützt, dass lediglich ein Drittel der Lehrpersonen über genügend pädagogische Unterstützung bei der Integration von Computern in den Unterricht berichtet. Genügend technischen Support erhält jede zweite Lehrperson. Im Hinblick auf den technischen Support gab in ICILS 2013 gut ein Fünftel der Lehrpersonen in der 8. Jahrgangsstufe in Deutschland an, dass nicht genügend Unterstützung bei der Wartung der IT-Ausstattung vorhanden war. Dieser Rückgang in der Zufriedenheit der Lehrpersonen mit dem ausreichenden technischen Support könnte möglicherweise mit dem Anstieg der Anzahl eingebundener mobiler Endgeräte (schulischer Bestand und schülereigene Geräte) zusammenhängen, sodass dadurch eventuell ein zunehmend intensiverer technischer Support notwendig wird. Die Good-Practice-Beispiele im Länderportrait dieses Bandes (vgl. Kapitel VII in diesem Band) zeigen u.a. Strategien der Schulen auf, diesen erhöhten Supportaufwand zu organisieren.

Schließlich wurde in diesem Kapitel untersucht, welcher Effekt schulischen Rahmenbedingungen, der IT-bezogenen Kooperation im Lehrerkollegium sowie dem technischen und pädagogischen Support hinsichtlich der Nutzungshäufigkeit von Computern im Fachunterricht zukommt. Die Regressionsanalyse zeigt, dass die systematische Zusammenarbeit zur Vorbereitung computergestützten Unterrichts den größten Effekt auf die Häufigkeit der Computernutzung im Unterricht durch Lehrpersonen aufweist. Dies entspricht bisherigen Befunden der empirischen Bildungsforschung zur Relevanz der Kooperation zwischen Lehrpersonen. Außerdem konnten weitere wichtige Prädiktoren einer häufigeren Computernutzung herausgestellt werden, die sich auf die Priorität des Computereinsatzes an der Schule, den ausreichenden pädagogischen Support und das Vorhandensein eines Medienkonzepts an der Schule beziehen. Organisatorische Probleme wirken sich hingegen hemmend aus. Insgesamt wird deutlich, dass die Indikatoren als förderlich für die Nutzungshäufigkeit von Computern im Unterricht herausgestellt werden konnten, die eine Zusammenarbeit und eine gemeinsame Vorbereitung im Lehrerkollegium und in der Schule betreffen. Daraus kann für die Praxis abgeleitet werden, dass die enge Zusammenarbeit der Lehrpersonen zum Computereinsatz im Unterricht seitens der Schulleitung präferiert und Zeit sowie Raum für die intensive Kooperation bereitgestellt werden sollte. Zu bedenken ist, dass eine häufige Nutzung digitaler Medien auch Effekte auf die als Prädiktoren in der Analyse berücksichtigten Indikatoren haben kann, beispielweise kann eine häufige Nutzung von Computern im Unterricht eine häufigere Kooperation zwischen den Lehrpersonen mit sich bringen. Für die Forschung wird an dieser Stelle das Desiderat deutlich, tiefergehend zu erforschen, welche Voraussetzungen und welche Gelingensbedingungen hinsichtlich der IT-bezogenen Kooperation herausgestellt werden können. Zudem sollte die Wirksamkeit dieser Bedingungen im Längsschnitt untersucht werden.

Literatur

Becker, H.J. (2000). How exemplary computer-using teachers differ from other teachers: Implications for realizing the potential of computers in schools. *Contemporary Issues in Technology and Teacher Education, 1*(2), 274–293.

BITKOM [Bundesverband Informationswirtschaft, Telekommunikation und neue Medien e.V.]. (2015). *Digitale Schule – vernetztes Lernen. Ergebnisse repräsentativer Schüler- und Lehrerbefragungen zum Einsatz digitaler Medien im Schulunterricht*. Zugriff am 01. Juni 2015 unter https://www.bitkom.org/Publikationen/2015/Studien/Digitale-Schule-vernetztes-Lernen/BITKOM-Studie_Digitale_Schule_2015.pdf

Breiter, A., Aufenanger, S., Averbeck, I., Welling, S. & Wedjelek, M. (2013). *Medienintegration in Grundschulen. Untersuchung zur Förderung von Medienkompetenz und der unterrichtlichen Mediennutzung in Grundschulen sowie ihrer Rahmenbedingungen in Nordrhein-Westfalen*. Berlin: VISTAS.

Breiter, A., Welling, B. & Stolpmann, B.E. (2010). *Medienkompetenz in der Schule. Integration von Medien in den weiterführenden Schulen in Nordrhein-Westfalen*. Düsseldorf: Landesanstalt für Medien Nordrhein-Westfalen (LfM).

Dexter, S., Seashore, K.R. & Anderson, R.E. (2002). Contributions of professional community to exemplary use of ICT. *Journal of Computer Assisted Learning, 18*(4), 489–497.

Eickelmann, B. (2010). *Digitale Medien in Schule und Unterricht erfolgreich implementieren*. Münster: Waxmann.

Eickelmann, B. (2012). Lernen 2.0. Das Lernpotenzial der Neuen Medien. In *Brockhaus Perspektiv, Wahnsinn Bildung. Brauchen wir eine neue Lernkultur?* (S. 134–155). Gütersloh: F. A. Brockhaus/wissenmedia.

Eickelmann, B. & Lorenz, R. (2014). Wie schätzen Grundschullehrerinnen und -lehrer den Stellenwert digitaler Medien ein? In B. Eickelmann, R. Lorenz, M. Vennemann, J. Gerick & W. Bos (Hrsg.), *Grundschule in der digitalen Gesellschaft. Befunde aus den Schulleistungsstudien IGLU und TIMSS 2011* (S. 49–58). Münster: Waxmann.

Eickelmann, B., Schaumburg, H., Drossel, K. & Lorenz, R. (2014). Schulische Nutzung von neuen Technologien in Deutschland im internationalen Vergleich. In W. Bos, B. Eickelmann, J. Gerick, F. Goldhammer, K. Schwippert, H. Schaumburg, M. Senkbeil, R. Schulz-Zander & H. Wendt (Hrsg.), *ICILS 2013. Computer- und informationsbezogene Kompetenzen von Schülerinnen und Schülern der 8. Jahrgangsstufe im internationalen Vergleich* (S. 197–230). Münster: Waxmann.

Eickelmann, B. & Schulz-Zander, R. (2008). Schuleffektivität, Schulentwicklung und digitale Medien. In W. Bos, H.G. Holtappels, H. Pfeiffer, H.-G. Rolff & R. Schulz-Zander (Hrsg.), *Jahrbuch der Schulentwicklung* (Bd. 15, S. 157–193). Weinheim: Juventa.

European Union. (2013). *Survey of Schools: ICT in Education. Benchmarking Access, Use and Attitudes to Technology in Europe's Schools. Final Report.* Luxemburg: Publications Office of the European Union.

forsa [forsa Politik- und Sozialforschung GmbH]. (2014). *IT an Schulen. Ergebnisse einer Repräsentativbefragung von Lehrkräften in Deutschland.* Zugriff am 10. Juni 2015 unter http://www.vbe.de/fileadmin/vbe-pressedienste/Studien/IT_an_Schulen_-_Bericht_gesamt.pdf

Fraillon, J., Ainley, J., Schulz, W., Friedman, T. & Gebhardt, E. (2014). *Preparing for Life in a Digital Age. The IEA International Computer and Information Literacy Study International Report.* Springer Open.

Gerick, J., Eickelmann, B. & Vennemann, M. (2014). Zum Wirkungsbereich digitaler Medien in Schule und Unterricht. In H.G. Holtappels, M. Pfeiffer, A.S. Willems, W. Bos & N. McElvany (Hrsg.), *Jahrbuch der Schulentwicklung* (Bd. 18, S. 209–242). Weinheim und Basel: Juventa.

Gerick, J., Schaumburg, H., Kahnert, J. & Eickelmann, B. (2014). Lehr- und Lernbedingungen des Erwerbs computer- und informationsbezogener Kompetenzen in den ICILS-2013-Teilnehmerländern. In W. Bos, B. Eickelmann, J. Gerick, F. Goldhammer, H. Schaumburg, K. Schwippert, H. Schaumburg, M. Senkbeil, R. Schulz-Zander & H. Wendt (Hrsg.), *ICILS 2013. Computer- und informationsbezogene Kompetenzen von Schülerinnen und Schülern in der 8. Jahrgangsstufe im internationalen Vergleich* (S. 147–196). Münster: Waxmann.

Herzig, B. & Grafe, S. (2007). *Digitale Medien in der Schule. Standortbestimmung und Handlungsempfehlungen für die Zukunft. Studie zur Nutzung digitaler Medien in allgemein bildenden Schulen in Deutschland.* Bonn: Deutsche Telekom AG. Zugriff am 16. Mai 2015 unter: http://www2.uni-paderborn.de/fileadmin/kw/institute-einrichtungen/erziehungswissenschaft/arbeitsbereiche/herzig/downloads/forschung/Studie_Digitale_Medien.pdf

IfD Allensbach [Institut für Demoskopie Allensbach]. (2013). *Digitale Medien und Unterricht – Möglichkeiten und Grenzen.* Zugriff am 10. Juni 2015 unter http://www.telekom-stiftung.de/dts-cms/sites/default/files//dts-library/body-files/rechte-spalte/05_Impulse/ZEIT-Konferenzen/allensbach-studie_web-pdf.pdf

Kahnert, J. & Endberg, M. (2014). Fachliche Nutzung digitaler Medien im Mathematikunterricht der Grundschule. In B. Eickelmann, R. Lorenz, M. Vennemann, J. Gerick & W. Bos (Hrsg.), *Grundschule in der digitalen Gesellschaft. Befunde aus den Schulleistungsstudien IGLU und TIMSS 2011* (S. 85–96). Münster: Waxmann.

KMK [Sekretariat der Ständigen Konferenz der Kultusminister der Länder in der Bundesrepublik Deutschland]. (2012). *Medienbildung in der Schule.* Beschluss der Kultusministerkonferenz vom 8. März 2012. Zugriff am 20. April 2015 unter http://www.kmk.org/fileadmin/veroeffentlichungen_beschluesse/2012/2012_03_08_Medienbildung.pdf

Kubicek, H. & Breiter, A. (1998). Schule am Netz – und dann? Informationsmanagement als kritischer Erfolgsfaktor für den Multimediaeinsatz in Schulen. In H. Kubicek, H.J. Braczyk, D. Klumpp, G. Müller, W. Neu & E. Raubold (Hrsg.), Lernort Multimedia. Jahrbuch Telekommunikation und Gesellschaft 1998 (S. 120–129). Heidelberg: R.V. Decker.

Law, N. & Chow, A. (2008). Teacher characteristics, contextual factors, and how these affect the pedagogical use of ICT. In N. Law, W.J. Pelgrum & T. Plomp (Hrsg.), *Pedagogy and ICT use in schools around the world. Findings from the IEA-SITES 2006* (S. 182–221). Hongkong: CERC-Springer.

Lorenz, R. & Gerick, J. (2014). Neue Technologien und die Leseleistung von Grundschulkindern – Zur Bedeutung der schulischen und außerschulischen Nutzung digitaler

Medien. In B. Eickelmann, R. Lorenz, M. Vennemann, J. Gerick & W. Bos (Hrsg.), *Grundschule in der digitalen Gesellschaft. Befunde aus den Schulleistungsstudien IGLU und TIMSS 2011* (S. 59–72). Münster: Waxmann.

MPFS [Medienpädagogischer Forschungsverbund Südwest] (2014). *JIM-Studie 2014. Jugend, Information, (Multi-)Media.* Stuttgart: MPFS.

OECD [Organisation for Economic Co-operation and Development]. (2011). *PISA 2009 results: Students on line: Digital technologies and performance.* Paris: OECD Publishing.

OECD [Organisation for Economic Co-operation and Development]. (2013). *PISA 2012. What makes schools successful? Resources, policies and practices.* Paris: OECD Publishing.

OECD [Organisation for Economic Co-operation and Development]. (2015). Students, Computers and Learning. Making the Connection. Paris: OECD Publishing.

Pelgrum, W.J. (2001). Obstacles to the integration of ICT in education: results from a worldwide educational assessment. *Computers & Education, 37,* 163–178.

Pelgrum, W.J. & Doornekamp, B.G. (2009). *Indicators on ICT in Primary and Secondary Education.* European Commission: EACEA.

Prasse, D. (2012). *Bedingungen innovativen Handelns in Schulen. Funktion und Interaktion von Innovationsbereitschaft, Innovationsklima und Akteursnetzwerken am Beispiel der IKT-Integration an Schulen.* Münster: Waxmann.

Schaumburg, H., Prasse, D., Tschackert, K. & Blömeke, S. (2007). *Lernen in Notebook-Klassen. Endbericht zur Evaluation des Projekts „1000mal1000: Notebooks im Schulranzen". Analysen und Ergebnisse.* Bonn: Schulen ans Netz e.V.

Senkbeil, M. & Drechsel, B. (2004). Vertrautheit mit dem Computer. In M. Prenzel, J. Baumert, W. Blum, R. Lehmann, D. Leutner, M. Neubrand, R. Pekrun, H.-G. Rolff, J. Rost & U. Schiefele (Hrsg.), *PISA 2003. Der Bildungsstand der Jugendlichen in Deutschland. Ergebnisse des zweiten internationalen Vergleichs* (S. 177–190). Münster: Waxmann.

Senkbeil, M. & Wittwer, J. (2007). Die Computervertrautheit von Jugendlichen und Wirkungen der Computernutzung auf den fachlichen Kompetenzerwerb. In M. Prenzel, C. Artelt, J. Baumert, W. Blum, M. Hamman, E. Klieme & R. Pekrun (Hrsg.), *PISA 2006. Die Ergebnisse der dritten internationalen Vergleichsstudie* (S. 277–307). Münster: Waxmann.

Senkbeil, M. & Wittwer, J. (2008). Antezedenzien und Konsequenzen informellen Lernens am Beispiel der Mediennutzung von Jugendlichen [Sonderheft]. *Zeitschrift für Erziehungswissenschaft, 10,* 109–128.

Schulz-Zander, R., Eickelmann, B. & Goy, M. (2010). Mediennutzung, Medieneinsatz und Lesekompetenz. In W. Bos, S. Hornberg, K.-H. Arnold, G. Faust, L. Fried & E.-M. Lankes (Hrsg.), *IGLU 2006. Die Grundschule auf dem Prüfstand. Vertiefende Analysen zu Rahmenbedingungen schulischen Lernens* (S. 91–119). Münster: Waxmann.

Welling, S., Breiter, A. & Stolpmann, B.E. (2011). Medienintegration in der Schule. Nutzung und Rahmenbedingungen am Beispiel Nordrhein-Westfalens. In *Forum Kriminalprävention, 2,* 26–33.

Wetterich, F., Burghart, M. & Rave, N. (2014). *Medienbildung an deutschen Schulen. Handlungsempfehlungen für die digitale Gesellschaft.* Zugriff am 16. Mai 2015 unter http://www.initiatived21.de/wp-content/uploads/2014/11/141106_Medienbildung_Online fassung_komprimiert.pdf

Kapitel V
Einstellungen von Lehrpersonen der Sekundarstufe I zum Einsatz digitaler Medien im Unterricht

Manuela Endberg, Ramona Lorenz und Martin Senkbeil

Die Einstellungen von Lehrpersonen in Bezug auf den Einsatz digitaler Medien im Unterricht spielen neben den eigenen Kompetenzeinschätzungen und der schulischen Ausstattungssituation eine entscheidende Rolle dafür, ob, wie regelmäßig und in welcher Art und Weise Lehrkräfte digitale Medien in ihrem Unterricht einsetzen (u.a. Petko, 2012; Petko & Graber, 2010; Prasse, 2012). Forschungsbefunde belegen zudem, dass sich unterschiedliche Überzeugungs- sowie didaktische Handlungsmuster bei Lehrpersonen nachweisen lassen, die Unterricht mit Hilfe des Einsatzes digitaler Medien durchführen (u.a. Brüggemann, 2013, Schmotz, 2009). Im Modell zum Zusammenhang von Schulentwicklung und Schuleffektivität in Bezug auf digitale Medien in Anlehnung an Eickelmann und Schulz-Zander (2008; vgl. Kapitel I in diesem Band) verorten sich Einstellungen ebenso wie die Kompetenzen schulischer Akteure auf der Input-Ebene, die über verschiedene Aspekte auf der Prozessebene auf den schulischen Output im Sinne von bereichsspezifischen und überfachlichen Kompetenzen der Schülerinnen und Schüler wirken.

Aktuell liegt eine Reihe von nationalen und internationalen Untersuchungen vor, die (zum Teil auf der Grundlage repräsentativer Stichproben) unter anderem die Einstellungen von Lehrkräften zum Einsatz digitaler Medien im Unterricht erfasst haben. Allerdings fehlen bisher entsprechende Auswertungen, die Vergleiche zwischen den einzelnen Bundesländern in Deutschland zulassen. Hier knüpft der *Länderindikator 2015* an, mit dem erstmalig anhand einer repräsentativen Lehrerstichprobe, die aufgrund ihrer Zusammensetzung bundeslandspezifische Auswertungen ermöglicht (vgl. Kapitel II in diesem Band), Analysen zu verschiedenen Einstellungsindikatoren im Bundesländervergleich durchgeführt werden können. Darüber hinaus werden in diesem Kapitel Analysen vorgelegt, die es zum einen erlauben, die im Rahmen des *Länderindikators 2015* befragten Lehrpersonen entsprechend ihrer medienbezogenen Einstellungen in Typen zu klassifizieren und zum anderen den Zusammenhang zwischen verschiedenen Einstellungsindikatoren und der unterrichtlichen Nutzungshäufigkeit digitaler Medien durch Lehrpersonen zu untersuchen.

1. Theoretische Rahmung und Befunde zu Einstellungen von Lehrpersonen der Sekundarstufe I zum Einsatz digitaler Medien im Unterricht

Der Einsatz digitaler Medien im Unterricht durch Lehrkräfte erfolgt umso regelmäßiger, je stärker die schulischen Rahmenbedingungen unterstützend auf die Mediennutzung ausgerichtet sind und je intensiver Lehrpersonen in dieser Hinsicht mit Kolleginnen und Kollegen kooperieren. Auch die den Lehrkräften zur Verfügung stehende pädagogische Unterstützung zur Integration digitaler Medien in den Unterricht stellt einen entscheidenden Faktor dafür dar, auf digitale Medien zur Unterrichtsgestaltung zurückzugreifen (vgl. Kapitel IV in diesem Band). Forschungsbefunde stellten jedoch auch die IT-bezogenen Einstellungen von Lehrkräften als wichtige Voraussetzung zur nachhaltigen Integration digitaler Medien in Lehr- und Lernprozesse heraus (u.a. Drent & Meelissen, 2008; Petko, 2012; Petko & Graber, 2010; Prasse, 2012; Schweiger & Horn, 2014). Der Fokus in diesem Kapitel wird dementsprechend auf die Einstellungen von Lehrkräften der Sekundarstufe I zum Einsatz digitaler Medien im Unterricht gelegt. Dazu werden die im Rahmen des *Länderindikators 2015* berücksichtigten Einstellungsindikatoren zunächst in einem theoretischen Rahmenmodell verortet. Anschließend werden aktuelle nationale und internationale Befunde zu IT-bezogenen Einstellungen von Lehrkräften präsentiert, bevor im Abschnitt 2 die Ergebnisse des *Länderindikators 2015* berichtet werden.

1.1 Theoretische Einordnung der IT-bezogenen Einstellungen von Lehrpersonen

Zur theoretischen Rahmung der Einstellungen von Lehrpersonen gegenüber dem Einsatz digitaler Medien im Unterricht können verschiedene Modelle herangezogen werden. Für die in diesem Kapitel dargestellten Analysen der Daten des *Länderindikators 2015* wird auf das Technology Acceptance Model 3 (TAM3) nach Venkatesh und Bala (2008) zurückgegriffen. Eine übersetzte, übersichtliche und vereinfachte Darstellung des TAM3, wie in Abbildung 1 abgebildet, findet sich bei Prasse (2012):

Abbildung 1: Vereinfachte Darstellung des Technology Acceptance Model 3 (TAM3) nach Prasse (2012, S. 38)

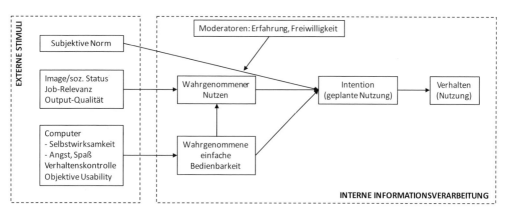

Das TAM3 ist darauf ausgelegt technologiebezogene Verhaltensintentionen bzw. technologiebezogenes Verhalten durch motivationale Orientierungen und Einstellungen vorherzusagen. Dabei werden die Wirkungen verschiedener externer Stimuli sowie Aspekte der internen Informationsverarbeitung auf das technologiebezogene Verhalten, d.h. die Nutzung von Technologien, unterstellt. Die externen Stimuli wirken den Modellannahmen nach entweder direkt oder indirekt mediiert über Aspekte der internen Informationsverarbeitung auf die Verhaltensintention. Die mediierenden Aspekte sind die wahrgenommene einfache Bedienbarkeit der Technologien sowie der wahrgenommene Nutzen.

Mit den im Rahmen der repräsentativen Lehrerbefragung des *Länderindikators 2015* erfassten Einstellungen der Lehrpersonen zum Einsatz digitaler Medien im Unterricht können Kernaspekte des dargestellten Modells abgedeckt werden. Diese sind der wahrgenommene Nutzen, die Job-Relevanz sowie die Computerselbstwirksamkeit. Der wahrgenommene Nutzen ist definiert als das Ausmaß, in dem sich die Arbeitsleistung durch den Einsatz von digitalen Medien verbessert. Unter Job-Relevanz sind die Einschätzungen einer Person zu verstehen, inwieweit genutzte digitale Medien als geeignet für die Ausübung des eigenen Berufs angesehen werden. Die Computerselbstwirksamkeit meint die Überzeugung von Personen, die Fähigkeit zu besitzen, eine bestimmte Tätigkeit oder Aufgabe unter Verwendung eines Computers durchführen zu können. Die einzelnen berücksichtigten Aspekte des theoretischen Modells werden für die folgenden Ausführungen aufgegriffen und speziell für die Auswertungen im Rahmen des *Länderindikators 2015* adaptiert. Dafür werden die vergleichsweise allgemeingehaltenen Begrifflichkeiten des TAM3 für den hier vorliegenden Gegenstandsbereich der Technikakzeptanz von Lehrkräften in Bezug auf den unterrichtlichen Einsatz digitaler Medien spezifiziert, wie Tabelle 1 zu entnehmen ist.

Dabei können die für den *Länderindikator 2015* erfragten wahrgenommenen Potenziale und Risiken des Medieneinsatzes im Unterricht aus Sicht der Lehrpersonen im Modell des TAM3 gemeinsam unter dem Aspekt des wahrgenommenen Nutzens verortet werden. Des Weiteren wird auf den Stellenwert digitaler Medien im

Tabelle 1: Indikatoren der im *Länderindikator 2015* erfassten Einstellungen von Lehrkräften der Sekundarstufe I zum Einsatz digitaler Medien im Unterricht in Anlehnung an Aspekte des TAM3

Bezeichnung im TAM3 (Definition)	Bezeichnung im *Länderindikator 2015*	Definition im *Länderindikator 2015*	Anzahl Indikatoren im *Länderindikator 2015* (Beispielindikator)
Wahrgenommener Nutzen (Ausmaß, in dem sich die Arbeitsleistung durch den Einsatz von digitalen Medien verbessert)	**Potenziale** des Einsatzes digitaler Medien im Unterricht	Wahrnehmungen der positiven Effekte computergestützten Unterrichts aus Sicht der Lehrpersonen	5 Indikatoren („Der Einsatz von Computern ermöglicht den Schülerinnen und Schülern den Zugang zu besseren Informationsquellen.")
	Risiken des Einsatzes digitaler Medien im Unterricht	Wahrnehmungen der negativen Effekte computergestützten Unterrichts aus Sicht der Lehrpersonen	4 Indikatoren („Der Einsatz von Computern in der Schule animiert nur zum Kopieren von Material aus publizierten Internetquellen.")
Computerselbstwirksamkeit (Überzeugung von Personen, die Fähigkeit zu besitzen eine bestimmte Tätigkeit oder Aufgabe unter Verwendung eines Computers durchführen zu können)	**Eigene Kompetenzeinschätzung** von Lehrkräften zum didaktischen Einsatz digitaler Medien	Selbsteingeschätzte Fähigkeit von Lehrkräften, digitale Medien didaktisch sinnvoll in den Unterricht integrieren zu können	1 Indikator („Ich bin überzeugt, dass ich aufgrund meiner eigenen Kompetenzen Unterricht planen kann, der die Nutzung von Computern beinhaltet.")
Job-Relevanz (Einschätzungen einer Person, inwieweit genutzte digitale Medien als geeignet für die Ausübung des eigenen Berufs angesehen werden)	**Stellenwert digitaler Medien im Fachunterricht** aus Sicht der Lehrkräfte	Beurteilung der Bedeutung des Einsatzes digitaler Medien in einzelnen Unterrichtsfächern sowie der curricularen Verankerung digitaler Medien in den Fachlehrplänen	2 Indikatoren („Der Einsatz von Computern im Unterricht sollte stärker in den fachspezifischen Lehrplänen verankert werden.")
Verhalten (Nutzung) (Nutzung digitaler Medien)	**Nutzungshäufigkeit digitaler Medien**[a]	Regelmäßige (mindestens wöchentliche) Nutzungshäufigkeit digitaler Medien im Unterricht der Referenzklasse[b]	1 Indikator („Wie oft benutzen Sie in der Schule Computer zum Einsatz im Unterricht in der Referenzklasse im Referenzfach?")

[a] Für detaillierte Ausführungen zur Nutzung digitaler Medien durch Lehrkräfte im Unterricht in der Sekundarstufe I vgl. Kapitel IV in diesem Band.
[b] Mit der zufälligen Festlegung der Referenzklasse können die Jahrgangsstufe und das Fach bestimmt werden, auf die sich die Angaben der Lehrpersonen beziehen (vgl. dazu Kapitel II in diesem Band).

Fachunterricht aus Sicht der Lehrkräfte eingegangen. Dabei wird sowohl der Bereich des Einsatzes digitaler Medien in einzelnen Unterrichtsfächern, aber auch die curriculare Verankerung digitaler Medien in Fachlehrplänen berücksichtigt, was im TAM3 dem Aspekt der Job-Relevanz entspricht. Darüber hinaus wird der Blick auf die eigene Kompetenzeinschätzung von Lehrkräften hinsichtlich ihrer Fähigkeiten, Unterricht unter dem Einsatz digitaler Medien durchführen zu können, gerichtet. In fokussierter Form wird damit die Selbstwirksamkeit der Lehrpersonen in Bezug auf die Unterrichtsdurchführung unter Einsatz digitaler Medien erfasst und somit ein weiterer Teil des TAM3-Modells abgedeckt. Zusätzlich ist in der Tabelle die Nutzung digitaler Medien als Zielvariable des TAM3 aufgeführt.

Im Folgenden werden zunächst aktuelle Forschungsbefunde zu Einstellungen von Lehrkräften gegenüber dem Einsatz digitaler Medien im Unterricht berichtet. Dazu wird jeweils für die in Tabelle 1 aufgeführten Aspekte ein Einblick in den aktuellen Forschungsstand gegeben. Hinsichtlich der Nutzungshäufigkeit digitaler Medien im Unterricht sei auf Kapitel IV in diesem Band verwiesen.

1.2 Aktuelle Befunde zu Einstellungen von Lehrpersonen gegenüber dem Einsatz digitaler Medien im Unterricht

Die Einstellungen von Lehrpersonen gegenüber dem Einsatz digitaler Medien im Unterricht sind mit entscheidend dafür, in welchem Umfang und in welcher Qualität der Einsatz erfolgt (u.a. Petko, 2012; Petko & Graber, 2010; Prasse, 2012; Schweiger & Horn, 2014). In seiner Befragung von Lehrkräften in den Sekundarstufen I und II in der Schweiz konnte Petko (2012) zeigen, dass Lehrkräfte, die von der kompetenzförderlichen Wirkung des unterrichtlichen Computereinsatzes überzeugt waren, häufiger diese Medien für ihre Unterrichtsgestaltung verwendeten.

Im Folgenden werden aktuelle Befunde zu verschiedenen Aspekten der Einstellungen von Lehrpersonen gegenüber dem Einsatz digitaler Medien im Unterricht berichtet, die sich den im *Länderindikator 2015* berücksichtigten Indikatoren zuordnen lassen. Dementsprechend werden zunächst Befunde zu den aus Sicht der Lehrkräfte wahrgenommenen Potenzialen digitaler Medien für die Unterrichtsgestaltung z.B. hinsichtlich der Förderung der Medienkompetenz von Schülerinnen und Schülern oder der Verfügbarkeit von Unterrichtsmaterialen berichtet. Anschließend werden Befunde zu wahrgenommenen Risiken des unterrichtlichen Medieneinsatzes zusammengetragen, bevor auf den Stellenwert digitaler Medien im Fachunterricht sowie auf die eigene Kompetenzeinschätzung der Lehrpersonen zum Einsatz von Computern im Unterricht eingegangen wird.

1.2.1 Potenziale digitaler Medien aus Lehrkraftperspektive

Dem Einsatz digitaler Medien im Unterricht wird eine Reihe positiver Erwartungen in Bezug auf die Verbesserung von Lernprozessen und Lernergebnissen zugesprochen (Herzig & Grafe, 2007). Dazu zählt unter anderem die Entwicklung einer veränderten Lernkultur, in der selbstgesteuertes Lernen, zum Teil in Lerngruppen, ermöglicht wird. Auch die Unterrichtskultur kann sich durch den Einsatz digitaler Medien wandeln, indem eine Veränderung zugunsten schülerorientierter offener Lernformen angestrebt wird (ebd.). Im Hinblick auf die Nutzung der digitalen Medien im Unterricht wird eine Erweiterung von Lernprozessen eröffnet, indem mediale Funktionen genutzt werden, „die über das Präsentieren hinausgehen" (Herzig & Grafe, 2010, S. 184). Gemeint sind dabei solche Funktionen, die das Selektieren, Speichern und Produzieren von Informationen und Informationsprodukten betreffen und Kommunikationsprozesse anregen (ebd.).

Die Erwartungen hinsichtlich besserer Lernergebnisse beziehen sich auf einen höheren Wissenserwerb, ein vertieftes Verständnis von Inhalten, ein stärker anwendungsbezogenes Wissen und eine geringere Lernzeit (Herzig & Grafe, 2007). Die Erwartungen, die Lehrkräfte an einen Unterricht mit digitalen Medien knüpfen, konnten im Rahmen des Projekts „Schulen ans Netz" erfragt werden (Schulz-Zander, Hunneshagen, Weinreich, Brockmann & Dalmer, 2000). Demnach erwarteten Lehrpersonen insbesondere die Förderung von Motivation und Lernfreude, die Befähigung der Schülerinnen und Schüler zum selbstständigen und projektorientierten Arbeiten, eine Erweiterung der methodischen Kompetenzen der Schülerinnen und Schüler z.B. im Hinblick auf Informationsgewinnung und -analyse sowie die Förderung der Medienkompetenz (ebd.). Schaumburg, Prasse, Tschackert und Blömeke (2007) konnten anhand einer Studie mit Notebookklassen diese positiven Erwartungen durch Einschätzungen von Lehrkräften ebenfalls aufzeigen. Insbesondere die Erwartungen bezüglich positiver Auswirkungen für den Unterricht wurden von den Lehrkräften angeführt: Als Vorteile des Unterrichts mit digitalen Medien wurden von den teilnehmenden Lehrkräften an der Notebook-Studie eine verbesserte Unterrichtsqualität sowie die bessere Möglichkeit der Umsetzung der eigenen Zielvorstellungen genannt (ebd.).

In internationalen Untersuchungen, die darauf abzielten, verschiedene Einflussfaktoren auf die Mediennutzung von Lehrkräften im Unterricht zu identifizieren, wurden nicht selten auch Einstellungsvariablen insbesondere im Hinblick auf den wahrgenommenen Nutzen und damit in Anbindung an das Technology Acceptance Model (TAM; Davis, 1989; Venkatesh & Davis, 2000) in den Blick genommen (u.a. Chen, 2010; Teo, 2011, 2015; Teo & Noyes, 2011; van Braak, Tondeur & Valcke, 2004).

In aktuelleren repräsentativen Befragungen von Lehrpersonen in Deutschland konnten die genannten Erwartungen durch die Unterrichtserfahrungen von Lehrkräften bestätigt werden (BITKOM, 2015; forsa, 2014; Gerick, Schaumburg, Kahnert & Eickelmann, 2014; IfD Allensbach, 2013). Insgesamt gaben knapp zwei Drittel der Lehrkräfte an allgemeinbildenden Schulen in Deutschland an, dass aus ihrer Sicht die Vorteile digitaler Medien im Unterricht gegenüber den Nachteilen überwiegten (IfD Allensbach,

2013). Aus der BITKOM-Befragung (2015) wurde ersichtlich, dass etwa drei Viertel der Lehrpersonen einen großen Nutzen im Einsatz digitaler Medien in der Schule sehen. Diese Sicht zeigte sich auch im internationalen Rahmen der Studie ICILS 2013 (Fraillon, Ainley, Schulz, Friedman & Gebhardt, 2014).

Als ein konkretes Potenzial des Einsatzes digitaler Medien im Unterricht wurde die erhöhte Motivation der Schülerinnen und Schüler genannt (BITKOM, 2015; IfD Allensbach, 2013). Im Rahmen von ICILS 2013 gaben knapp zwei Drittel der Lehrpersonen in Deutschland an, Potenziale des Einsatzes digitaler Medien im Unterricht dahingehend wahrzunehmen, dass Informationen wirksamer vertieft und verarbeitet werden können und sich bei den Schülerinnen und Schülern ein größeres Lerninteresse zeigte (Gerick et al., 2014). Im internationalen Durchschnitt lag dieser Wert allerdings bei knapp 80 Prozent (Fraillon et al., 2014).

Weitere Potenziale digitaler Medien im Unterricht bestanden für Lehrkräfte im schnelleren Zugriff auf Informationen und der breiten Verfügbarkeit von Materialen für den Unterricht im Internet (BITKOM, 2015; forsa, 2014; Gerick et al., 2014; IfD Allensbach, 2013). Das Potenzial, dass sich durch den Medieneinsatz die schulischen Leistungen der Schülerinnen und Schüler verbessern, sahen im internationalen Mittelwert der Studie ICILS 2013 rund 68 Prozent der befragten Lehrkräfte, in Deutschland lag der Anteil an Lehrkräften, die diese Einschätzung teilen, mit ca. 39 Prozent deutlich darunter (Fraillon et al., 2014). Insgesamt zeigt der internationale Vergleich im Rahmen von ICILS 2013, dass in allen anderen ICILS-Teilnehmerländern die Potenziale digitaler Medien im Unterricht durch Lehrkräfte höher eingeschätzt wurden als in Deutschland.

In einigen Untersuchungen zum Zusammenhang zwischen bestimmten Einstellungskomponenten und dem Einsatz digitaler Medien im Unterricht wurden technologiebezogene Überzeugungsmuster von Lehrpersonen als Faktoren angeführt, für die sich Effekte auf das Nutzungsverhalten nachweisen ließen (Ertmer, 2005; Müller, Blömeke & Eichler, 2006; Petko, 2012; Sang, Valcke, van Braak & Tondeur, 2010; Schmotz, 2009; Tondeur, Hermans, van Braak & Valcke, 2008). Untersuchungen zum Zusammenhang zwischen Einstellungen und Überzeugungen von Lehrkräften und dem Einsatz von digitalen Medien im Unterricht belegten, dass Lehrkräfte mit eher konstruktivistisch geprägten Überzeugungen häufiger digitale Medien im Unterricht einsetzten (Petko, 2012; Sang, Valcke, van Braak & Tondeur, 2010; Tondeur, Hermans, van Braak & Valcke, 2008), wohingegen Lehrkräfte mit stärker traditionellen pädagogischen Überzeugungen seltener dazu neigten, Computer für die Unterrichtsgestaltung zu verwenden (Ertmer, 2005).

Anhand der Untersuchung von Petko (2012) konnte gezeigt werden, dass Lehrkräfte häufiger Computer und Internet im Unterricht einsetzten, wenn sie sich die unterrichtliche Nutzung digitaler Medien zutrauten, eine ausreichende Ausstattung mit Computern bzw. mobilen Geräten zur Verfügung hatten, den Status als Klassenlehrerin/ Klassenlehrer genossen, sie dem Medieneinsatz eine leistungsfördernde Wirkung zusprachen und sie tendenziell stärker konstruktivistische pädagogische Überzeugungen vertraten.

In einer Untersuchung zu Überzeugungen in Bezug auf die Nutzung digitaler Medien durch Lehrpersonen konnte Schmotz (2009) drei Überzeugungsmuster unterscheiden. Die erste Gruppe umfasste Lehrpersonen, die digitale Medien in einen traditionellen, vorwiegend über die Lehrperson gesteuerten Unterricht integrierten (z.B. zu Präsentationszwecken). Die zweite Gruppe setzte die digitalen Medien in schülerorientierten Unterrichtssituationen ein, bei denen die Lehrpersonen in beratender und moderierender Rolle in den Hintergrund traten und den Schülerinnen und Schülern damit problemorientierten Umgang mit den digitalen Medien ermöglichten. Die Überzeugungsmuster der Lehrpersonen der dritten Gruppe ähnelten denen der zweiten Gruppe dahingehend, dass sie digitale Medien ebenfalls im schülerorientierten Unterricht einsetzten. Dabei wurde den Schülerinnen und Schülern jedoch ein über weite Strecken eigenverantwortlicher und selbstbestimmter Umgang mit den Medien eröffnet (ebd.). Ebenfalls eine Unterscheidung in drei verschiedene Überzeugungsmuster, die denen von Schmotz (2009) herausgestellten ähneln, nahmen Müller, Blömeke und Eichler (2006) vor. Schaumburg (2003) identifizierte fünf Typen von Lehrpersonen mit unterschiedlichen Herangehensweisen hinsichtlich der Integration mobiler Computer in den Unterricht, von denen vier eher lehrerzentriert und nur ein Typ eher schülerzentriert agierten.

1.2.2 Risiken digitaler Medien aus Lehrkraftperspektive

Neben den differenzierten, aus Sicht der Lehrkräfte erwarteten oder durch Erfahrungen bestätigten Potenzialen, die digitale Medien für die Unterrichtsgestaltung haben können, gibt es auch Forschungsbefunde, die wahrgenommene Risiken des Unterrichtseinsatzes digitaler Medien aufzeigten. Diese können sich ebenfalls in bestimmten Überzeugungsmustern der Lehrpersonen widerspiegeln und stellen den Gegenpart zu den erwarteten positiven Auswirkungen (den Potenzialen) des Einsatzes digitaler Medien im Unterricht dar. So konnte beispielsweise Gysbers (2008) in seiner Befragung von über 1 000 Lehrkräften an allgemeinbildenden Schulen in Niedersachsen feststellen, dass ein nennenswerter Teil der befragten Lehrkräfte „bewahrpädagogische Auffassungen" (ebd., S. 191) der Art vertrat, dass die Schülerinnen und Schüler vor Medieneinflüssen geschützt werden müssen. Breiter, Welling und Stolpmann (2010) kamen in ihrer Untersuchung zur Integration von Medien in den weiterführenden Schulen in Nordrhein-Westfalen zu dem Ergebnis, dass Lehrkräfte Medieneinflüssen zum Teil recht kritisch gegenüberstanden. Sie bezogen sich dabei vor allem auf die zunehmende Praxis der mediengestützten Kommunikation. Befürchtungen wurden dahingehend geäußert, dass durch einen Rückgang der direkten Kommunikationsformen, gerade auch im medienbasierten Unterricht, der Kontakt und der pädagogische Zugang zu den Schülerinnen und Schülern erschwert werden oder sogar verloren gehen könnte (ebd.; Brüggemann, 2013). In der Untersuchung von Brüggemann (2013) konnte außerdem herausgestellt werden, dass das Ablenkungspotenzial der im Unterricht von den Schülerinnen und Schülern verwendeten Computer von Lehrkräften als zentraler Störfaktor wahrgenommen wurde. Die von Seiten der Lehrkräfte erforderlichen zusätzlichen Kontrollmechanismen für den computergestützten Unterricht (z.B. durch die Reihen gehen und kontrollieren, ob die Schülerinnen und Schüler die gestellten Aufgaben tatsächlich bearbeiten) bewirkten einen Mehraufwand und folglich einen Zeitverlust im Unterrichtsablauf. Nach Angaben der Lehrkräfte in der bundesweit repräsentativen Umfrage des IfD Allensbach (2013) gelang es nur schwer, im Unterricht die Kontrolle darüber zu behalten, ob die Schülerinnen und Schüler die gestellten Aufgaben bearbeiteten.

Insbesondere in den höheren Klassen (9/10) der Sekundarstufe I verbrachten Lehrkräfte nach eigenen Angaben viel Zeit mit der Suche nach Internetquellen um Plagiate von Schülerinnen und Schülern nachzuweisen. Negative Erfahrungen der Lehrkräfte hinsichtlich nachgewiesener Plagiate (z.B. in Referaten oder schriftlichen Ausarbeitungen) konnten den Aussagen der Lehrkräfte nach zu einem generellen Misstrauen gegenüber Schülerarbeiten führen, was sich letztlich auf das gesamte Lehr- und Lernklima auswirken kann (Brüggemann, 2013; IfD Allensbach, 2013). Demnach sahen insbesondere Lehrkräfte an weiterführenden Schulen ein Problem mit von Schülerinnen und Schülern aus dem Internet kopierten Materialien für Referate oder Hausarbeiten (Gerick et al., 2014; IfD Allensbach, 2013). Im Rahmen von ICILS 2013 bekundeten etwa drei Viertel der Lehrkräfte in Deutschland (75.8%) Bedenken, dass Schülerinnen und Schüler unreflektiert Inhalte aus dem Internet kopieren (Gerick et al., 2014). Dieser Wert war in keinem anderen ICILS-Teilnehmerland vergleichbar hoch ausgeprägt. Ein Drittel der Lehrkräfte in Deutschland befürchtete darüber hinaus organisatorische Probleme, die im Zuge des Einsatzes digitaler Medien im Unterricht auftreten können (ebd.). Knapp 30 Prozent der Lehrkräfte sahen die Ablenkung vom Lernen als weiteres mögliches Risiko des Einsatzes digitaler Medien im Unterricht (ebd.). Ein ähnliches Ergebnis fand sich im Rahmen der Lehrerbefragung durch das IfD Allensbach (2013).

Weitere Nachteile des Einsatzes digitaler Medien im Unterricht sahen Lehrkräfte – neben der Abhängigkeit von der Technik – in eigenen fehlenden Medien- bzw. Technikkenntnissen und einer möglichen Überforderung der Schülerinnen und Schüler durch die Flut an verfügbaren Informationen (ebd.). Eine große Herausforderung des Einsatzes digitaler Medien im Unterricht stellte aus Sicht der Lehrpersonen das Risiko dar, dass Schülerinnen und Schüler die Einsicht verlieren könnten, sich Wissen selbst aneignen zu müssen, da die meisten Informationen mittlerweile leicht zugreifbar im Internet verfügbar sind (ebd.).

1.2.3 Stellenwert digitaler Medien im Fachunterricht

Der Einsatz digitaler Medien im Fachunterricht birgt das Potenzial, das fachliche Lernen zu unterstützen und die Unterrichtsqualität zu verbessern (Eickelmann, 2010; KMK, 2012). Aktuelle Forschungsbefunde konnten zeigen, dass sich die überwiegende Mehrheit der Lehrkräfte in Deutschland eine sehr viel deutlichere Hervorhebung digitaler Themen in den Lehrplänen wünscht (BITKOM, 2015). Fast 90 Prozent der Lehrkräfte waren der Meinung, dass der Vermittlung von Medienkompetenz, entweder fächerübergreifend oder als eigenständiges Fach, mehr Bedeutung beigemessen werden sollte. Dazu sah es über die Hälfte der Lehrenden als notwendig an, die Lehrpläne speziell für den Einsatz digitaler Medien im Unterricht zu überarbeiten, was den hohen Stellenwert digitaler Medien aus Sicht der Lehrkräfte unterstreicht.

Den Ergebnissen der qualitativen Untersuchung von Brüggemann (2013) zufolge ist die curriculare Einbindung der Nutzung digitaler Medien in die Fachlehrpläne aus Sicht der Lehrkräfte von Vorteil; die praktische Umsetzung der festgeschriebenen Vorgaben scheiterte allerdings zum Teil an mangelnder Ausstattung. Den nicht verallgemeinerbaren Aussagen einer Gruppe von Gesamtschullehrkräften nach bestand insbesondere für „technikferne" Fächer (ebd., S. 191) ein großer Konkurrenzkampf um vorhandene digitale Ressourcen in der Schule (z.B. Nutzung des Computerraums) gegenüber technisch-naturwissenschaftlichen Fächern oder dem Fach Informatik. Gleichzeitig gaben die Lehrkräfte an, sich unter Druck gesetzt zu fühlen, den Vorgaben im Curriculum gerecht zu werden und die outputorientierte Medienkompetenzförderung von Schülerinnen und Schülern gezielt im Unterricht auf den Weg zu bringen (ebd.).

Den förderlichen Potenzialen digitaler Medien im Fachunterricht wird insbesondere in qualitativen Untersuchungen Rechnung getragen. Hennessy, Ruthven und Brindley (2005) richteten in ihrer Untersuchung an weiterführenden Schulen in England, in denen die Weiterentwicklung des Fachunterrichts durch den Einsatz digitaler Medien im Leitbild der Schule verankert war, den Blick auf drei Fächer: Englisch, Mathematik und Naturwissenschaften. Über Einschätzungen der Lehrpersonen für ihren Fachbereich konnte dabei ermittelt werden, inwieweit sich der Fachunterricht durch den Einsatz digitaler Medien veränderte. Der Stellenwert digitaler Medien im Fach Englisch wurde von den Lehrkräften insbesondere hinsichtlich der Verbesserung von Textproduktionen der Schülerinnen und Schüler positiv beurteilt: Die Möglichkeit, Texte am Computer zu schreiben, führte aus Sicht der Lehrkräfte zu einer besseren Textgestaltung, weniger Rechtschreibfehlern und eröffnete zudem einen leichteren Weg, einzelne Textpassagen zu überarbeiten (ebd.). Für das Fach Mathematik berichteten Lehrkräfte eine nahezu permanente Integration grafikfähiger Taschenrechner und Tabellenkalkulationsprogramme in den Unterricht. Insgesamt wurde das größte Potenzial digitaler Medien für den Mathematikunterricht in den erweiterten Darstellungsmöglichkeiten gesehen, die es Schülerinnen und Schülern erlauben, auch schwierige mathematische Konzepte und Zusammenhänge besser zu verstehen (ebd.). In den Naturwissenschaften schätzten Lehrkräfte die Möglichkeiten Simulationen, Animationen oder besondere naturwissenschaftliche Phänomene, die nicht ohne weiteres in den Schullaboratorien gezeigt werden können, mit Hilfe digitaler Medien darstellen zu können (Brüggemann, 2013; Hennessy et al., 2005).

In der Untersuchung von Henessy et al. (2005) sahen die Lehrkräfte an weiterführenden Schulen des naturwissenschaftlichen Fachbereichs im Vergleich zu den in der Untersuchung ebenfalls berücksichtigten Englisch- und Mathematiklehrkräften insgesamt die größten Potenziale für positive Veränderungen des Fachunterrichts durch den Einsatz digitaler Medien.

1.2.4 Eigene Kompetenzeinschätzung der Lehrpersonen

In den meisten Untersuchungen zu den Kompetenzen und Wissensbeständen von Lehrkräften hinsichtlich der Integration digitaler Medien in Unterrichtsprozesse dienen Selbsteinschätzungen der Lehrkräfte als Messinstrument. Dementsprechend werden im Folgenden Forschungsbefunde vorgestellt, die auf Selbsteinschätzungen der Lehrkräfte beruhen. Dabei lässt sich insgesamt feststellen, dass je höher die Selbsteinschätzung der eigenen Kompetenzen, Computer und Internet im Unterricht einsetzen zu können, durch die Lehrkräfte ausfällt, desto häufiger erfolgt der Einsatz dieser Technologien im Unterricht (Chen, 2010; Petko, 2012; Prasse, 2012).

Die Untersuchung von Chen (2010) war darauf ausgelegt, unterstützende Faktoren für den Medieneinsatz, der schülerzentriertes Lernen fördern soll, zu ermitteln. Es konnten sowohl direkte als auch indirekte Effekte ausgewählter Faktoren auf das Nutzungsverhalten von Lehrpersonen identifiziert werden. Der größte direkte Effekt war dabei für die allgemeine Computerselbstwirksamkeit der Lehrpersonen sowie die Computerselbstwirksamkeit, die speziell den Medieneinsatz im Unterricht fokussiert, zu verzeichnen. Im Gegensatz dazu fiel der ermittelte Effekt der untersuchten Wertvorstellungen bezogen auf den digitalen Medieneinsatz (Überzeugung hinsichtlich der Nützlichkeit digitaler Medien für die Unterrichtsgestaltung und Überzeugung hinsichtlich der Nützlichkeit digitaler Medien für den Lernerfolg der Schülerinnen und Schüler) relativ gering aus. Daraus kann gefolgert werden, dass, obwohl viele Lehrkräfte um die Vorteile und den Nutzen digitaler Medien für die Unterrichtsgestaltung und den Lernerfolg wissen, diese Kenntnis nicht ausschlaggebend für das tatsächliche Nutzungsverhalten ist. Vielmehr spielen dafür die selbst eingeschätzten Fähigkeiten, Computer für das Unterrichten verwenden zu können, eine wichtige Rolle (Chen, 2010; IfD Allensbach, 2013).

Allgemein gesehen, beurteilten über zwei Drittel der befragten Lehrpersonen ihre eigenen Kompetenzen im Umgang mit Computer und Internet als gut oder sehr gut (IfD Allensbach, 2013). Die Ergebnisse von ICILS 2013 belegten, dass nahezu alle Lehrpersonen in Deutschland eigenen Angaben nach in der Lage sind, brauchbare Unterrichtsmittel im Internet finden zu können (96.6%; Gerick et al., 2014). Allerdings trauten sich nur zwei Drittel der Lehrpersonen zu, Unterricht vorbereiten zu können, in dem digitale Medien eingesetzt werden (ebd.). Damit lagen die Lehrkräfte in Deutschland in dieser Hinsicht hinter dem internationalen Mittelwert von 73.4 Prozent.

2. Ergebnisse hinsichtlich der Einstellungen von Lehrpersonen zum Einsatz digitaler Medien im Unterricht anhand des *Länderindikators 2015*

Die Indikatoren zur Erfassung der Einstellungen von Lehrpersonen gegenüber dem Einsatz digitaler Medien, die im *Länderindikator 2015* erfasst werden, lassen sich hinsichtlich einzelner Aspekte im TAM3 verorten (Tabelle 1). Die Ergebnisse des *Länderindikators 2015* zu Einstellungen der Lehrpersonen in der Sekundarstufe I zum Einsatz digitaler Medien im Unterricht werden im Folgenden berichtet. Die Auswertung der repräsentativen Lehrerbefragung erfolgt dabei zunächst deskriptiv pro betrachtetem Indikator. Als Darstellungsweise dienen dafür Balkendiagramme, die mehrere zu einem thematischen Bereich zugehörige Indikatoren umfassen.

Zudem wurden die Ergebnisse des *Länderindikators 2015* auf statistisch signifikante Mittelwertunterschiede zwischen verschiedenen Gruppen getestet. Unterschieden wurden dafür das Geschlecht und das Alter der Lehrpersonen sowie die Zuordnung des in der Referenzklasse unterrichteten Referenzfachs zu den gängigen Fächergruppen. Statistisch signifikante Unterschiede ($p < .05$) werden im Text berichtet.

An die deskriptive Auswertung der Indikatoren über die Gesamtstichprobe schließt sich der für den *Länderindikator 2015* erstmalig durchgeführte Bundesländervergleich an.

2.1 Potenziale digitaler Medien

Im Rahmen des *Länderindikators 2015* wurden die Lehrkräfte in Deutschland um eine Einschätzung möglicher Potenziale des Einsatzes digitaler Medien im Unterricht gebeten. Die im Fragebogen verwendeten Items sind dabei aus der Studie ICILS 2013 (Fraillon et al., 2014) adaptiert, wobei die Übersetzungen der Indikatoren entsprechend der nationalen ICILS 2013 Berichtslegung gewählt wurden (Gerick et al., 2014). Der *Länderindikator 2015* ermöglicht darüber hinaus die Auswertung der Ergebnisse im Bundesländervergleich. Der Zugang zu besseren Informationsquellen, die Entwicklung eines größeren Interesses am Lernen, die wirksamere Vertiefung und Verarbeitung von Informationen, die Arbeit auf einem den Lernbedürfnissen entsprechenden Niveau sowie die Verbesserung der schulischen Leistungen dienen als Indikatoren zur Erfassung der Potenziale digitaler Medien. Das ursprünglich vierstufige Antwortformat (*Stimme voll zu*, *Stimme eher zu*, *Stimme eher nicht zu*, *Stimme nicht zu*) wurde für die weiteren Auswertungen auf ein zweistufiges Format reduziert, wobei die ersten beiden Kategorien zu der Angabe *Zustimmung* zusammengefasst wurden. Zudem werden im Text signifikante Unterschiede zwischen Lehrpersonen bezüglich des Alters und des Geschlechts berichtet. Unterschiede hinsichtlich des in der Referenzklasse unterrichteten Fachs haben sich nicht ergeben.

Abbildung 2: Potenziale des Einsatzes digitaler Medien im Unterricht (Angaben in Prozent)

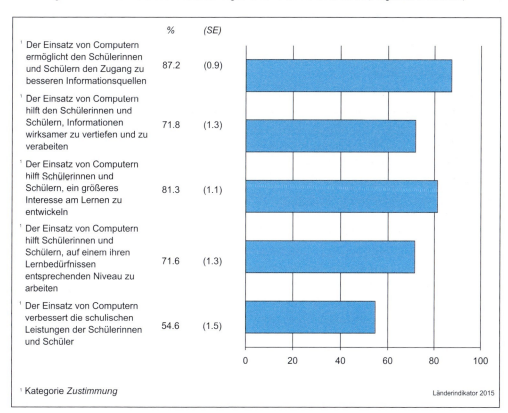

Zunächst zeigt sich, dass die überwiegende Mehrheit der Lehrpersonen in Deutschland Potenziale des Einsatzes digitaler Medien im Unterricht wahrnimmt. Abbildung 2 zeigt die Anteile der Lehrpersonen, die den genannten Potenzialen des Einsatzes digitaler Medien im Unterricht zustimmen.

Das größte Potenzial des Einsatzes digitaler Medien im Unterricht für Schülerinnen und Schüler wird von den Lehrkräften im Zugang zu besseren Informationsquellen gesehen. Mit 87.2 Prozent stimmt die überwiegende Mehrheit der Lehrkräfte dieser Aussage zu. Das Potenzial der wirksameren Vertiefung und Verarbeitung von Informationen wird von insgesamt 71.8 Prozent der Lehrkräfte wahrgenommen, dabei jedoch signifikant häufiger von männlichen Lehrpersonen (74.9%) als von weiblichen Lehrpersonen (69.7%). Ein größeres Lerninteresse, das insgesamt rund vier Fünftel der Lehrpersonen als Potenzial erkennen, sehen signifikant häufiger jüngere Lehrpersonen (bis 39 Jahre: 85.7%) als ältere Lehrpersonen (50 Jahre oder älter: 77.9%). Das Potenzial, dass die Schülerinnen und Schüler durch den Medieneinsatz auf einem ihren Lernbedürfnissen entsprechenden Niveau arbeiten können, erkennen 71.6 Prozent der Lehrpersonen.

Der Aussage, dass sich die schulischen Leistungen der Schülerinnen und Schüler durch den Einsatz digitaler Medien im Unterricht verbessern, stimmt über die Hälfte (54.6%) der Lehrkräfte zu. Dieses Potenzial wird signifikant häufiger von männlichen Lehrkräften mit einer Mittelwertdifferenz von 10.7 Prozentpunkten sowie von Lehrpersonen bis 39 Jahren (60.1 %) im Vergleich zu Lehrpersonen über 50 Jahren (49.2 %) wahrgenommen.

Bundesländervergleich

Dem Einsatz digitaler Medien im Unterricht wird eine Reihe positiver Erwartungen in Bezug auf die Verbesserung von Lernprozessen und Lernergebnissen zugesprochen. Die Sichtweise der schulischen Akteure hinsichtlich der Potenziale digitaler Medien wird im Folgenden bezüglich der vorbezeichneten Indikatoren im Bundesländervergleich dargestellt. Die gewählte Darstellungsform lässt dabei Vergleiche zwischen Extremgruppen zu. Pro Indikator werden dafür die Zustimmungsraten in den 25 Prozent der Bundesländer mit den niedrigsten Zustimmungsraten den 25 Prozent der Bundesländer mit den höchsten Zustimmungsraten gegenübergestellt. Die übrigen 50 Prozent der Bundesländer bilden die mittlere Ländergruppe. Die Reihenfolge der Bundesländer innerhalb der drei Gruppen ist alphabetisch sortiert, sodass die Abbildungen keine Rückschlüsse über eine Rangfolge der Bundesländer hinsichtlich der Zustimmung der Lehrpersonen zu den einzelnen Indikatoren zulassen. Die Unterschiede zwischen den Mittelwerten der unteren und der oberen Ländergruppe sind für alle in diesem Kapitel berichteten Indikatoren signifikant ($p < .05$).

Zunächst wird der Frage nachgegangen, ob die Lehrpersonen dem Einsatz von Computern das Potenzial zusprechen, den Schülerinnen und Schülern den Zugang zu besseren Informationsquellen zu ermöglichen (Abbildung 3).

Abbildung 3: Anteile der Lehrpersonen, die angeben, dass der Einsatz von Computern den Schülerinnen und Schülern den Zugang zu besseren Informationsquellen ermöglicht (Angaben in Prozent, Kategorie *Zustimmung*)

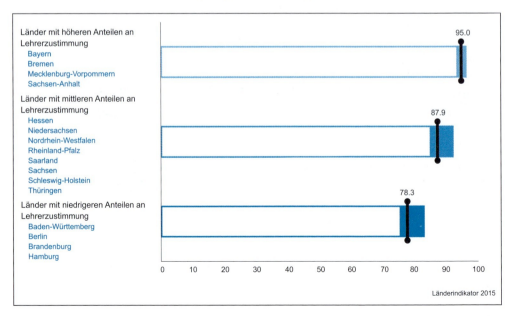

Die Gruppe der Länder mit den höheren Anteilen an Lehrerzustimmung bilden Bayern, Bremen, Mecklenburg-Vorpommern und Sachsen-Anhalt. Die mittlere Zustimmungsrate der befragten Lehrkräfte in diesen vier Ländern liegt bei 95.0 Prozent. In die untere Gruppe fallen Baden-Württemberg, Berlin, Brandenburg und Hamburg, dort liegt der Anteil der Lehrkräfte, die der genannten Aussage zustimmen, bei 78.3 Prozent. Für die mittlere Gruppe entspricht die durchschnittliche Zustimmungsrate 87.9 Prozent.

Damit zeigt sich insgesamt, dass in allen 16 Bundesländern mindestens ca. vier Fünftel der Lehrkräfte im Einsatz digitaler Medien das Potenzial des Zugangs zu besseren Informationsquellen für Schülerinnen und Schüler sehen.

Auch die Möglichkeit, dass Informationen mit Hilfe des Computers wirksamer vertieft und verarbeitet werden können, stellt ein mögliches Potenzial des Computereinsatzes dar. In Abbildung 4 sind die Einschätzungen der befragten Lehrpersonen hinsichtlich dieses Aspekts im Bundesländervergleich dargestellt.

In der oberen Gruppe bestehend aus Bremen, Mecklenburg-Vorpommern, Rheinland-Pfalz und dem Saarland stimmen im Durchschnitt 83.4 Prozent der befragten Lehrkräfte der benannten Aussage zu. In der unteren Gruppe, die sich aus Baden-Württemberg, Berlin, Brandenburg und Nordrhein-Westfalen zusammensetzt, sind es rund zwei Drittel der Lehrkräfte, die dem Einsatz digitaler Medien im Unterricht dieses Potenzial zusprechen. Für die mittlere Gruppe sehen mit 75.0 Prozent drei Viertel der Lehrkräfte die wirksame Vertiefung und Verarbeitung von Informationen als Potenzial des digitalen Medieneinsatzes im Unterricht.

Abbildung 4: Anteile der Lehrpersonen, die angeben, dass der Einsatz von Computern den Schülerinnen und Schülern hilft, Informationen wirksamer zu vertiefen und zu verarbeiten (Angaben in Prozent, Kategorie *Zustimmung*)

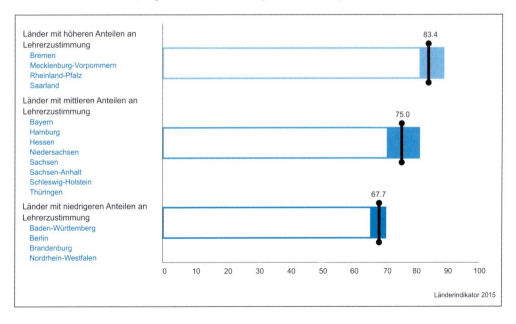

Abbildung 5: Anteile der Lehrpersonen, die angeben, dass der Einsatz von Computern den Schülerinnen und Schülern hilft, ein größeres Interesse am Lernen zu entwickeln (Angaben in Prozent, Kategorie *Zustimmung*)

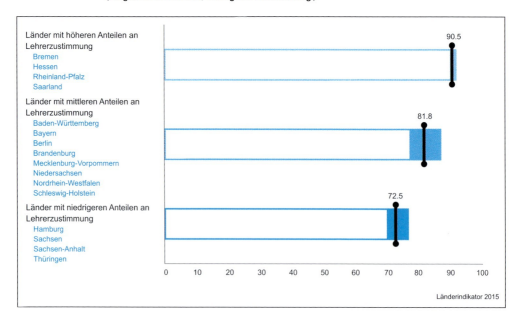

Neben der Verfügbarkeit besserer Informationsquellen und einer wirksameren Informationsverarbeitung kann die Arbeit am Computer und im Internet für Schülerinnen und Schüler auch motivations- und lernförderliches Potenzial bereithalten. In Abbildung 5 sind die Zustimmungsraten der befragten Lehrpersonen bezogen auf die Aussage dargestellt, dass der Einsatz von Computern Schülerinnen und Schülern hilft, ein größeres Interesse am Lernen zu entwickeln.

Für die Länder der oberen Gruppe (Bremen, Hessen, Rheinland-Pfalz und das Saarland) liegt die Zustimmungsrate der Lehrkräfte bei 90.5 Prozent. Auffällig ist hier der sehr geringe Unterschied zwischen den Einzelwerten dieser Länder, erkennbar an der Kürze des farbigen Balkens. In der unteren Ländergruppe, zu der Hamburg, Sachsen, Sachsen-Anhalt und Thüringen zählen, beläuft sich die mittlere Zustimmungsrate der Lehrpersonen auf 72.5 Prozent. In der mittleren Gruppe sind es rund vier Fünftel der Lehrkräfte, die der genannten Aussage zustimmen.

Dem Lernen mit digitalen Medien wird von wissenschaftlicher Seite das Potenzial zugeschrieben, die individuelle Förderung von Schülerinnen und Schülern unterstützen zu können. Abbildung 6 zeigt, inwiefern die befragten Lehrkräfte der Aussage zustimmen, dass der Einsatz von Computern den Schülerinnen und Schülern hilft, auf einem ihren Lernbedürfnissen entsprechenden Niveau zu arbeiten.

Abbildung 6: Anteile der Lehrpersonen, die angeben, dass der Einsatz von Computern den Schülerinnen und Schülern hilft, auf einem ihren Lernbedürfnissen entsprechenden Niveau zu arbeiten (Angaben in Prozent, Kategorie *Zustimmung*)

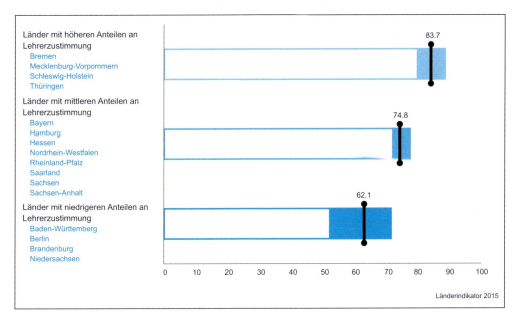

In Bremen, Mecklenburg-Vorpommern, Schleswig-Holstein und Thüringen fällt der Anteil an Lehrkräften, die dieses Potenzial des Einsatzes digitaler Medien im Unterricht erkennen, am höchsten aus. Die mittlere Zustimmungsrate liegt für diese obere Gruppe bei 83.7 Prozent. Für die Länder der unteren Gruppe (Baden-Württemberg, Berlin, Brandenburg und Niedersachsen) ergibt sich im Durchschnitt ein Anteil von 62.1 Prozent der Lehrpersonen, die der Aussage zustimmen. In der mittleren Gruppe liegt die durchschnittliche Zustimmungsrate bei 74.8 Prozent. Zudem kann festgestellt werden, dass in allen Bundesländern mehr als die Hälfte der Lehrpersonen im Einsatz von Computern im Unterricht das Potenzial zur Unterstützung der individuellen Förderung der Schülerinnen und Schüler erkennt.

Die derzeitige Befundlage zur Frage, ob sich durch den Einsatz digitaler Medien eine Verbesserung der schulischen Leistungen der Schülerinnen und Schüler zeigt, ist nicht eindeutig. Auch die Einschätzung der Lehrpersonen zeigt sich in diesem Punkt stärker gespalten als bei den vorangegangenen Indikatoren möglicher Potenziale des Computereinsatzes im Unterricht (Abbildung 7).

Abbildung 7: Anteile der Lehrpersonen, die angeben, dass der Einsatz von Computern die schulischen Leistungen der Schülerinnen und Schüler verbessert (Angaben in Prozent, Kategorie *Zustimmung*)

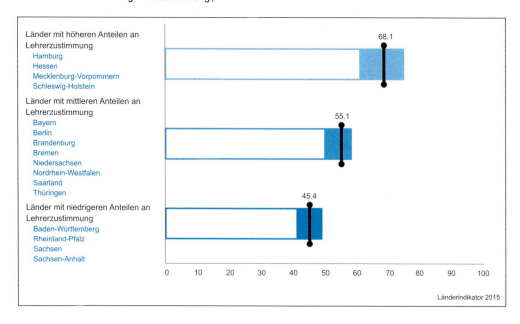

Die höchsten Zustimmungsraten finden sich für die befragten Lehrkräfte in Hamburg, Hessen, Mecklenburg-Vorpommern und Schleswig-Holstein mit einem Gruppenmittelwert von 68.1 Prozent. In den Ländern der unteren Gruppe (Baden-Württemberg, Rheinland-Pfalz, Sachsen und Sachsen-Anhalt) sehen im Durchschnitt weniger als die Hälfte (45.4 %) der befragten Lehrpersonen im Computereinsatz das Potenzial der Leistungsverbesserung der Schülerinnen und Schüler. Für die mittlere Gruppe liegt die durchschnittliche Zustimmungsrate bei 55.1 Prozent.

Hinsichtlich aller erfassten Aspekte der Potenziale digitaler Medien im Unterricht zeigt sich, dass insgesamt eine positive Einstellung eines Großteils der Lehrpersonen festgestellt werden kann.

In Tabelle 2 werden die wahrgenommenen Potenziale des Einsatzes digitaler Medien im Unterricht im Bundesländervergleich dargestellt. Die Potenziale digitaler Medien im Unterricht werden insbesondere in Bremen und Mecklenburg-Vorpommern vergleichsweise hoch eingeschätzt. Bei vier von fünf Indikatoren können diese beiden Länder in der oberen Gruppe verortet werden. Demgegenüber werden in Baden-Württemberg die Potenziale digitaler Medien im Unterricht vergleichsweise gering eingeschätzt.

Tabelle 2: Wahrgenommene Potenziale des Einsatzes digitaler Medien im Unterricht im Bundesländervergleich

Bundesland	Bessere Informationsquellen	Wirksamere Vertiefung und Verarbeitung von Informationen	Entwicklung eines größeren Interesses am Lernen	Arbeiten auf einem den Lernbedürfnissen entsprechenden Niveau	Verbesserung schulischer Leistungen
Baden-Württemberg	▼	▼	■	▼	▼
Bayern	▲	■	■	■	■
Berlin	▼	▼	■	▼	■
Brandenburg	▼	▼	■	■	■
Bremen	▲	▲	▲	▲	■
Hamburg	▼	■	▼	■	▲
Hessen	■	■	▲	■	▲
Mecklenburg-Vorpommern	▲	▲	■	▲	▲
Niedersachsen	■	■	■	▼	■
Nordrhein-Westfalen	■	▼	■	■	■
Rheinland-Pfalz	■	▲	▲	■	▼
Saarland	■	▲	▲	■	■
Sachsen	■	■	▼	■	▼
Sachsen-Anhalt	▲	■	▼	■	▼
Schleswig-Holstein	■	■	■	▲	▲
Thüringen	■	■	▼	▲	■

▲ obere Gruppe; ■ mittlere Gruppe; ▼ untere Gruppe

2.2 Risiken digitaler Medien

Der Einsatz digitaler Medien birgt aus Sicht der Lehrkräfte nicht nur Potenziale für Lehr- und Lernprozesse im Unterricht. Im *Länderindikator 2015* wurden die Lehrpersonen in Deutschland auch hinsichtlich ihrer Einstellung zu vier Indikatoren für mögliche Risiken des Computereinsatzes im Unterricht befragt. Dabei handelt es sich zum einen um die bereits durch die Studie ICILS 2013 erfassten Indikatoren, dass der Computereinsatz im Unterricht zu schlechteren Schreibfähigkeiten bei den Schülerinnen und Schülern führt, die Schülerinnen und Schüler zum Kopieren von Materialen aus dem Internet animiert werden und die Schülerinnen und Schüler vom Lernen abgelenkt werden (berichtet wird die zusammengefasste Kategorie *Zustimmung*). Darüber hinaus wurde im *Länderindikator 2015* die Einschätzung des möglichen Kontrollverlustes über den eigenen Unterricht erfasst. Die entsprechende Formulierung dieses Items lautet „Der Einsatz von Computern verhindert, dass ich meinen Unterricht so steuern kann, wie ich möchte, da ich schlecht kontrollieren kann, was die Schülerinnen und Schüler konkret am Computer machen". Darüber hinaus werden signifikante Unterschiede hinsichtlich des Geschlechts und des Alters der Lehrpersonen beschrieben. Signifikante Unterschiede hinsichtlich des in der Referenzklasse unterrichteten Fachs wurden nicht vorgefunden.

In Abbildung 8 sind die Ergebnisse der Lehrerbefragung im Rahmen des *Länderindikators 2015* hinsichtlich der Einschätzung der genannten Risiken digitaler Medien im Unterricht dargestellt.

Die Abbildung verdeutlicht insgesamt, dass die Anteile der zustimmenden Lehrkräfte für alle vier betrachteten Indikatoren unter 50 Prozent liegen. Dabei werden die Risiken der Verschlechterung der Schreibfähigkeiten sowie der Animierung zum Kopieren von Materialien aus dem Internet von etwas weniger als der Hälfte der Lehrpersonen wahrgenommen. Weibliche Lehrpersonen stimmen mit im Durchschnitt 52.1 Prozent signifikant häufiger zu, die Verschlechterung der Schreibfähigkeiten der Schülerinnen und Schüler als Risiko des Computereinsatzes wahrzunehmen als männliche Lehrpersonen (40.9%). Ebenso ergibt sich für diesen Indikator eine signifikant höhere Zustimmungsrate für Lehrpersonen, die 50 Jahre oder älter sind (54.5%) im Vergleich zu den beiden anderen Altersgruppen (bis 39 Jahre: 43.5%; 40 Jahre oder

Abbildung 8: Risiken des Einsatzes digitaler Medien im Unterricht (Angaben in Prozent)

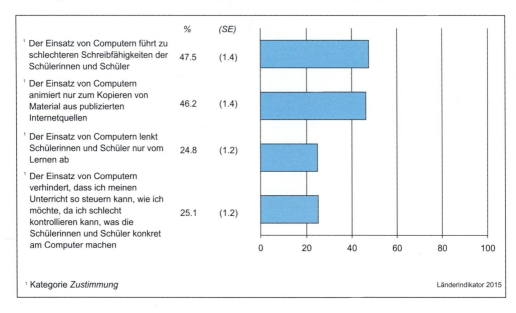

älter: 41.4%). Das Risiko, dass die Schülerinnen und Schüler vom Lernen abgelenkt werden sowie den möglichen Kontrollverlust über den eigenen Unterricht, sieht im Durchschnitt etwa jede vierte Lehrkraft. Ältere Lehrpersonen (50 Jahre oder älter) stimmen der Aussage, dass der Einsatz von digitalen Medien im Unterricht dazu führt, dass sie ihren Unterricht nicht so steuern können, wie sie möchten, mit im Durchschnitt 31.1 Prozent signifikant häufiger zu als jüngere Lehrkräfte (beide Altersgruppen je ca. 21%).

Bundesländervergleich

Die Einschätzungen der befragten Lehrpersonen zu möglichen Risiken digitaler Medien werden im Folgenden im Bundesländervergleich betrachtet. Zunächst wird der Frage nachgegangen, ob Lehrpersonen die Befürchtung äußern, durch den Einsatz von Computern verschlechtern sich die Schreibfähigkeiten der Schülerinnen und Schüler.

Berlin, Hamburg, Niedersachsen und Sachsen-Anhalt bilden die Gruppe der Bundesländer mit höheren Anteilen an Lehrerzustimmung. Im Durchschnitt sind es hier mehr als die Hälfte der befragten Lehrkräfte (54.7%), die schlechtere Schreibfähigkeiten der Schülerinnen und Schüler als Konsequenz des Computereinsatzes wahrnehmen. In der unteren Gruppe, bestehend aus Brandenburg, Hessen, Mecklenburg-Vorpommern und dem Saarland, ist es im Durchschnitt jede dritte Lehrkraft (32.8%), die dem Einsatz von Computern dieses Risiko zuspricht. Die durchschnittliche Zustimmungsrate für die mittlere Ländergruppe beläuft sich auf 46.8 Prozent.

Abbildung 9: Anteile der Lehrpersonen, die angeben, dass der Einsatz von Computern zu schlechteren Schreibfähigkeiten der Schülerinnen und Schüler führt (Angaben in Prozent, Kategorie *Zustimmung*)

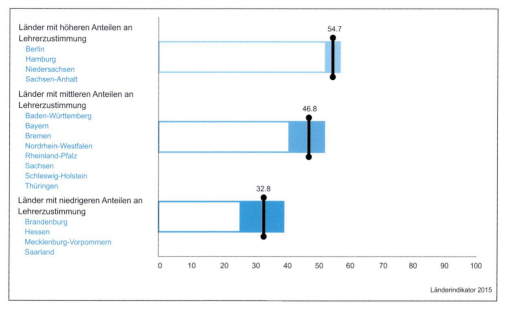

Abbildung 10: Anteile der Lehrpersonen, die angeben, dass der Einsatz von Computern nur zum Kopieren von Material aus publizierten Internetquellen animiert (Angaben in Prozent, Kategorie *Zustimmung*)

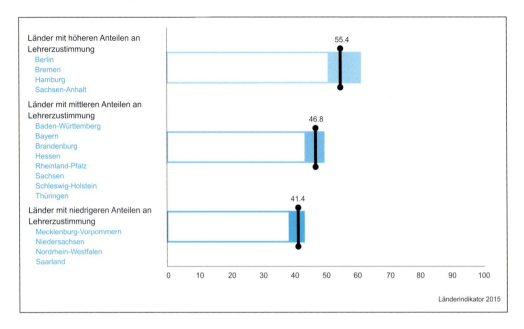

Die Mehrheit der Lehrpersonen in Deutschland sieht im Einsatz digitaler Medien den Zugang zu besseren Informationsquellen für Schülerinnen und Schüler. Allerdings erkennen Lehrkräfte auch das Risiko, dass der Einsatz von Computern zum Kopieren von Material aus publizierten Internetquellen animieren kann. In Abbildung 10 ist dargestellt, inwiefern diese Einschätzung im Bundesländervergleich differiert.

Die Gruppe der Länder mit höheren Anteilen an Lehrerzustimmung bezüglich dieser Aussage bilden Berlin, Bremen, Hamburg und Sachsen-Anhalt; die durchschnittliche Zustimmungsrate liegt für diese Länder bei 55.4 Prozent. In der unteren Gruppe (Mecklenburg-Vorpommern, Niedersachsen, Nordrhein-Westfalen und Saarland) sind es durchschnittlich 41.4 Prozent der befragten Lehrkräfte, die dieses Risiko des Computereinsatzes wahrnehmen. Für die mittlere Gruppe stimmen im Durchschnitt 46.8 Prozent der Lehrkräfte der Aussage zu.

Inwiefern nach Ansicht der Lehrkräfte mit der Computernutzung ein Ablenkungspotenzial vom eigentlichen Lerngegenstand besteht, zeigt Abbildung 11.

Abbildung 11: Anteile der Lehrpersonen, die angeben, dass der Einsatz von Computern die Schülerinnen und Schüler nur vom Lernen ablenkt (Angaben in Prozent, Kategorie *Zustimmung*)

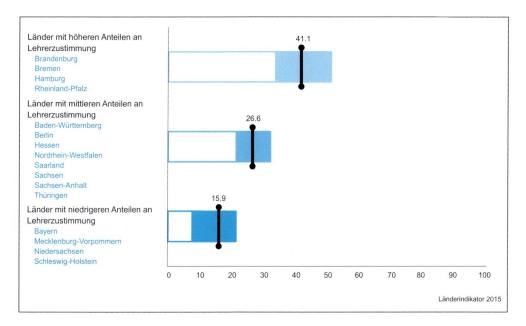

In Brandenburg, Bremen, Hamburg und Rheinland-Pfalz stimmen im Durchschnitt 41.1 Prozent der Lehrkräfte dieser Aussage zu. Die geringste mittlere Zustimmungsrate findet sich für Bayern, Mecklenburg-Vorpommern, Niedersachsen und Schleswig-Holstein; hier geben 15.9 Prozent der befragten Lehrkräfte an, dass der Einsatz von Computern die Schülerinnen und Schüler vom Lernen ablenkt. In der mittleren Ländergruppe liegt der Anteil der Lehrerzustimmung bei rund 26.6 Prozent.

Wenn Schülerinnen und Schüler im Unterricht gestellte Aufgaben mit Hilfe des Computers bearbeiten sollen, kann es für Lehrkräfte unter Umständen schwer zu kontrollieren sein, ob die Schülerinnen und Schüler tatsächlich den Arbeitsanweisungen folgen. Abbildung 12 zeigt, dass das Risiko des Kontrollverlustes über den eigenen Unterricht von vergleichsweise wenigen Lehrpersonen wahrgenommen wird.

Abbildung 12: Anteile der Lehrpersonen, die angeben, dass der Einsatz von Computern verhindert, dass sie ihren Unterricht so steuern können wie sie möchten, da sie schlecht kontrollieren können, was die Schülerinnen und Schüler konkret am Computer machen (Angaben in Prozent, Kategorie *Zustimmung*)

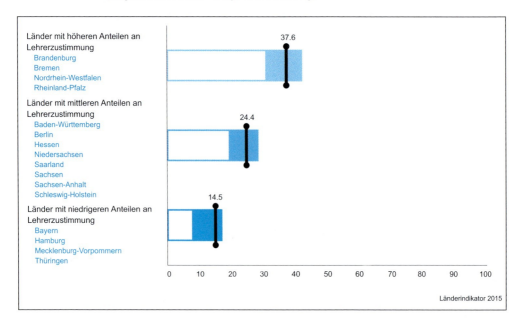

Im Bundesländervergleich zeigt sich, dass in den Ländern der oberen Gruppe (Brandenburg, Bremen, Nordrhein-Westfalen und Rheinland-Pfalz) im Durchschnitt 37.6 Prozent der Lehrkräfte dieses Risiko wahrnehmen. Für die untere Gruppe, bestehend aus Bayern, Hamburg, Mecklenburg-Vorpommern und Thüringen, liegt die durchschnittliche Zustimmungsrate bei 14.5 Prozent. In den Ländern der mittleren Gruppe stimmt rund jede vierte befragte Lehrkraft (24.4 %) der Aussage zu, dass die Computernutzung durch die Schülerinnen und Schüler schlecht zu kontrollieren ist und dadurch die Steuerung des Unterrichts eingeschränkt wird. Insgesamt wird aus der Abbildung ersichtlich, dass in allen Bundesländern der Anteil an Lehrerzustimmung bei unter 42 Prozent liegt.

Im Vergleich zwischen der Einschätzung der Potenziale und der Risiken digitaler Medien wird insgesamt deutlich, dass mehr Lehrpersonen Potenziale von digitalen Medien für den Unterricht wahrnehmen als Risiken damit zu verbinden.

Tabelle 3 stellt die wahrgenommen Risiken zum Einsatz von digitalen Medien im Unterricht aus Sicht der Lehrkräfte im Bundesländervergleich dar. Dazu wird angezeigt, wie sensibel die Lehrpersonen mit der Thematik der digitalen Medien umgehen und wie hoch sie in diesem Sinne die damit verbundenen Risiken einschätzen. Aus dieser Perspektive wird der bewusste und reflektierte Medieneinsatz im Unterricht abgebildet. Dabei zeigt sich insgesamt, dass in Bremen und Hamburg die Risiken des Einsatzes digitaler Medien im Unterricht vergleichsweise hoch eingeschätzt werden. Beide Bundesländer befinden sich bei drei von vier Indikatoren in der oberen Gruppe der

Tabelle 3: Wahrgenommene Risiken des Einsatzes digitaler Medien im Unterricht im Bundesländervergleich

Bundesland	Schlechtere Schreib-fähigkeiten	Animierung zum Kopieren von Material aus dem Internet	Ablenkung vom Lernen	Kontrollverlust der Lehrperson
Baden-Württemberg	■	■	■	■
Bayern	■	■	▼	▼
Berlin	▲	▲	■	■
Brandenburg	▼	■	▲	▲
Bremen	■	▲	▲	▲
Hamburg	▲	▲	▲	▼
Hessen	▼	■	■	■
Mecklenburg-Vorpommern	▼	▼	▼	▼
Niedersachsen	▲	▼	▼	■
Nordrhein-Westfalen	■	▼	■	▲
Rheinland-Pfalz	■	■	▲	▲
Saarland	▼	▼	■	■
Sachsen	■	■	■	■
Sachsen-Anhalt	▲	▲	■	■
Schleswig-Holstein	■	■	▼	■
Thüringen	■	■	■	▼

▲ obere Gruppe; ■ mittlere Gruppe; ▼ untere Gruppe

Bundesländer. Im Gegensatz dazu fällt in Mecklenburg-Vorpommern die Einschätzung der Risiken beim Einsatz von digitalen Medien im Unterricht vergleichsweise am geringsten aus. Bei allen vier Indikatoren liegt Mecklenburg-Vorpommern in der unteren Gruppe.

2.3 Stellenwert digitaler Medien im Fachunterricht

Im Rahmen der Lehrerbefragung des *Länderindikators 2015* wurden die Einstellungen der Lehrpersonen bezüglich des Stellenwerts digitaler Medien für den Fachunterricht erfasst. Konkret wurden dabei die Zustimmungen der Lehrpersonen zu den Aussagen,

Abbildung 13: Stellenwert digitaler Medien im Fachunterricht (Angaben in Prozent)

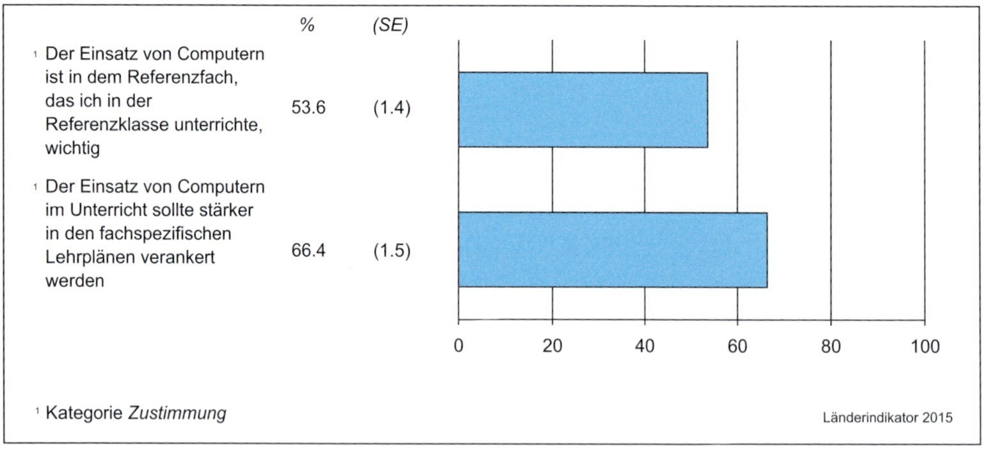

	%	(SE)
¹ Der Einsatz von Computern ist in dem Referenzfach, das ich in der Referenzklasse unterrichte, wichtig	53.6	(1.4)
¹ Der Einsatz von Computern im Unterricht sollte stärker in den fachspezifischen Lehrplänen verankert werden	66.4	(1.5)

¹ Kategorie *Zustimmung*   Länderindikator 2015

dass der Einsatz von Computern im Unterricht stärker in den fachspezifischen Lehrplänen verankert werden sollte sowie dass der Einsatz von Computern in dem Referenzfach in der Referenzklasse wichtig ist, erhoben (berichtet wird die zusammengefasste Kategorie *Zustimmung*). Zudem wird geprüft, ob sich signifikante Unterschiede in den Angaben der Lehrpersonen getrennt nach Alter, Geschlecht und Fächergruppe ergeben.

Abbildung 13 zeigt die mittleren Zustimmungsraten der Lehrpersonen für diese beiden Indikatoren.

Etwa jede zweite Lehrkraft erachtet den Einsatz von Computern im Unterricht im Referenzfach in der Referenzklasse als wichtig. Dabei stimmen signifikant häufiger männliche Lehrpersonen (57.3 %) dieser Aussage zu als weibliche Lehrpersonen (51.1 %). Darüber hinaus ergeben sich signifikante Unterschiede zwischen einzelnen Fächergruppen. Lehrpersonen, deren Referenzfach zur geisteswissenschaftlichen (66.0 %) oder naturwissenschaftlichen Fächergruppe (65.0 %) gehört, stimmen signifikant häufiger zu, dass der Computereinsatz in ihrem Referenzfach wichtig ist als Lehrpersonen einer Fremdsprache (41.7 %) oder eines Fachs aus der Gruppe der sogenannten weiteren Fächer (Ethik/Philosophie, Religion, Sport, Hauswirtschaftslehre, usw.) als Referenzfach (40.0 %). Die Abbildung verdeutlicht zudem, dass rund zwei Drittel der Lehrkräfte eine stärkere Verankerung des Computereinsatzes im Unterricht in den fachspezifischen Lehrplänen befürworten.

Bundesländervergleich

Die Betrachtung der Indikatoren des Stellenwerts digitaler Medien im Fachunterricht verdeutlicht, dass die Einschätzung der Bedeutung des Medieneinsatzes im Fachunterricht durchaus unterschiedlich ausfällt. Inwieweit sich diese Unterschiede im Bundesländervergleich bestätigen lassen, ist im Folgenden dargestellt. Abbildung 14 zeigt die

Abbildung 14: Anteile der Lehrpersonen, die angeben, dass der Einsatz von Computern im Unterrichtsfach, das in der Referenzklasse unterrichtet wird, wichtig ist (Angaben in Prozent, Kategorie *Zustimmung*)

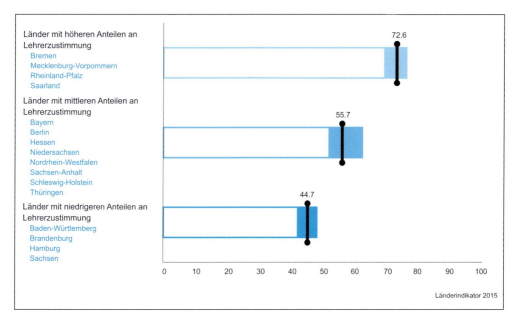

Zustimmungsraten der befragten Lehrkräfte hinsichtlich der Aussage, dass der Einsatz von Computern in dem Referenzfach, das in der Referenzklasse unterrichtet wird, wichtig ist.

In Bremen, Mecklenburg-Vorpommern, Rheinland-Pfalz und dem Saarland liegt der Anteil der Lehrkräfte, die dieser Aussage zustimmen, bei 72.6 Prozent. Für die untere Ländergruppe, die sich aus Baden-Württemberg, Brandenburg, Hamburg und Sachsen zusammensetzt, beläuft sich die mittlere Zustimmungsrate auf 44.7 Prozent. In der mittleren Ländergruppe liegt der Anteil im Durchschnitt bei 55.7 Prozent.

Abbildung 15 stellt die Einschätzungen der befragten Lehrpersonen im Hinblick auf die Aussage „Der Einsatz von Computern im Unterricht sollte stärker in den fachspezifischen Lehrplänen verankert werden" dar.

Abbildung 15: Anteile der Lehrpersonen, die angeben, dass der Einsatz von Computern im Unterricht stärker in den fachspezifischen Lehrplänen verankert werden sollte (Angaben in Prozent, Kategorie *Zustimmung*)

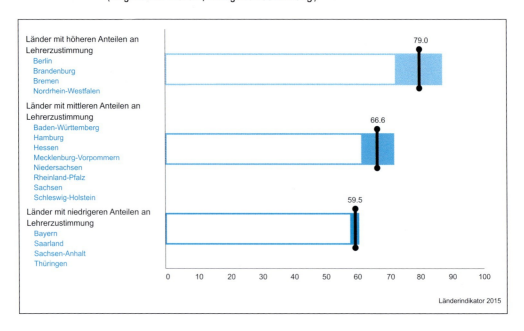

In Berlin, Brandenburg, Bremen und Nordrhein-Westfalen stimmen dieser Aussage im Durchschnitt 79.0 Prozent der befragten Lehrkräfte zu. Der mittlere Anteil an Lehrerzustimmung für Bayern, das Saarland, Sachsen-Anhalt und Thüringen, der unteren Ländergruppe, liegt bei 59.5 Prozent. In der mittleren Gruppe stimmen durchschnittlich zwei Drittel der Lehrpersonen dieser Bundesländer der Aussage zu. Insgesamt wird deutlich, dass die Notwendigkeit, den Einsatz von Computern im Unterricht stärker in den fachspezifischen Lehrplänen zu verankern in allen Bundesländern von mindestens ca. drei Fünfteln der befragten Lehrkräfte gesehen wird.

Tabelle 4 zeigt den Stellenwert digitaler Medien nach Einschätzung der Lehrkräfte im Bundesländervergleich. Insbesondere in Bremen wird der Stellenwert von digitalen Medien im Unterricht im Referenzfach hervorgehoben. Bremen verortet sich hinsichtlich der eingeschätzten Wichtigkeit des Einsatzes digitaler Medien im Unterricht sowie der Forderung nach einer stärkeren Verankerung des Medieneinsatzes in den Lehrplänen jeweils in der oberen Gruppe.

Tabelle 4: Stellenwert digitaler Medien im Referenzfach im Bundesländervergleich

Bundesland	Wichtigkeit des Einsatzes digitaler Medien	Stärkere Verankerung in den Lehrplänen
Baden-Württemberg	▼	■
Bayern	■	▼
Berlin	■	▲
Brandenburg	▼	▲
Bremen	▲	▲
Hamburg	▼	■
Hessen	■	■
Mecklenburg-Vorpommern	▲	■
Niedersachsen	■	■
Nordrhein-Westfalen	■	▲
Rheinland-Pfalz	▲	■
Saarland	▲	▼
Sachsen	▼	■
Sachsen-Anhalt	■	▼
Schleswig-Holstein	■	■
Thüringen	■	▼

▲ obere Gruppe; ■ mittlere Gruppe; ▼ untere Gruppe

2.4 Eigene Kompetenzeinschätzung

Im Rahmen des *Länderindikators 2015* wurden die befragten Lehrkräfte um eine Einschätzung ihrer Überzeugung aufgrund ihrer eigenen Kompetenzen Unterricht planen zu können, der die Nutzung von Computern beinhaltet, gebeten (Abbildung 16; berichtet wird die zusammengefasste Kategorie *Zustimmung*).

Abbildung 16: Eigene Kompetenzeinschätzung der Lehrpersonen (Angaben in Prozent)

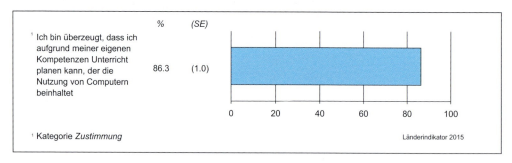

Im Durchschnitt stimmen 86.3 Prozent und damit die überwiegende Mehrheit der Lehrpersonen zu, sich selbst in der Lage zu sehen, computergestützten Unterricht aufgrund ihrer eigenen Kompetenzen vorbereiten zu können. Dabei stimmen männliche Lehrkräfte (90.0%) im Mittel signifikant häufiger dieser Aussage zu als weibliche Lehrkräfte (84.0%). Darüber hinaus schätzen jüngere Lehrpersonen (bis 39 Jahre: 90.0% bzw. 40 bis 49 Jahre: 88.9%) ihre eigenen Kompetenzen zur Vorbereitung von Unterricht unter Einsatz digitaler Medien signifikant höher ein als Lehrpersonen, die 50 Jahre oder älter sind (82.0%). Darüber hinaus wurden keine signifikanten fachgruppenspezifischen Unterschiede festgestellt.

Bundesländervergleich

Die deskriptive Auswertung zeigt, dass der Großteil der Lehrkräfte in Deutschland sich die Vorbereitung von Unterricht, der den Einsatz digitaler Medien beinhaltet, zutraut. Im Folgenden wird dargestellt, wie sich diese Einschätzung im Vergleich der Bundesländer widerspiegelt.

In Abbildung 17 ist dargestellt, inwiefern die befragten Lehrkräfte der Aussage „Ich bin überzeugt, dass ich aufgrund meiner eigenen Kompetenzen Unterricht planen kann, der die Nutzung von Computern beinhaltet" zustimmen.

Abbildung 17: Anteile der Lehrpersonen, die angeben, dass sie überzeugt sind aufgrund ihrer Kompetenzen Unterricht planen zu können, der die Nutzung von Computern beinhaltet (Angaben in Prozent, Kategorie *Zustimmung*)

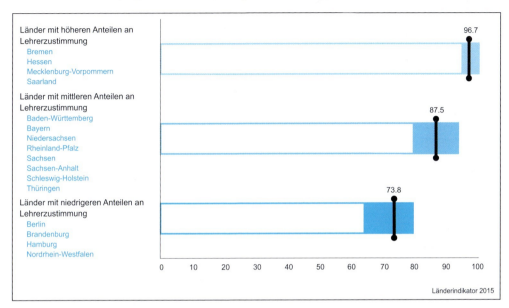

Für die obere Gruppe der Länder (Bremen, Hessen, Mecklenburg-Vorpommern und das Saarland) liegt die mittlere Zustimmungsrate bei 96.7 Prozent. In der unteren Gruppe bestehend aus Berlin, Brandenburg, Hamburg und Nordrhein-Westfalen sind es im Durchschnitt gut drei Viertel (73.8 %) der befragten Lehrpersonen, die überzeugt sind, aufgrund ihrer eigenen Kompetenzen Unterricht planen zu können, der die Nutzung von Computern beinhaltet. Für die mittlere Gruppe ergibt sich eine durchschnittliche Zustimmungsrate von knapp 87.5 Prozent.

Insgesamt lässt sich erkennen, dass in allen Bundesländern die deutliche Mehrheit der befragten Lehrkräfte sich selbst dazu in der Lage sieht, computergestützten Unterricht vorbereiten zu können.

3. Latent-Class-Analyse zur Typisierung der Lehrpersonen hinsichtlich der Einstellungen zum Einsatz digitaler Medien im Unterricht

Die deskriptiven Auswertungen der Befunde des *Länderindikators 2015* für die Gesamtstichprobe sowie im Vergleich der Bundesländer konnten zeigen, dass Lehrkräfte vornehmlich Potenziale des unterrichtlichen Einsatzes digitaler Medien wahrnehmen. Risiken werden von einem deutlich geringeren Anteil der Lehrkräfte berichtet. Eine detailliertere Auswertung der Befundmuster hinsichtlich wahrgenommener Potenziale und

Risiken des Medieneinsatzes im Unterricht wird im Folgenden über die Berechnung einer Latent-Class-Analyse (LCA) vorgenommen, die eine Typisierung der befragten Lehrkräfte hinsichtlich der Wahrnehmung von Potenzialen und Risiken des Einsatzes digitaler Medien im Unterricht ermöglicht.

3.1 Methodik

Die LCA ist ein statistisches Klassifikationsverfahren, über das Zuordnungsregeln auf eine Gruppe von Objekten, deren Gruppenzugehörigkeit im Vorfeld nicht bekannt ist, übertragen werden (Gibson, 1959; Lazarsfeld & Henry, 1968). Die Zugehörigkeit von Personen zu einer bestimmten Klasse (einem bestimmten Muster von gegebenen Antworten) erfolgt im Sinne der LCA probabilistisch (Gollwitzer, 2011). Somit werden die Klassenzugehörigkeitswahrscheinlichkeiten über die Antwortmuster der Personen berechnet, wobei im Vorfeld weder die Anzahl der der Stichprobe immanenten Klassen noch deren Volumen bekannt sind (ebd.; Vermunt & Magidson, 2002).

Der Latent-Class-Analyse liegen zwei explizite Modellannahmen zugrunde: das Prinzip der lokalen Unabhängigkeit und das Prinzip homogener Antwortwahrscheinlichkeiten (ebd.). Diese stellen zusammen mit der Möglichkeit, die über die LCA berechneten Modelle hinsichtlich ihrer Güte testen zu können, einen Vorteil gegenüber anderen Klassifikationsverfahren (z.B. Clusteranalyse) dar (Senkbeil, 2004). Da die Anzahl der latenten Klassen keinen bekannten Modellparameter darstellt, werden in der Regel mehrere Modelle berechnet und anschließend anhand verschiedener Kennwerte verglichen, um die rechnerisch optimale Anzahl der Klassen zu ermitteln (Rost, 2006). Zur Überprüfung der Modellgüte und für den Vergleich der Modelle untereinander kann eine Reihe statistischer Kennwerte herangezogen werden, zum Beispiel:

- *Loglikelihood* (*logarithmierte maximierte Likelihood*): Zur Bestimmung der möglichst hohen Wahrscheinlichkeit, mit den gegebenen Modellparametern die Antwortmuster in der Stichprobe reproduzieren zu können
- *AIC* (*Akaike's Information Criterion*): Zur Beurteilung der Modellgüte relativ zur logarithmierten Likelihood und der Anzahl der Modellparameter
- *BIC* (*Bayesian Information Criterion*): Zur Beurteilung der Modellgüte relativ zur logarithmierten Likelihood, zur Anzahl der Modellparameter und zur Stichprobengröße
- *Entropy*: Globalmaß für die Unzuverlässigkeit der Klassifikation in einem LCA-Modell

Der verbreitetste und aufschlussreichste Wert zur Beurteilung der Modellgüte ist das *BIC*. In der Regel wird das Modell mit dem kleinsten BIC-Wert ausgewählt und für weitere Analysen genutzt (Rost, 2006), solange die einzelnen Klassen sinnvoll interpretierbar bleiben (Geiser, 2011). Grundsätzlich gilt jedoch bei der Beurteilung der Modelle zunächst das Parsimonitätsprinzip, das besagt, dass die Lösung mit einer möglichst geringen Anzahl an Klassen auskommen sollte.

Im Rahmen dieses Berichtsbandes wurden die Berechnungen der LCA mit dem Programm M*plus* in der Version 7 (Muthén & Muthén, 1998-2012) berechnet. Bei den Analysen wurde eine Gewichtungsvariable verwendet, um die disproportionale Stichprobenziehung auszugleichen (vgl. Kapitel II in diesem Band).

3.2 Ergebnisse der Latent-Class-Analyse

Um herausfinden zu können, ob sich die Antwortmuster der befragten Lehrkräfte in der Stichprobe des *Länderindikators 2015* bezüglich ihrer Einstellungen zu digitalen Medien typisieren lassen, wurde eine Latent-Class-Analyse durchgeführt. Für die Analyse wurden die Indikatoren für mögliche wahrgenommene Potenziale sowie Risiken des Einsatzes digitaler Medien im Unterricht aus Sicht der Lehrpersonen berücksichtigt. Mittels explorativer Faktorenanalyse über das Programm *SPSS Statistics 22* konnten die inhaltliche Einteilung der Indikatoren zu Potenzialen und Risiken rechnerisch bestätigt und die Indikatoren zwei unterschiedlichen Faktoren zugeordnet werden, die die Indikatoren der wahrgenommenen Potenziale von denen der wahrgenommenen Risiken digitaler Medien klar abgrenzen. Die entsprechenden Indikatoren sind Abbildung 2 und Abbildung 8 zu entnehmen.

Diese Indikatoren der wahrgenommenen Potenziale und Risiken des Einsatzes digitaler Medien im Unterricht wurden in Anlehnung an die bisherige Vorgehensweise als dichotomisierte Variablen (Kategorien *Zustimmung* und *Ablehnung*) für die LCA berücksichtigt. Die Auswahl der besten Klassenlösung erfolgte über den Vergleich sechs verschiedener LCA-Modelle anhand des Modellgütekriteriums BIC sowie der Anzahl der ermittelten Klassen. Tabelle 5 zeigt die verschiedenen LCA-Modelle und ihre zugehörigen Modellgütewerte. Neben dem BIC sind in der Tabelle die Werte der Loglikelihood, des AIC, der Entropy sowie die Anzahl der Modellparameter angegeben. Die 4-Klassenlösung stellt das Modell mit dem geringsten BIC-Wert sowie nach dem Parsimonitätsprinzip einer überschaubaren und interpretierbaren Anzahl an Klassen dar und ist entsprechend der gängigen Handhabung im Umgang mit LCA-Modellen (Geiser, 2011; Nylund, Asparouhov & Muthén, 2007; Rost, 2006) das Modell, das für die weiteren Analysen berücksichtigt wird.

Tabelle 5: Modellvergleiche der LCA

Modell	Klassen	Loglikelihood	AIC	BIC	Entropy	Parameter
I	2	-5542.260	11122.520	11220.007	.830	19
II	3	-5435.293	10928.585	11077.381	.727	29
III	4	-5380.806	10839.613	11039.718	.728	39
IV	5	-5355.706	10809.412	11060.826	.656	49
V	6	-5340.175	10798.351	11101.074	.692	59

Abbildung 18: Lehrertypen differenziert nach den wahrgenommenen Potenzialen und Risiken des Einsatzes digitaler Medien im Unterricht

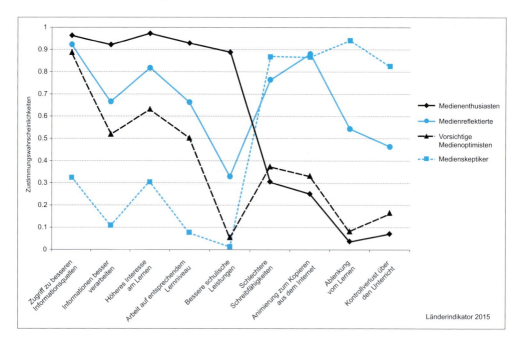

Eine Absicherung der Entscheidung für die 4-Klassenlösung konnte mittels einer post-hoc durchgeführten Kreuzvalidierung erfolgen. Dafür wurde die Gesamtstichprobe ($n = 1250$) zufallsbasiert in zwei Subsamples (Subsample 1: $n = 640$; Subsample 2: $n = 610$) geteilt, wobei die ursprüngliche Verteilung der Lehrkräfte bezüglich verschiedener Hintergrundvariablen (Alter, Geschlecht, Bundesland, Schulform) möglichst beibehalten wurde. Über beide Subsamples wurde die LCA-Analyse repliziert. Im Ergebnis ließ sich für beide Teilgruppen ebenfalls die 4-Klassenlösung mit ähnlichen mittleren Antwortwahrscheinlichkeiten pro betrachtetem Indikator berechnen. Die klassenspezifischen Antwortmuster der Gesamtstichprobe sind Abbildung 18 zu entnehmen.

Im Folgenden werden die klassenspezifischen Antwortmuster beschrieben, die Aufschluss darüber geben, wie die Indikatoren der Potenziale und Risiken des Einsatzes digitaler Medien im Unterricht von den Lehrpersonen innerhalb einer Klasse eingeschätzt werden.

Klasse 1: Medienenthusiasten ($n = 683$; 54.6 %)
Mehr als die Hälfte der Lehrpersonen der Gesamtstichprobe lassen sich der Klasse 1 zuordnen. Das Antwortmuster der mit 683 Lehrkräften größten Gruppe erscheint nahezu konträr zu dem der Lehrpersonen in Klasse 4 („Medienskeptiker"). Die Indikatoren der Potenziale des Einsatzes digitaler Medien im Unterricht werden von den Medienenthusiasten ausnahmslos zustimmend bewertet, während die Indikatoren der Risiken nur in geringem Ausmaß wahrgenommen werden. Die Medienenthusiasten

stellen darüber hinaus die einzige Gruppe dar, in der das Potenzial der Verbesserung der schulischen Leistungen der Schülerinnen und Schüler durch den Einsatz digitaler Medien wahrgenommen wird.

Klasse 2: Medienreflektierte ($n = 258$; 20.6%)
Die Klasse 2 ist mit 258 Lehrkräften von rund einem Fünftel der Gesamtstichprobe besetzt. Charakteristisch für die Lehrkräfte in dieser Gruppe ist die nahezu durchgehende Zustimmung zu den Indikatoren der Potenziale des Medieneinsatzes ebenso wie zu den Indikatoren der Risiken des Einsatzes digitaler Medien. Die Lehrpersonen dieser Klasse erkennen damit durchaus Potenziale des Medieneinsatzes im Unterricht. Insbesondere der Zugriff zu besseren Informationsquellen sowie das gesteigerte Lerninteresse der Schülerinnen und Schüler werden hier als Potenzial angesehen. Lediglich die Verbesserung der schulischen Leistungen als Folge des Einsatzes von Computern im Unterricht wird in dieser Gruppe nicht wahrgenommen. Damit lässt sich für diese Lehrpersonen feststellen, dass sie den Medieneinsatz grundsätzlich befürworten, auch wenn sie keine Leistungsverbesserung damit verbinden. Auf der anderen Seite wird das Risiko, dass die Schülerinnen und Schüler infolge des Computereinsatzes im Unterricht zum Kopieren von Materialien aus dem Internet animiert werden, besonders stark eingeschätzt. Das Risiko, durch den Computereinsatz die Kontrolle über den Unterricht zu verlieren, da nur schwer kontrolliert werden kann, was die Schülerinnen und Schüler konkret am Computer machen, wird in dieser Gruppe im Vergleich zu den anderen Risiken etwas geringer eingeschätzt.

Klasse 3: vorsichtige Medienoptimisten ($n = 168$; 13.5%)
Die mit 168 Lehrkräften und einem Anteil von 13.5 Prozent der Gesamtstichprobe zweitkleinste Gruppe sieht die Potenziale des Medieneinsatzes nur teilweise als gegeben an; die Risiken werden nur in äußerst geringem Ausmaß wahrgenommen. Das größte wahrgenommene Potenzial des Einsatzes digitaler Medien im Unterricht erkennen die Lehrpersonen in der Ermöglichung des Zugriffs auf bessere Informationsquellen. Eine Verbesserung der schulischen Leistungen der Schülerinnen und Schüler als Folge des Unterrichtens mit digitalen Medien sehen diese Lehrkräfte hingegen nicht.

Klasse 4: Medienskeptiker ($n = 141$; 11.3%)
Die Klasse 4 ist mit einem Umfang von 141 Lehrkräften die kleinste der vier Gruppen. Im Verhältnis zur Gesamtstichprobe können 11.3 Prozent der befragten Lehrpersonen dieser Klasse zugeordnet werden. Auffällig für diese Klasse ist, dass die Lehrkräfte den Indikatoren der Potenziale des Einsatzes digitaler Medien durchgehend ablehnend gegenüberstehen, wohingegen die Risiken des unterrichtlichen Einsatzes digitaler Medien als sehr hoch eingeschätzt werden. Die größte Skepsis wird den Aussagen, der Einsatz von Computern verbessert die schulischen Leistungen der Schülerinnen und Schüler und hilft ihnen auf einem ihren Lernbedürfnissen entsprechenden Niveau zu arbeiten, entgegengebracht. Die Risiken des Medieneinsatzes werden fast durchgehend gleich

hoch eingeschätzt. Das Risiko, dass die Schülerinnen und Schüler durch den Einsatz digitaler Medien vom Lernen abgelenkt werden, wird als sehr hoch eingeschätzt.

Die Verteilung der Lehrkräfte in den Klassen hinsichtlich der Hintergrundvariablen Alter und Geschlecht unterscheidet sich nicht statistisch signifikant von der tatsächlichen Verteilung in der Gesamtstichprobe. Anders verhält es sich in der Analyse der Klassen im Hinblick auf weitere Einstellungsindikatoren: Die eingeschätzte Wichtigkeit digitaler Medien für den Unterricht im Referenzfach sowie die selbsteingeschätzte Fähigkeit der Lehrpersonen, computergestützten Unterricht planen zu können, unterscheiden sich je nach Zugehörigkeit der Lehrpersonen zu den gefundenen Klassen zum Teil deutlich (Tabelle 6). Die im Text berichteten Effektstärken wurden aufgrund der unterschiedlichen Gruppengrößen mit *Cohen's d* (u.a. Bühner & Ziegler, 2009) unter Berücksichtigung der gepoolten Standardabweichung berechnet.

Für die Selbsteinschätzung der Lehrpersonen ihrer Fähigkeit, computergestützten Unterricht vorbereiten zu können, zeigt sich, dass mit einem Anteil von 95.9 Prozent nahezu alle Lehrpersonen der Gruppe der Medienenthusiasten zustimmen, diese Kompetenz zu besitzen. Auch bei den Medienreflektierten und den vorsichtigen Medienoptimisten gibt die überwiegende Mehrheit der Lehrpersonen an, sich die Planung computergestützter Unterrichtsstunden aufgrund der eigenen Kompetenzen zuzutrauen (81.0% bzw. 88.3%). Demgegenüber stehen die Medienskeptiker, von denen sich weniger als jede zweite Lehrkraft (45.5%) die Planung von Unterrichtsstunden, die den Einsatz digitaler Medien beinhalten, zutraut. Der Unterschied in der Kompetenzeinschätzung zwischen den Medienenthusiasten und den Medienskeptikern mit $d = 1.33$ ist im Vergleich zu den anderen Effekten als sehr groß einzustufen. Für den Vergleich der durchschnittlichen Kompetenzeinschätzung der Medienreflektierten zu den Medienenthusiasten ergibt sich hingegen mit $d = 0.48$ ein mittelgroßer Effekt, für die Gegenüberstellung der Medienenthusiasten und der vorsichtigen Medienoptimisten ebenfalls ein mittlerer Effekt ($d = 0.53$).

Tabelle 6: Einschätzung der eigenen Kompetenz, computergestützten Unterricht vorbereiten zu können, und der Bedeutung digitaler Medien im Referenzfach nach Lehrertypen

Klassenzugehörigkeit	Eigene Kompetenzeinschätzung			Bedeutung digitaler Medien im Referenzfach		
	M	SD	(SE)	M	SD	(SE)
Medienenthusiasten	0.96	0.20	(.01)	0.71	0.46	(.02)
Medienreflektierte	0.81	0.39	(.02)	0.44	0.50	(.03)
vorsichtige Medienoptimisten	0.88	0.32	(.02)	0.37	0.49	(.04)
Medienskeptiker	0.45	0.50	(.04)	0.07	0.26	(.02)
Gesamt	0.86	0.34	(.01)	0.54	0.50	(.01)

Für die Einschätzung der Bedeutung digitaler Medien für den Unterricht im Referenzfach verdeutlicht die Tabelle, dass ebenfalls der Großteil der Medienenthusiasten (70.8%) angibt, den Einsatz digitaler Medien im Referenzfach als wichtig anzusehen. Für die übrigen Gruppen liegt der Anteil der Lehrpersonen, die zustimmen, dass der Einsatz digitaler Medien im Referenzfach wichtig ist, bei unter 50 Prozent. Dabei fallen die Medienskeptiker besonders in den Blick, da hier lediglich 7.2 Prozent der Lehrpersonen den Medieneinsatz im Referenzfach als wichtig einstufen. Die Differenz der Einschätzung der Medienenthusiasten gegenüber denen der Medienskeptiker beträgt $d = 1.72$, was einen sehr großen Unterschied belegt. Für die Vergleiche der Medienreflektierten und der vorsichtigen Medienoptimisten jeweils zu den Medienenthusiasten ergeben sich mit $d = 0.56$ bzw. $d = 0.71$ mittlere Effektstärken der Mittelwertunterschiede.

4. Regressionsanalyse zur Erklärung von Unterschieden in der Häufigkeit der Computernutzung im Unterricht unter Berücksichtigung der Einstellungen von Lehrpersonen gegenüber dem Einsatz digitaler Medien im Unterricht

Die Latent-Class-Analyse ermöglichte im Ergebnis die Einteilung der befragten Lehrpersonen in vier Lehrertypen, die sich hinsichtlich der wahrgenommenen Potenziale sowie Risiken des Einsatzes digitaler Medien im Unterricht unterscheiden. In einem weiteren Analyseschritt wird im Folgenden betrachtet, ob sich die Lehrertypen hinsichtlich der Nutzung digitaler Medien im Unterricht unterscheiden.

Tabelle 7 zeigt die Verteilung der Lehrpersonen entsprechend der vier Lehrertypen hinsichtlich der Nutzungshäufigkeit digitaler Medien im Unterrichtsfach der Referenzklasse.

Tabelle 7: Nutzungshäufigkeit digitaler Medien im Unterrichtsfach der Referenzklasse nach Lehrertypen

	Jeden Tag	Mindestens einmal in der Woche, aber nicht jeden Tag	Mindestens einmal im Monat, aber nicht jede Woche	Weniger als einmal im Monat	Nie
Medienenthusiasten	11.2%	28.5%	37.4%	16.1%	6.8%
Medienreflektierte	5.9%	21.4%	30.2%	26.9%	15.7%
vorsichtige Medienoptimisten	8.0%	19.2%	32.5%	26.1%	14.2%
Medienskeptiker	1.4%	5.7%	14.4%	45.3%	33.1%
Gesamt	8.9%	23.8%	33.3%	22.1%	11.8%

Aus der Tabelle ist zu entnehmen, dass die Medienenthusiasten den Lehrertyp darstellen, von dem der vergleichsweise höchste Anteil an Lehrpersonen (11.2 %) digitale Medien im Referenzfach täglich einsetzt. Auch hinsichtlich der mindestens wöchentlichen Mediennutzung stellt diese Gruppe den höchsten Anteil an Lehrpersonen dar. Auf der anderen Seite lassen sich die Medienskeptiker durch eine vergleichsweise seltene Mediennutzung charakterisieren. Dies verdeutlicht insbesondere der mit 33.1 Prozent im Vergleich zu den drei anderen Gruppen am höchsten ausfallende Anteil der Lehrpersonen, die nie digitale Medien im Unterricht in der Referenzklasse einsetzen. Auffällig ist ebenfalls, dass in der Gruppe der Medienskeptiker der geringste Anteil mit 1.4 Prozent der Lehrkräfte angibt, digitale Medien täglich im Unterricht in der Referenzklasse einzusetzen.

Insgesamt verdeutlicht die Tabelle, dass positive Einstellungen der Lehrpersonen gegenüber dem Einsatz digitaler Medien mit einem häufigeren Einsatz digitaler Medien im Unterricht einhergehen, während Lehrpersonen, die der unterrichtlichen Mediennutzung eher negativ gegenüberstehen, seltener auf Medien zur Unterrichtsgestaltung zurückgreifen.

Um diese beobachteten Unterschiede in der Mediennutzung statistisch abzusichern wird im Folgenden ein Regressionsmodell (Einschluss-Methode) berechnet, in dem die Nutzungshäufigkeit digitaler Medien im Unterricht in der Referenzklasse als abhängige Variable modelliert ist und zentrale Aspekte des TAM3, wie sie für den *Länderindikator 2015* berücksichtigt wurden (Tabelle 1) sowie demographische Hintergrundvariablen als Prädiktoren eingehen. Die abhängige Variable der Häufigkeit der Computernutzung im Unterricht der Referenzklasse im Referenzfach wurde über eine fünfstufige Ratingskala von *0 = Nie, 1 = Weniger als einmal im Monat, 2 = Mindestens einmal im Monat, aber nicht jede Woche, 3 = Mindestens einmal in der Woche, aber nicht jeden Tag* bis *4 = Jeden Tag* erfasst.

Als Prädiktoren dienen zunächst die ermittelten Lehrertypen (Dummy-Codierung mit Medienskeptikern als Referenzgruppe; Modell 1). Anschließend werden die gefundenen Effekte um die Variablen Alter und Geschlecht der Lehrpersonen kontrolliert (Modell 2). Schließlich werden mit der selbsteingeschätzten Kompetenz, computergestützte Unterrichtsstunden vorbereiten zu können und der dem Medieneinsatz im Referenzfach zugeschriebenen Bedeutung zwei weitere Einstellungsvariablen in das Regressionsmodell aufgenommen (Modell 3). Die Ergebnisse der Regressionsanalyse sind in Tabelle 8 dargestellt.

Tabelle 8: Regressionsmodell zur Erklärung von Unterschieden in der Häufigkeit der Computernutzung im Unterricht unter Berücksichtigung der Einstellungen von Lehrpersonen gegenüber dem Einsatz digitaler Medien im Unterricht

	Modell 1		Modell 2		Modell 3	
	ß	(SE)	ß	(SE)	ß	(SE)
Klasse [a]						
Medienenthusiasten	.54*	(.12)	.55*	(.12)	.20*	(.12)
Medienreflektierte	.27*	(.13)	.28*	(.13)	.10*	(.12)
Vorsichtige Medienoptimisten	.26*	(.14)	.26*	(.14)	.13*	(.13)
Hintergrundvariablen						
Geschlecht [b]			-.10*	(.06)	-.09*	(.06)
Alter [c]			.06*	(.04)	.05	(.03)
Eigene Kompetenzeinschätzung [d]					.12*	(.10)
Bedeutung digitaler Medien im Referenzfach [d]					.42*	(.06)
R^2	.10		.12		.28	

Anmerkungen:
Abhängige Variable: Häufigkeit der Computernutzung im Unterricht der Referenzklasse im Referenzfach
(0 = Nie; 1 = Weniger als einmal im Monat; 2 = Mindestens einmal im Monat, aber nicht jede Woche;
3 = Mindestens einmal in der Woche aber nicht jeden Tag; 4 = Jeden Tag)
ß = Regressionskoeffizienten (standardisiert)
* signifikante Koeffizienten ($p < .05$)
[a] Referenzgruppe: Medienskeptiker
[b] 0 = Männlich; 1 = Weiblich
[c] 0 = Bis 39 Jahre; 1 = 40 bis 49 Jahre; 2 = 50 Jahre und älter
[d] 0 = Ablehnung; 1 = Zustimmung

Die Befunde verdeutlichen zunächst, dass sich die beobachteten Unterschiede in der Nutzungshäufigkeit entsprechend der verschiedenen Einstellungen der Lehrertypen zum Einsatz digitaler Medien im Unterricht zufallskritisch absichern lassen. Die Ergebnisse des Modells 1 belegen, dass sowohl die Medienenthusiasten als auch die Medienreflektierten und die vorsichtigen Medienoptimisten statistisch signifikant häufiger digitale Medien im Unterricht in der Referenzklasse einsetzen als die Medienskeptiker. Dabei ist der stärkste Effekt für die Medienenthusiasten zu verzeichnen. Hervorzuheben ist, dass diese signifikanten Effekte auch unter Kontrolle des Geschlechts und des Alters der Lehrpersonen bestehen bleiben und die beiden demographischen Hintergrundvariablen ebenfalls einen signifikanten Effekt auf die Nutzungshäufigkeit aufweisen (Modell 2). Auch unter Hinzunahme der weiteren Einstellungsvariablen der eigenen Kompetenzeinschätzung und der wahrgenommenen Bedeutung des Einsatzes digitaler Medien im Unterricht in der Referenzklasse bleiben die signifikanten positiven Effekte der Klassenzugehörigkeit bestehen. Für die Hintergrundvariablen ergibt sich nur für das Geschlecht ein signifikanter Effekt, der indiziert, dass männliche Lehrpersonen häufiger digitale Medien im Unterricht einsetzen als weibliche Lehrpersonen. Die neu hinzugenommenen Einstellungsvariablen weisen ebenfalls signifikante Effekte auf, die beide positiv ausfallen und die Relevanz einer positiven Haltung gegenüber dem Medieneinsatz sowie des Vertrauens in die eigenen didaktischen Fähigkeiten des Computereinsatzes für die tatsächliche unterrichtliche Mediennutzung unterstreichen.

5. Zusammenfassung und Diskussion

Für den Einsatz digitaler Medien im Unterricht sind Einstellungen von Lehrpersonen gegenüber den wahrgenommenen Potenzialen und Risiken der Mediennutzung und der fachspezifischen Relevanz sowie die Einschätzung der eigenen Fähigkeiten im unterrichtsbezogenen Umgang mit Medien von entscheidender Bedeutung. Den theoretischen Annahmen des *Technology Acceptance Model* (TAM3) zufolge wirken diese Faktoren direkt oder indirekt auf die Nutzungsabsicht und darüber auch auf die tatsächliche Nutzung von digitalen Medien. Für den *Länderindikator 2015* dient das TAM3 in adaptierter Form als theoretische Rahmung zur Erfassung der Einstellungen von Lehrpersonen der Sekundarstufe I zum Einsatz digitaler Medien im Unterricht, die über die repräsentative Befragung erhoben wurden. Darüber hinaus ermöglicht der *Länderindikator 2015* die Auswertung der Befunde im Bundesländervergleich.

Die Ergebnisse belegen, dass die im Rahmen des *Länderindikators 2015* befragten Lehrpersonen dem Einsatz digitaler Medien im Unterricht mehrheitlich eine ganze Reihe an Potenzialen zusprechen. In der deskriptiven Auswertung zeigt sich, dass der Zugang zu besseren Informationsquellen, der von den Lehrkräften im *Länderindikator 2015* als größtes Potenzial des Einsatzes digitaler Medien im Unterricht in der Sekundarstufe I eingeschätzt wird (87.2%), in ICILS 2013 von einem etwas größeren Anteil an Lehrpersonen der 8. Jahrgangsstufe in Deutschland bzw. im internationalen Vergleich der ICILS-Teilnehmerländer als Potenzial bewertet wurde. Hinsichtlich des wahrgenommenen größeren Lerninteresses der Schülerinnen und Schüler, der Möglichkeit der wirksameren Vertiefung und Verarbeitung von Informationen sowie der Möglichkeit für Schülerinnen und Schüler auf einem ihren Lernbedürfnissen entsprechenden Niveau arbeiten zu können, zeigt der Vergleich zu ICILS 2013 höhere mittlere Zustimmungswerte der Lehrpersonen in Deutschland. Auch in Bezug auf die Aussage, dass sich die schulischen Leistungen der Schülerinnen und Schüler durch den Einsatz digitaler Medien im Unterricht verbessern, ist eine höhere durchschnittliche Zustimmung erkennbar. In Deutschland gibt im Rahmen des *Länderindikators 2015* mittlerweile mehr als jede zweite Lehrkraft der Sekundarstufe I an, das Potenzial der Verbesserung der schulischen Leistungen der Schülerinnen und Schüler im Einsatz digitaler Medien im Unterricht zu sehen, im internationalen Durchschnitt von ICILS 2013 stimmte hingegen jede dritte Lehrkraft der 8. Jahrgangsstufe dieser Aussage zu. Der Bundesländervergleich konnte zeigen, dass über die fünf Indikatoren des wahrgenommenen Potenzials Bremen und Mecklenburg-Vorpommern am häufigsten in der oberen Gruppe der Länder verortet sind. Baden-Württemberg findet sich dagegen für vier Indikatoren in der unteren Ländergruppe, in der digitalen Medien von den wenigsten Lehrpersonen Potenziale für den Unterricht zugeschrieben werden.

Die Indikatoren möglicher Risiken digitaler Medien im Unterricht werden im *Länderindikator 2015* insgesamt von jeweils unter 50 Prozent und damit von geringeren Anteilen an Lehrpersonen wahrgenommen als die Indikatoren der Potenziale. Dabei wird angenommen, dass die Wahrnehmung von Risiken digitaler Medien mit einem reflektierten und sensiblen Umgang mit Medien im Unterricht einhergeht. Für die drei Indikatoren, die auch bereits im Rahmen von ICILS 2013 fokussiert auf die 8. Jahrgangsstufe erfasst wurden (schlechtere Schreibfähigkeiten, Animierung zum Kopieren aus dem Internet und Ablenkung vom Lernen) lassen sich geringere Anteile an Lehrpersonen, die diese Risiken des Computereinsatzes im Unterricht der Sekundarstufe I wahrnehmen, feststellen. Insbesondere hinsichtlich des Risikos, dass Schülerinnen und Schüler animiert werden, online publizierte Materialien zu kopieren, ist der Anteil der Lehrpersonen, die der entsprechenden Aussage zustimmen, geringer. Auffällig ist dieser Befund insbesondere deshalb, weil im Rahmen von ICILS 2013 in keinem anderen Teilnehmerland das Risiko der Animierung zum Kopieren von Materialien aus dem Internet höher oder vergleichbar hoch eingeschätzt wurde.

Der Bundesländervergleich zeigt, dass erneut Bremen und zusätzlich Hamburg besonders häufig in der oberen Ländergruppe zu finden sind, in der der höchste Anteil der Lehrpersonen Risiken digitaler Medien im Unterricht wahrnimmt. Mecklenburg-Vorpommern ist dagegen für alle vier Indikatoren der Risiken in der unteren Ländergruppe verortet, während das Land hinsichtlich der eingeschätzten Potenziale in der oberen Ländergruppe verortet ist. Hier wird ein Hinweis auf unterschiedliche Einstellungsprofile zwischen den Ländern deutlich. Die berücksichtigten möglichen Risiken des Medieneinsatzes werden dort von vergleichsweise geringen Anteilen der Lehrpersonen wahrgenommen.

Die überwiegend positive Einschätzung des Potenzials digitaler Medien für den Unterricht spiegelt sich in der Ansicht der Lehrpersonen wider, dass digitale Medien stärker im schulischen Kontext integriert werden sollen: Rund zwei Drittel der Lehrkräfte wünschen sich eine stärkere Verankerung des Computereinsatzes im Unterricht in den fachspezifischen Lehrplänen. Etwa jede zweite Lehrkraft erachtet den Einsatz von Computern im Unterrichtsfach der Referenzklasse als wichtig. Im Vergleich der Bundesländer zeigt sich hier Bremen als das Land in dem für beide Indikatoren ein vergleichsweise hoher Anteil an Lehrpersonen den entsprechenden Aussagen zustimmt.

Die Fähigkeit, aufgrund der eigenen Kompetenzen Unterricht vorbereiten zu können, der den Einsatz digitaler Medien beinhaltet, schreibt sich die überwiegende Mehrheit der befragten Lehrkräfte zu, was sich im Bundesländervergleich in allen 16 Ländern bestätigen lässt. Dieses Ergebnis des *Länderindikators 2015* von im Durchschnitt 86.3 Prozent der Lehrpersonen in Deutschland, die sich die Planung computergestützten Unterrichts zutrauen, liegt dabei nicht nur deutlich über dem für die 8. Jahrgangsstufe erfassten ICILS-2013-Vergleichswert für Deutschland sondern auch über dem internationalen Mittelwert der ICILS-Teilnehmerländer. Bremen, Hessen, Mecklenburg-Vorpommern und das Saarland bilden im Bundesländervergleich die obere Gruppe, in der sich die höchsten Anteile an Lehrpersonen die Vorbereitung computergestützter Unterrichtsstunden zutrauen.

Zusammenfassend belegen die Befunde des *Länderindikators 2015*, dass die Lehrkräfte sehr viel stärker Potenziale des Medieneinsatzes im Unterricht wahrnehmen als Risiken. Bei den Indikatoren, bei denen für das Alter und das Geschlecht signifikante Mittelwertunterschiede belegt werden können, zeigt sich, dass jüngere Lehrkräfte (bis 39 Jahre) gegenüber älteren Lehrkräften (50 Jahre oder älter) und männliche Lehrpersonen häufiger Potenziale digitaler Medien wahrnehmen. Besonders hoch wird der Stellenwert digitaler Medien für Fächer der naturwissenschaftlichen und geisteswissenschaftlichen Fächergruppen eingeschätzt. Die Fähigkeit, aufgrund der eigenen Kompetenzen computergestützten Unterricht vorbereiten zu können, schreiben sich statistisch signifikant häufiger männliche Lehrpersonen sowie Lehrkräfte unter 50 Jahren zu.

Wie sich die Einstellungen der Lehrpersonen bezüglich der Einschätzung von Potenzialen und Risiken des Einsatzes digitaler Medien im Unterricht typisieren lassen, konnte über die Berechnung einer Latent-Class-Analyse veranschaulicht werden. Es lassen sich vier Typen von Lehrpersonen unterscheiden, wobei sich insbesondere zwei Antwortmuster hervorheben lassen, die nahezu konträr verlaufen. Die Medienskeptiker stehen den Indikatoren der Potenziale digitaler Medien durchgehend ablehnend gegenüber, wohingegen sie die Risiken des Medieneinsatzes mit hohen Anteilen an Zustimmung bewerten. Demgegenüber stehen die Medienenthusiasten, die die potenziellen Risiken der Mediennutzung im Unterricht kaum wahrnehmen, dafür die Potenziale stärker als alle anderen Gruppen hervorheben. Die Medienreflektierten nehmen überwiegend sowohl mögliche Potenziale als auch Risiken des Medieneinsatzes wahr. Für die vorsichtigen Medienoptimisten ist ein Antwortmuster charakteristisch, das hinsichtlich der Einschätzung der Risiken dem der Medienenthusiasten stark ähnelt, allerdings die Potenziale der Mediennutzung im Unterricht nicht ganz so stark betont. Auffällig ist, dass lediglich die Medienenthusiasten die Verbesserung der schulischen Leistungen der Schülerinnen und Schüler als Potenzial wahrnehmen. Gleichzeitig wird nur in dieser Gruppe der mögliche Kontrollverlust über den Unterricht, in dem Schülerinnen und Schüler am Computer arbeiten, nicht als Risiko eingeschätzt. Es sind ebenfalls die Medienenthusiasten, die sich nahezu durchgehend die Vorbereitung computergestützter Unterrichtsstunden zutrauen und die dem Einsatz digitaler Medien in ihrem Referenzfach eine hohe Bedeutung beimessen. Im Gegenzug gibt weniger als jede zweite Lehrperson der Gruppe der Medienskeptiker an, aufgrund eigener Kompetenzen Unterricht planen zu können, der den Einsatz digitaler Medien beinhaltet. Den Einsatz digitaler Medien im Unterricht im Referenzfach schätzen 7.2 Prozent in dieser Gruppe als wichtig ein.

Die im *Länderindikator 2015* betrachteten Einstellungsvariablen lassen sich im theoretischen Modell des TAM3 verorten. Die darin postulierten gerichteten Wirkungen der Variablen auf die Nutzung digitaler Medien legen eine entsprechende Betrachtung dieser Effekte für die Befunde der repräsentativen Lehrerbefragung nahe. In deskriptiver Betrachtung zeigen sich klare Muster dahingehend, dass Lehrpersonen, die gegenüber dem Einsatz digitaler Medien im Unterricht positiv eingestellt sind (Medienenthusiasten), häufiger ihren Unterricht durch digitale Medien ergänzen, wohingegen

Lehrpersonen, die dem Medieneinsatz ablehnend gegenüberstehen, seltener angeben, Computer und Internet in den Unterricht miteinzubeziehen. Diese Unterschiede konnten mittels einer Regressionsanalyse statistisch zufallskritisch abgesichert werden. Die Ergebnisse der Regressionsanalyse bestätigen die Bedeutung einer positiven Grundhaltung von Lehrpersonen gegenüber dem didaktischen Mehrwert des Medieneinsatzes im Unterricht für die tatsächliche Mediennutzung. Ob digitalen Medien eher Potenziale oder Risiken für die Unterrichtsgestaltung zugeschrieben werden ist mit entscheidend dafür, ob Lehrpersonen Unterricht mit digitalen Medien ergänzen oder auf die Hinzunahme digitaler Medien verzichten. Darüber hinaus zeigen die Befunde, dass ebenfalls die Einschätzung der eigenen Kompetenz computergestützten Unterricht vorbereiten zu können sowie die für den Medieneinsatz im Referenzfach zugesprochene Wichtigkeit sich mit signifikanten positiven Effekten als bedeutende Prädiktoren der Nutzungshäufigkeit digitaler Medien im Unterricht herausstellen. Dieses Ergebnis spiegelt die Befunde internationaler Untersuchungen, die ebenfalls das *Technology Acceptance Model* als theoretische Rahmung genutzt haben, wider (u.a. Chen, 2010; Teo, 2011).

Insgesamt lässt sich in der Auswertung der Lehrerbefragung bezüglich der Einstellungen der Lehrpersonen zur unterrichtsbezogenen Mediennutzung eine positive Bilanz ziehen. Die überwiegende Mehrheit der Lehrpersonen steht dem Medieneinsatz im Unterricht positiv gegenüber und sprechen Computer, Internet und Co. vornehmlich Potenziale für die Unterrichtsgestaltung zu. Auch die Fähigkeit aufgrund der eigenen Kompetenzen, computergestützten Unterricht vorbereiten zu können, gesteht sich der Großteil der Lehrpersonen zu. Die LCA konnte mehr als die Hälfte der 1 250 befragten Lehrkräfte als Medienenthusiasten identifizieren, die sich durch eine starke Betonung der Potenziale digitaler Medien für die Unterrichtsgestaltung charakterisieren. Die positive Haltung gegenüber dem Medieneinsatz und die selbsteingeschätzte Kompetenz im unterrichtsbezogenen Umgang mit digitalen Medien stellen bedeutsame Voraussetzungen für einen regelmäßigen Medieneinsatz im Unterricht dar. Im Vergleich zu den Befunden in der 8. Jahrgangsstufe aus ICILS 2013 zeigt sich, dass nicht nur der Anteil an Lehrpersonen in der Sekundarstufe I höher ist, der sich die Vorbereitung von computergestütztem Unterricht zutraut, sondern auch der Anteil an Lehrpersonen, der regelmäßig, d.h. mindestens wöchentlich digitale Medien im Unterricht nutzt (vgl. dazu auch Kapitel IV in diesem Band). Es sind weitere Untersuchungen notwendig, um herauszufinden, worin dieser Unterschied begründet ist. Mögliche Erklärungen könnten eine gesteigerte Teilnahme an Fortbildungen, ein erhöhtes Interesse an der Integration digitaler Medien in den Unterricht oder auch die Wirkung von in der jüngeren Vergangenheit veröffentlichten Studienergebnissen zu diesem Thema darstellen.

Ob sich hier Hinweise auf eine positive Entwicklung abzeichnen, wird in den nächsten Jahren zu beobachten sein. Außerdem weist dieser Befund auf Handlungsbedarfe in den Bereichen der Lehreraus- und -fortbildung hin. Um angehende Lehrkräfte auf den Unterrichtsalltag, in dem der Einsatz digitaler Medien immer weiter an Bedeutung gewinnt, vorzubereiten, sollte bereits während der universitären Lehrerausbildung der Fokus auf die Stärkung der Kompetenzen zur Unterrichtsvorbereitung gelegt werden. Das Vorbereiten computergestützter Unterrichtsstunden sollte einen verbindlichen Teil der Lehrerausbildung ausmachen. Zusätzlich sollten die Einstellungen, wie die Wahrnehmung von möglichen Potenzialen und Risiken des Einsatzes digitaler Medien im Unterricht verstärkt thematisiert werden.

Literatur

BITKOM [Bundesverband Informationswirtschaft, Telekommunikation und neue Medien e.V.]. (2015). *Digitale Schule – vernetztes Lernen. Ergebnisse repräsentativer Schüler- und Lehrerbefragungen zum Einsatz digitaler Medien im Schulunterricht.* Berlin.

Breiter, A., Welling, S. & Stolpmann B.E. (2010). *Medienkompetenz in der Schule. Integration von Medien in den weiterführenden Schulen in Nordrhein-Westfalen.* Düsseldorf: Landesanstalt für Medien Nordrhein-Westfalen (LfM).

Brüggemann, M. (2013). *Digitale Medien im Schulalltag. Eine qualitativ rekonstruktive Studie zum Medienhandeln und berufsbezogenen Orientierungen von Lehrkräften.* München: kopaed.

Bühner, M. & Ziegler, M. (2009). *Statistik für Psychologen und Sozialwissenschaftler.* München: Pearson.

Chen, R.-J. (2010). Investigating models for preservice teachers' use of technology to support student-centered learning. *Computers & Education, 55*(1), 32–42.

Davis, F.D. (1989). Perceived usefulness, perceived ease of use, and user acceptance of information technology. *MIS Quarterly, 13*(3), 319–340.

Drent, M. & Meelissen, M. (2008). Which factors obstruct or stimulate teacher educators to use ICT innovatively? *Computers & Education, 51*(1), 187–199.

Eickelmann, B. (2010). *Digitale Medien in Schule und Unterricht erfolgreich implementieren.* Münster: Waxmann.

Eickelmann, B. & Schulz-Zander, R. (2008). Schuleffektivität, Schulentwicklung und digitale Medien. In W. Bos, H.G. Holtappels, H. Pfeiffer, H.-G. Rolff & R. Schulz-Zander (Hrsg.), *Jahrbuch der Schulentwicklung* (Bd. 15, S. 157–193). Weinheim: Juventa.

Ertmer, P.A. (2005). Teacher pedagogical beliefs: The final frontier in our quest for technology integration? *Educational Technology Research and Development, 53*(4), 25–39.

forsa [forsa Politik- und Sozialforschung GmbH]. (2014). *IT an Schulen. Ergebnisse einer Repräsentativbefragung von Lehrkräften in Deutschland.* Zugriff am 10. Juni 2015 unter http://www.vbe.de/index.php?eID=tx_nawsecuredl&u=0&g=0&t=1434180838&hash=017d602d9bfc343ddbe0512fa3d4a2c7836bc227&file=fileadmin/vbe-pressedienste/Studien/IT_an_Schulen_-_Bericht_gesamt.pdf

Fraillon, J., Ainley, J., Schulz, W., Friedman, T. & Gebhardt, E. (2014). *Preparing for Life in a Digital Age. The IEA International Computer and Information Literacy Study International Report.* Springer Open.

Geiser, C. (2011). *Datenanalyse mit Mplus. Eine anwendungsorientierte Einführung.* Wiesbaden: VS Verlag für Sozialwissenschaften.

Gerick, J., Schaumburg, H., Kahnert, J. & Eickelmann, B. (2014). Lehr- und Lernbedingungen des Erwerbs computer- und informationsbezogener Kompetenzen in den ICILS-2013-Teilnehmerländern. In W. Bos, B. Eickelmann, J. Gerick, F. Goldhammer, H. Schaumburg, K. Schwippert, M. Senkbeil, R. Schulz-Zander & H. Wendt (Hrsg.), *ICILS 2013.*

Computer- und informationsbezogene Kompetenzen von Schülerinnen und Schülern in der 8. Jahrgangsstufe im internationalen Vergleich (S. 147–169). Münster: Waxmann.

Gibson, W.A. (1959). Three multivariate models: Factor analysis, latent structure analysis, and latent profile analysis. *Psychometrika 24*(3), 229–252.

Gollwitzer, M. (2011). Latent-Class-Analysis. In H. Moosbrugger & A. Kelava (Hrsg.), *Testtheorie und Fragebogenkonstruktion* (2. Auflage, S. 279–306). Berlin: Springer.

Gysbers, A. (2008). *Lehrer – Medien – Kompetenz. Eine empirische Untersuchung zur medienpädagogischen Kompetenz und Performanz niedersächsischer Lehrkräfte*. Berlin: VISTAS.

Hennessy, S., Ruthven, K. & Brindley, S. (2005). Teacher perspectives on integrating ICT into subject teaching: Commitment, constraints, caution and change. *Journal of Curriculum Studies, 37*(2), 155–192.

Herzig, B. & Grafe, S. (2007). *Digitale Medien in der Schule. Standortbestimmung und Handlungsempfehlungen für die Zukunft. Studie zur Nutzung digitaler Medien in allgemein bildenden Schulen in Deutschland*. Bonn: Deutsche Telekom AG. Zugriff am 16. Mai 2015 unter: http://www2.uni-paderborn.de/fileadmin/kw/institute-einrichtungen/erziehungswissenschaft/arbeitsbereiche/herzig/downloads/forschung/Studie_Digitale_Medien.pdf

Herzig, B. & Grafe, S. (2010). Digitale Medien in Schule und Alltagswelt. Zur Verbindung von formellen und informellen Lernprozessen. In B. Bachmair (Hrsg.), *Medienbildung in neuen Kulturräumen. Die deutschsprachige und britische Diskussion* (S. 183–195). Wiesbaden: VS Verlag für Sozialwissenschaften.

IfD Allensbach [Institut für Demoskopie Allensbach]. (2013). *Digitale Medien und Unterricht – Möglichkeiten und Grenzen*. Zugriff am 10. Juni 2015 unter http://www.telekom-stiftung.de/dts-cms/sites/default/files//dts-library/body-files/rechte-spalte/05_Impulse/ZEIT-Konferenzen/allensbach-studie_web-pdf.pdf

KMK [Sekretariat der Ständigen Konferenz der Kultusminister der Länder in der Bundesrepublik Deutschland]. (2012). *Medienbildung in der Schule*. Beschluss der Kultusministerkonferenz vom 8. März 2012. Zugriff am 20. April 2015 unter http://www.kmk.org/fileadmin/veroeffentlichungen_beschluesse/2012/2012_03_08_Medienbildung.pdf

Lazarsfeld, P.F. & Henry, N.W. (1968). *Latent structure analysis*. Boston: Houghton Mifflin.

Müller, C., Blömeke, S. & Eichler, D. (2006). Unterricht mit digitalen Medien – zwischen Innovation und Tradition? Eine empirische Studie zum Lehrerhandeln im Medienzusammenhang. *Zeitschrift für Erziehungswissenschaft, 9*(4), 632–650.

Muthén, L.K. & Muthén, B.O. (1998-2012). *Mplus User's Guide*. Seventh Edition. Los Angeles, CA: Muthén & Muthén.

Nylund, K.L., Asparouhov, T. & Muthén, B.O. (2007). Deciding on the number of classes in latent class analysis and growth mixture modeling: A Monte Carlo Simulation study. *Structural equation modeling, 14*(4), 535–569.

Petko, D. (2012). Hemmende und förderliche Faktoren des Einsatzes digitaler Medien im Unterricht. Empirische Befunde und forschungsmethodische Probleme. In R. Schulz-Zander, B. Eickelmann, H. Moser, H. Niesyto & P. Grell (Hrsg.), *Jahrbuch Medienpädagogik 9* (S. 29–50). Wiesbaden: VS Verlag für Sozialwissenschaften.

Petko, D. & Graber, M. (2010). *ICT im Unterricht der Sekundarstufe I. Bericht zur empirischen Bestandsaufnahme im Kanton Schwyz*. Goldau: Institut für Medien und Schule, PHZ Schwyz.

Prasse, D. (2012). *Bedingungen innovativen Handelns in Schulen. Funktion und Interaktion von Innovationsbereitschaft, Innovationsklima und Akteursnetzwerken am Beispiel der IKT-Integration an Schulen.* Münster: Waxmann.

Rost, J. (2006). Latent-Class-Analyse. In F. Petermann & M. Eid (Hrsg.), *Handbuch der psychologischen Diagnostik* (Handbuch der Psychologie, Bd. 4, S. 275–287). Göttingen: Hogrefe.

Sang, G., Valcke, M., van Braak, J. & Tondeur, J. (2010). Student teachers' thinking processes and ICT integration: Predictors of prospective teaching behaviors with educational technology. *Computers & Education 54*(1), 103–112.

Schaumburg, H. (2003). *Konstruktivistischer Umgang mit Laptops? Eine Fallstudie zum Einfluss mobiler Computer auf die Methodik des Unterrichts.* Dissertation an der Freien Universität Berlin.

Schaumburg, H., Prasse, D., Tschackert, K. & Blömeke, S. (2007). *Lernen in Notebook-Klassen. Endbericht zur Evaluation des Projekts „1000mal1000: Notebooks im Schulranzen". Analysen und Ergebnisse.* Bonn: Schulen ans Netz e.V.

Schmotz, C. (2009). *Handlungsleitende Kognitionen beim Einsatz digitaler Medien. Eine Studie zu Überzeugungen und Skripts von Lehrerinnen und Lehrern.* Humboldt-Universität zu Berlin.

Schulz-Zander, R., Hunneshagen, H., Weinreich, F., Brockmann, J. & Dalmer, R. (2000). *Abschlussbericht der wissenschaftlichen Evaluation des Projektes „Schulen ans Netz".* Dortmund: IFS.

Schweiger, W. & Horn, M. (2014). Kommt es auf die Einstellung zu digitalen Medien an? *Medien + Erziehung, 58*(6), 50–62.

Senkbeil, M. (2004). *Typen der Computernutzung. Identifizierung einer Schülertypologie und ihre Bedeutung für das Lernen.* Innsbruck: StudienVerlag.

Teo, T. (2011). Factors influencing teachers' intention to use technology: Model development and test. *Computers & Education, 57*(4), 2432–2440.

Teo, T. (2015). Comparing pre-service and in-service teachers' acceptance of technology: Assessment of measurement invariance and latent mean differences. *Computers & Education, 83*, 22–31.

Teo, T. & Noyes, J. (2011). An assessment of the influence of perceived enjoyment and attitude on the intention to use technology among pre-service teachers: A structural equation modeling approach. *Computers & Education, 57*(2), 1645–1653.

Tondeur, J., Hermans, R., van Braak, J. & Valcke, M. (2008). Exploring the link between teachers' educational belief profiles and different types of computer use in the classroom. *Computers in Human Behavior, 24*(6), 2541–2553.

van Braak, J., Tondeur, J. & Valcke, M. (2004). Explaining different types of computer use among primary school teachers. *European Journal of Psychology of Education, 19*(4), 407–422.

Venkatesh, V. & Bala, H. (2008). Technology Acceptance Model 3 and a Research Agenda on Interventions. *Decision Sciences, 39*(2), 273–315.

Venkatesh, V. & Davis, F.D. (2000). A Theoretical Extension of the Technology Acceptance Model: Four Longitudinal Field Studies. *Management Science, 46*(2), 186–204.

Vermunt, J.K. & Magidson, J. (2002). Latent Class Cluster Analysis. In J.A. Hagenaars & A.L. Mccutcheon (Hrsg.), *Applied Latent Class Analysis* (S. 89–106). Cambridge University Press.

Kapitel VI
Förderung der IT-bezogenen Fähigkeiten von Schülerinnen und Schülern durch Lehrpersonen in der Sekundarstufe I

Ramona Lorenz und Manuela Endberg

In diesem Kapitel wird der Frage nachgegangen, inwieweit die Förderung der IT-bezogenen Fähigkeiten von Schülerinnen und Schülern durch Lehrpersonen in der Sekundarstufe I erfolgt. Die dafür zugrunde liegenden Indikatoren lassen sich im theoretischen Modell des Zusammenhangs von Schulentwicklung und Schuleffektivität nach Eickelmann und Schulz-Zander (2008) als Faktoren verorten, die unmittelbar auf die Outputebene wirken (vgl. Kapitel I in diesem Band).

Im Zuge der zunehmenden Technisierung, die sich in allen persönlichen und gesellschaftlichen Lebensbereichen vollzieht, steigt die Bedeutung des kompetenten Umgangs mit digitalen Medien kontinuierlich. Entsprechend dem Wandel zu einer Wissens- und Informationsgesellschaft sind digitale Kompetenzen als Schlüsselkompetenzen im 21. Jahrhundert definiert (Europäische Kommission, 2006). Im Rahmen der internationalen Schulleistungsstudie ICILS 2013 (*International Computer and Information Literacy Study*) konnte ein theoretisch fundiertes Konstrukt zur Messung computer- und informationsbezogener Kompetenzen von Schülerinnen und Schülern konzipiert werden, das die anschließende Messung dieser Kompetenzen im internationalen Vergleich ermöglichte. Allerdings ist bisher nicht bekannt, wie die Förderung dieser wichtigen computer- und informationsbezogenen Kompetenzen in der Schule in Deutschland erfolgt. Daher gilt es zu überprüfen, ob alle Aspekte des theoretischen Kompetenzkonstrukts der computer- und informationsbezogenen Kompetenzen im Unterricht gefördert werden. Außerdem ist es notwendig vor dem Hintergrund des Kompetenzstufenmodells von ICILS 2013 herauszufinden, ob Arbeitsweisen und Fähigkeiten von Schülerinnen und Schülern entsprechend allen fünf Kompetenzstufen im Rahmen der schulischen Medienbildung gefördert werden.

Mit dem *Länderindikator 2015* können diese Fragen beispielhaft für Deutschland auf der Grundlage einer repräsentativen Lehrerbefragung mit einem explorativen Ansatz in den Blick genommen werden. Dieser erlaubt zusätzlich auch die Betrachtung möglicher Unterschiede in Herangehensweisen zur Förderung IT-bezogener Fähigkeiten von Schülerinnen und Schülern zwischen einzelnen Bundesländern. Hervorzuheben ist an dieser Stelle, dass das in ICILS 2013 verwendete Kompetenzkonstrukt speziell auf die 8. Jahrgangsstufe ausgelegt ist. Über den *Länderindikator 2015* kann die Förderung der IT-bezogenen Fähigkeiten von Schülerinnen und Schülern durch Lehrpersonen in der gesamten Sekundarstufe I betrachtet werden. Einschränkend bleibt anzumerken, dass noch keine theoretischen Annahmen und keine Datengrundlage zur Prüfung der Stabilität bzw. Dynamik des Kompetenzkonstrukts im Längsschnitt der Sekundarstufe I vorliegen und noch nicht erforscht ist, ob der Erwerb der computer- und informationsbezogenen Kompetenzen in diesem Zeitverlauf hierarchisch erfolgt.

Im Bundesländervergleich stellt sich zudem die Frage nach der curricularen Validität des Konstruktes der computer- und informationsbezogenen Kompetenzen. Mit dem Beschluss „Medienbildung in der Schule" der Kultusministerkonferenz aus dem Jahr 2012 ist Medienbildung als verbindlicher Teil der schulischen Bildung in allen 16 Bundesländern in Deutschland benannt (KMK, 2012). Grundsätzlich kann festgestellt werden, dass in allen Bundesländern in unterschiedlicher Art und Weise schulische Medienbildung etabliert und verankert ist, wobei sich die Umsetzungsstrategien teils gravierend unterscheiden (vgl. dazu beispielhaft Kapitel VII in diesem Band). Eng mit der curricularen Validität des Kompetenzkonstrukts ist zudem auch die Frage nach förderorientierten Verhaltensspielräumen der Lehrkräfte verbunden.

Im Folgenden werden zunächst das Konstrukt der computer- und informationsbezogenen Kompetenzen aus ICILS 2013, die einzelnen Aspekte dieses Konstruktes sowie das Kompetenzstufenmodell erläutert. Daran schließen sich die Befunde des *Länderindikators 2015* an, in dem die schulische Förderung der einzelnen Aspekte im Bundesländervergleich betrachtet wird. Gleiches erfolgt für die Erfassung bestimmter Arbeitsweisen im Unterricht, über die IT-bezogene Fähigkeiten abgebildet werden können, die sich den einzelnen Kompetenzstufen zuordnen lassen.

1. Stand der bisherigen Forschung

Mit der internationalen Schulleistungsstudie ICILS 2013 wurden im internationalen Vergleich die computer- und informationsbezogenen Kompetenzen von Schülerinnen und Schülern erstmalig im Rahmen einer computerbasierten Testung gemessen und konnten entlang eines Kompetenzstufenmodells eingeordnet werden (Bos, Eickelmann, Gerick, Goldhammer, Schaumburg, Schwippert et al., 2014; Fraillon, Ainley, Schulz, Friedman & Gebhardt, 2014). Das Konstrukt der computer- und informationsbezogenen Kompetenzen (*computer and information literacy* – CIL) reiht sich in die Liste der Literacy-Konstrukte ein, die eine empirische Testung verschiedener Schülerkompetenzen ermöglichen (z.B. Lesekompetenz, Mathematikkompetenz, naturwissenschaftliche Kompetenz). Die vorgenannten Kompetenzkonstrukte verbindet, nicht zuletzt durch ihre Etablierung in verschiedenen internationalen Schulleistungsstudien, eine längere Forschungstradition.

Die computer- und informationsbezogenen Kompetenzen konnten hingegen erstmalig im Rahmen von ICILS 2013 in einem empirisch fundierten Kompetenzstufenmodell verortet werden. Ausgangspunkt für die Modellierung des CIL-Konstrukts waren Vorarbeiten im Rahmen von drei repräsentativen Studien zur Erfassung der IT-bezogenen Kompetenzen von Schülerinnen und Schülern verschiedener Jahrgangsstufen in Australien (ACARA, 2012; MCEECDYA, 2010; MCEETYA, 2008). Für ICILS 2013 konnte basierend auf den Testinstrumenten und Ergebnissen der australischen Untersuchungen ein hypothetisches Kompetenzmodell der computer- und informationsbezogenen Kompetenzen entwickelt werden (Abbildung 1). Entsprechend dem Literacy-Ansatz sind computer- und informationsbezogene Kompetenzen in ICILS 2013 als „individuelle Fähigkeiten einer Person definiert, die es ihr erlauben, Computer und neue Technologien zum Recherchieren, Gestalten und Kommunizieren von Informationen zu nutzen und diese zu bewerten, um am Leben im häuslichen Umfeld, in der Schule, am Arbeitsplatz und in der Gesellschaft erfolgreich teilzuhaben" (Eickelmann, Bos, Gerick & Kahnert, 2014, S. 45).

Für die Administration des computergestützten Kompetenztests konnte ebenfalls auf die Vorerfahrung sowie die verwendete Software aus den australischen Studien zurückgegriffen werden. Der in ICILS 2013 eingesetzte Kompetenztest war speziell auf die Erfassung der computer- und informationsbezogenen Kompetenzen von Schülerinnen und Schülern der 8. Jahrgangsstufe ausgerichtet und verknüpfte offene und geschlossene Fragen mit an realer Computersoftware angelehnten authentischen komplexen Aufgabenstellungen zur eigenständigen Bearbeitung am Computer. Über die repräsentative Schülerstichprobe sowie die Erhebung weiterer Hintergrundinformationen konnte in der Studie ICILS 2013 ein umfangreiches Bild über den Kompetenzstand der Schülerinnen und Schüler der 8. Jahrgangsstufe sowie über die Rahmenbedingungen des Kompetenzerwerbs gewonnen werden.

Im Rahmen des *Länderindikators 2015* ist ein vergleichbarer Ansatz nicht möglich. Stattdessen wird mit Hilfe der für Deutschland repräsentativen Lehrerstichprobe die unterrichtliche Anwendung verschiedener Arbeitsweisen zur Förderung von IT-bezogenen Fähigkeiten untersucht, die sich dem Konstrukt der computer- und informationsbezogenen Kompetenzen zuordnen lassen. Dafür wurden zum Teil eigens Indikatoren entwickelt, die sich an den beiden Teilbereichen und den dazugehörigen Aspekten der computer- und informationsbezogenen Kompetenzen orientieren. Hervorzuheben ist, dass in ICILS 2013 der Blick auf den Kompetenzstand von Schülerinnen und Schülern in der 8. Jahrgangsstufe gelegt wurde, wohingegen im *Länderindikator 2015* die Kompetenzförderung über die gesamte Sekundarstufe I betrachtet wird. Mit diesem explorativen Ansatz soll untersucht werden, ob der Erwerb von IT-bezogenen Fähigkeiten über die Sekundarstufe I hinweg hinsichtlich aller Aspekte des Kompetenzkonstrukts gefördert wird. Im Folgenden werden das theoretische Konstrukt sowie zentrale Befunde aus ICILS 2013 näher erläutert und vorgestellt, um die theoretische Fundierung der Untersuchung darzulegen.

1.1 Konstrukt der computer- und informationsbezogenen Kompetenzen in ICILS 2013

Das theoretische Konstrukt der computer- und informationsbezogenen Kompetenzen, das der internationalen Schulleistungsstudie ICILS 2013 zugrunde liegt, ist in Abbildung 1 dargestellt.

Abbildung 1: Konstrukt der computer- und informationsbezogenen Kompetenzen in ICILS 2013 (Teilbereiche und zugehörige Aspekte); Quelle: Senkbeil, Goldhammer, Bos, Eickelmann, Schwippert & Gerick, 2014, S. 89

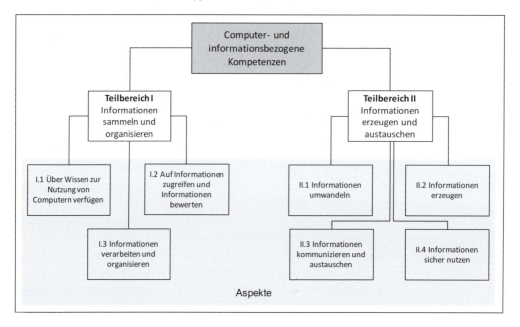

Computer- und informationsbezogene Kompetenzen werden in ICILS 2013 in zwei Teilbereiche differenziert, die jeweils sowohl technische als auch kognitive (informationsbezogene) Fähigkeiten berücksichtigen (Senkbeil, Goldhammer, Bos, Eickelmann, Schwippert & Gerick, 2014). Teilbereich I *Informationen sammeln und organisieren* beschreibt vorrangig rezeptive Fähigkeiten, die sowohl deklaratives Wissen über die Nutzung von Computern als auch Aspekte zur Verarbeitung und Organisation computerbasierter Informationen umfassen. Teilbereich II *Informationen erzeugen und austauschen* umfasst produktive Kompetenzen, die für das Kommunizieren von Informationen oder das Erzeugen von Informationsprodukten relevant sind. Nachfolgend werden die einzelnen Aspekte der beiden Teilbereiche nähergehend betrachtet (vgl. dazu ausführlich Senkbeil et al., 2014).

Teilbereich I: Informationen sammeln und organisieren

I.1 Über Wissen zur Nutzung von Computern verfügen
Die erfolgreiche Nutzung von Computern erfordert von den Nutzerinnen und Nutzern sowohl deklaratives Wissen als auch prozedurale Fertigkeiten. Deklaratives Wissen bezieht sich dabei auf grundlegende Kenntnisse beispielsweise über elementare Bestandteile von Computern oder verschiedene Programmtypen. Prozedurales Wissen umfasst das Wissen über die Funktionsweise einzelner Programme sowie die Fähigkeiten, die für den Umgang mit digitalen Informationen notwendig sind, wie etwa das Kopieren und Einfügen von Text(ausschnitten) oder eine einfache Bildbearbeitung.

I.2 Auf Informationen zugreifen und Informationen bewerten
Das Internet bietet eine stetig wachsende Menge an Informationen, die es nicht nur unerlässlich macht, Informationen abrufen und identifizieren, sondern diese auch filtern und speichern zu können. Dazu werden unter anderem die Fähigkeiten benötigt, die Funktionsweise einer Suchmaschine zu beschreiben und Suchbegriffe adäquat zu variieren oder relevante Informationen auf Internetseiten auszuwählen. Aufgrund der Vielzahl an verfügbaren Informationen im Internet kommt der Bewertung von Informationen hinsichtlich der Glaubwürdigkeit, Verständlichkeit und Nützlichkeit ein besonderer Stellenwert zu. Dazu zählt beispielsweise die Bewertung, ob eine vorliegende Information objektiv dargestellt wurde.

I.3 Informationen verarbeiten und organisieren
Für eine effiziente Verarbeitung von Informationen, beispielsweise für konkrete Fragestellungen, ist es unerlässlich, Informationen aufbereiten, organisieren und speichern zu können. Dazu sind unter anderem Kenntnisse über Filterfunktionen in Online-Datenbanken oder über das Erstellen von Datei- und Ordnerstrukturen im Hinblick auf eine effiziente Nutzung notwendig.

Teilbereich II: Informationen erzeugen und austauschen

II.1 Informationen umwandeln
Zur Bearbeitung bestimmter Aufgaben mittels Computer ist es unter Umständen notwendig, Informationen zielgerichtet und adressatengerecht aufzuarbeiten oder umzuwandeln. Dafür sind Kenntnisse über die multimedialen Anwendungsmöglichkeiten von Computern notwendig, um etwa eine textbasierte Information in eine grafische Darstellungsform zu übertragen.

II.2 Informationen erzeugen
Um Informationsprodukte wie Poster oder Präsentationen effizient zu nutzen, bedarf es der Fähigkeit, Informationen für bestimmte Zielsetzungen und Zielgruppen zu gestalten. Dazu zählt beispielsweise die Integration von Informationen (Tabellen, Texte etc.) aus unterschiedlichen Programmen in Präsentationsformate oder das Erstellen eines computergestützten Referates zu einem spezifischen Thema.

II.3 Informationen kommunizieren und austauschen
Die erfolgreiche Anwendung von Kommunikationswerkzeugen (z.B. E-Mails, Instant Messenger) und ein Verständnis darüber, wie Informationen digital kommuniziert und ausgetauscht werden, stehen im Fokus dieses Aspekts. Dabei geht es um das Verständnis und die Anwendung unterschiedlicher Kommunikationsplattformen wie soziale Netzwerke, Foren, Blogs oder Wikis. In diesem Zusammenhang ist auch die Fähigkeit relevant, die Angemessenheit von Informationen im jeweiligen Kontext zu bewerten und die Auswirkungen online geteilter Informationen zu verstehen.

II.4 Informationen sicher nutzen
Für einen sicheren Umgang mit Informationen sind zum einen Kenntnisse über einen sicheren und vertraulichen Umgang mit Informationen notwendig, zum anderen das Verständnis und Wissen über ethische und rechtliche Grundlagen der Kommunikation mittels Computer. Darunter sind beispielsweise der reflektierte Umgang mit persönlichen Informationen, das Erkennen von Phishing-E-Mails oder Kenntnisse über Virenprogramme zu verstehen.

Befunde der internationalen Schulleistungsstudie ICILS 2013 zu Aspekten der computer- und informationsbezogenen Kompetenzen von Achtklässlerinnen und Achtklässlern

In ICILS 2013 wurde die Förderung von IT-bezogenen Fähigkeiten von Schülerinnen und Schülern durch Lehrkräfte im Unterricht über verschiedene Indikatoren erfasst. Die Lehrpersonen wurden gebeten anzugeben, mit wie viel Nachdruck sie diese Fähigkeiten bei den Schülerinnen und Schülern im Unterricht fördern. Dazu wurden die vier erhobenen Antwortkategorien dichotomisiert und die (aus den Kategorien *Mit starkem Nachdruck* und *Mit etwas Nachdruck*) zusammengefasste Kategorie *Mit Nachdruck* berichtet. Die Ergebnisse von ICILS 2013 belegen, dass die Lehrpersonen in Deutschland am ehesten den effizienten Zugriff auf Informationen im Unterricht mit Nachdruck förderten (36.2%; Eickelmann, Schaumburg, Drossel & Lorenz, 2014). Etwa jede dritte Lehrkraft gab an, die Angabe der Quelle digitaler Informationen als wichtige IT-bezogene Kompetenz der Schülerinnen und Schülern zu verstehen und entsprechend im Unterricht zu fördern. Die Überprüfung der Glaubwürdigkeit digitaler Informationen, die Überprüfung der Relevanz digitaler Informationen, die Prüfung der Genauigkeit digitaler Informationen, die Reflexion des Vorgehens bei der Informationssuche, die Reflexion der Folgen von online veröffentlichten Informationen sowie das Erkunden und Nutzen verschiedener digitaler Ressourcen bei einer Informationssuche wurden von jeweils etwa einem Viertel der Lehrpersonen in Deutschland als IT-bezogene Fähigkeiten im Unterricht mit Nachdruck gefördert (ebd.; Fraillon et al., 2014).

Die Darstellung von Informationen für ein bestimmtes Publikum/für einen bestimmten Zweck sowie die Anwendung von Computerprogrammen zur Herstellung von digitalen Produkten (z.B. Präsentationen, Dokumente, Bilder und Diagramme) wurden von jeweils rund 30 Prozent der Lehrkräfte in Deutschland mit Nachdruck gefördert, der Austausch digitaler Informationen mit anderen von 15 Prozent (ebd.).

Im internationalen Vergleich zeigt sich, dass in fast allen anderen ICILS-Teilnehmerländern deutlich höhere Anteile der Lehrkräfte angaben, die vorgenannten IT-bezogenen Fähigkeiten der Schülerinnen und Schüler zu fördern.

1.2 Kompetenzstufen computer- und informationsbezogener Kompetenzen in ICILS 2013

Für die computer- und informationsbezogenen Kompetenzen von Jugendlichen wurden fünf Kompetenzstufen definiert, die die jeweiligen Leistungen der Schülerinnen und Schüler widerspiegeln. Jugendliche auf einer höheren Kompetenzstufe können dabei mit einer hohen Wahrscheinlichkeit alle Aufgaben auf dieser und den darunterliegenden Stufen lösen. Im Folgenden werden die Kompetenzstufen und die darunter zu zählenden computer- und informationsbezogenen Kompetenzen näher beschrieben (vgl. dazu ausführlich Senkbeil et al., 2014):

Kompetenzstufe I: Rudimentäre, vorwiegend rezeptive Fertigkeiten und sehr einfache Anwendungskompetenzen
Schülerinnen und Schüler, die sich auf dieser Kompetenzstufe befinden, verfügen auf rezeptiver Ebene über rudimentäre Fertigkeiten im Umgang mit Programmanwendungen, wie etwa das Anklicken einer E-Mail. Auf produktiver Ebene gelingt es, einfachste Formatierungen wie das Anpassen des Kontrastes eines Bildes durchzuführen. Schülerinnen und Schüler, deren Kompetenzen auf dieser Stufe einzuordnen sind, können relativ einfache Aufgaben, die der zweiten Kompetenzstufe entsprechen, in der Regel nicht lösen. Eine einfache Verarbeitung von digitalen Informationen (z.B. das Speichern und Wiederaufrufen von Informationen) ist für sie nur mit Hilfestellung möglich.

Kompetenzstufe II: Basale Wissensbestände und Fertigkeiten hinsichtlich der Identifikation von Informationen und der Bearbeitung von Dokumenten
Auf rezeptiver Ebene haben Schülerinnen und Schüler, die diese Kompetenzstufe erreichen, ein grundlegendes Verständnis über die Nutzung eines Computers als Werkzeug. Dazu zählt zu wissen, dass ein Dokument vor dem Schließen gespeichert werden muss, um den aktuellen Stand zu sichern, und dass unterschiedliche Dateiendungen auf unterschiedliche Programmtypen hinweisen. Zudem gelingen ihnen einfache Ausführungen zum Suchen und Finden von Informationen, etwa das Öffnen eines Links im Webbrowser. Auf produktiver Ebene können Schülerinnen und Schüler Dokumente aufgrund von Vorgaben bearbeiten oder erstellen. Zudem können sie E-Mails an mehrere Personen gleichzeitig versenden und dabei zwischen den unterschiedlichen Arten der Adressierung unterscheiden (An, Cc, Bcc). Ferner verfügen sie über ein grundlegendes Wissen darüber, dass online gestellte Daten von Dritten eingesehen und missbräuchlich verwendet werden können.

Kompetenzstufe III: Angeleitetes Ermitteln von Informationen und Bearbeiten von Dokumenten sowie Erstellen einfacher Informationsprodukte
Jugendliche, die diese Kompetenzstufe erreichen, verfügen über grundlegende Kenntnisse im Umgang mit Computern als Informationsquelle. Zudem können sie Informationen unter Anleitung identifizieren, auswählen und hinzufügen. So können sie beispielsweise Informationen in eine bestimmte Zelle einer Tabellenkalkulation einfügen. Hinsichtlich der Onlinerecherche können Schülerinnen und Schüler zudem zwischen kommerziellen und nicht kommerziellen Suchergebnissen unterscheiden. Auf produktiver Ebene können Jugendliche mittels vorgegebener Instruktionen anspruchsvolle Handlungen ausführen. Dazu zählt unter anderem die Veränderung der Farbe einer Grafik oder die Verwendung von Formatvorlagen. Weitergehend können Schülerinnen und Schüler einfache Informationsprodukte in einem einheitlichen Layout erstellen. Im Bereich der Datensicherheit kennen die Schülerinnen und Schüler die Bedeutung von Benutzernamen und Passwörtern.

Kompetenzstufe IV: Eigenständiges Ermitteln und Organisieren von Informationen und selbstständiges Erzeugen von Dokumenten und Informationsprodukten
Auf Kompetenzstufe IV können Jugendliche eigenständige Informationssuchen durchführen und eigenständig geeignete Programme zur Bearbeitung von Problemstellungen verwenden. Dabei sind sie in der Lage relevante Informationen zu identifizieren, auszuwählen und auf ihre Glaubwürdigkeit hin zu überprüfen. Dazu verfügen sie über das Wissen, dass die Glaubwürdigkeit unter anderem von der Identität, der Expertise und den Motiven der Verfasserin oder des Verfassers abhängig ist. Auf produktiver Ebene sind Jugendliche auf dieser Kompetenzstufe in der Lage, Informationsprodukte wie Präsentationen selbstständig zu erzeugen und die dafür relevanten Informationen aus vorgegebenen Quellen auszuwählen und zielgerichtet aufzubereiten.

Kompetenzstufe V: Sicheres Bewerten und Organisieren selbstständig ermittelter Informationen und Erzeugen von inhaltlich sowie formal anspruchsvollen Informationsprodukten
Auf dieser Kompetenzstufe können Schülerinnen und Schüler die Glaubwürdigkeit und Nützlichkeit komplexer Informationen richtig einschätzen. Zudem können sie diese Informationen zur weiteren Verarbeitung auswählen und mittels geeigneter Programme aufbereiten. Ferner können Jugendliche Datenbestände, zum Beispiel mit Tabellenkalkulationsprogrammen, nach bestimmten Kriterien sortieren. Auf produktiver Ebene können sie Informationen aus unterschiedlichen Quellen zusammentragen und diese mittels Grafiken und Diagrammen visualisieren. Die erzeugten Informationsprodukte zeichnen sich durch eine klare, logische Gliederung sowie eine adressatengerechte Aufbereitung aus. Weitergehend können sie zwischen rechtlichen, technischen und sozialen Aspekten hinsichtlich der Nutzung von online verfügbaren Bildern unterscheiden (z.B. Urheberrecht, Reaktion auf das Bild).

Förderung der IT-bezogenen Fähigkeiten von Schülerinnen und Schülern   149

Befunde der internationalen Schulleistungsstudie ICILS 2013 zu computer- und informationsbezogenen Kompetenzen von Achtklässlerinnen und Achtklässlern

Die prozentuale Verteilung der Schülerinnen und Schüler der 8. Jahrgangsstufe, die an ICILS 2013 teilgenommen haben, auf die Kompetenzstufen der computer- und informationsbezogenen Kompetenzen wird in Abbildung 2 dargestellt.

Abbildung 2: Prozentuale Verteilung der Schülerinnen und Schüler auf die Kompetenzstufen der computer- und informationsbezogenen Kompetenzen in ICILS 2013 sortiert nach Anteilen auf Kompetenzstufe V (Quelle: Bos, Eickelmann & Gerick, 2014, S. 131)

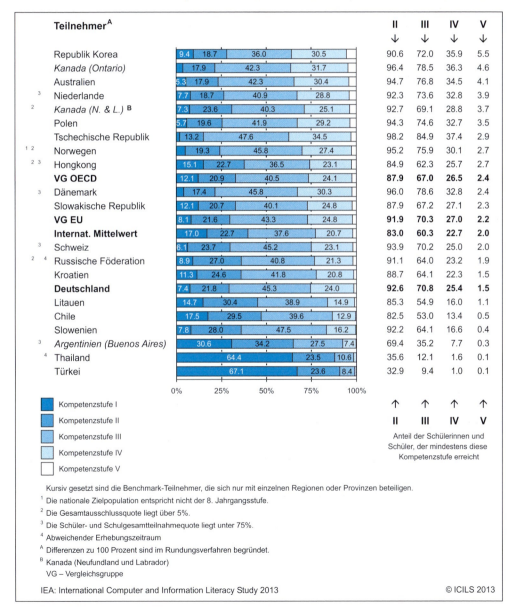

Es wird abgebildet, wie groß die Anteile der Schülerinnen und Schüler in jedem ICILS-2013-Teilnehmerland waren, die die jeweilige Kompetenzstufe erreicht haben. Damit ist zu erkennen, wie groß der Anteil der Schülerinnen und Schüler war, der nur über geringe Kompetenzen verfügte (Kompetenzstufen I und II, rudimentäre Fertigkeiten bzw. basale Wissensbestände) und damit gefährdet ist, den Anschluss an die digitale Gesellschaft des 21. Jahrhunderts zu verlieren (Bos, Eickelmann & Gerick, 2014). Zudem ist erkennbar, wie groß der Anteil der Jugendlichen war, der über hohe computer- und informationsbezogene Kompetenzen verfügte (Kompetenzstufen IV und V). Im rechten Teil der Abbildung ist zusätzlich dargestellt, welcher Anteil der Schülerinnen und Schüler insgesamt mindestens die jeweilige Kompetenzstufe erreicht hat. Im internationalen Vergleich zeigten sich für alle Teilnehmerländer sehr geringe Anteile an Schülerinnen und Schülern auf der höchsten Kompetenzstufe V (Bos, Eickelmann & Gerick, 2014). Für Deutschland lag der Anteil der Schülerinnen und Schüler, die die höchste Kompetenzstufe V erreichten, bei nur 1.5 Prozent. Die entsprechenden Anteile fielen für den internationalen Mittelwert (2.0%) sowie für die Vergleichsgruppe EU (2.2%) und die Vergleichsgruppe OECD (2.4%) etwas höher aus. Die Betrachtung der Verteilung auf die weiteren Kompetenzstufen verdeutlicht, dass die Leistungen etwa eines Viertels (24.0%) der Schülerinnen und Schüler in Deutschland der Kompetenzstufe IV entsprach. Diese Jugendlichen waren somit in der Lage, eigenständig Informationen zu ermitteln und zu organisieren sowie selbstständig Dokumente und Informationsprodukte zu erzeugen.

Der größte Anteil der Schülerinnen und Schüler in Deutschland war der Kompetenzstufe III zuzuordnen (45.3%). Diese Achtklässlerinnen und Achtklässler waren in der Lage, unter Anleitung Informationen zu ermitteln, Dokumente mit Hilfestellungen zu bearbeiten und einfache Informationsprodukte zu erstellen. In Deutschland erreichte allerdings auch mehr als ein Fünftel der Schülerinnen und Schüler (21.8%) nur die Kompetenzstufe II und verfügte damit lediglich über basale Wissensbestände und einfache IT-bezogene Fertigkeiten. Der Kompetenzstufe I, die rudimentäre Fertigkeiten wie das Anklicken eines Links umfasst, ließen sich 7.4 Prozent der Schülerinnen und Schüler in Deutschland zuordnen.

Insgesamt zeigte sich, dass mehr als zwei Drittel (70.8%) der Schülerinnen und Schüler in der 8. Jahrgangsstufe in Deutschland mindestens die Kompetenzstufe III erreichten und damit grundlegende Fertigkeiten im Umgang mit digitalen Medien erworben hatten. Dieser Anteil war vergleichbar mit den Werten der Vergleichsgruppen EU (70.3%) und OECD (67.0%). Im Gegensatz bedeutet dies allerdings, dass fast 30 Prozent der Jugendlichen in Deutschland nur die Kompetenzstufen I und II erreichten und damit lediglich über sehr geringe computer- und informationsbezogene Kompetenzen verfügten. Diese Jugendlichen werden aufgrund ihrer mangelnden Kompetenzen voraussichtlich Schwierigkeiten haben, den privaten, beruflichen sowie gesellschaftlichen Anforderungen des Lebens im 21. Jahrhundert gerecht zu werden (ebd.).

Aufgrund dieser großen Risikogruppe ist es zwingend erforderlich zu untersuchen, inwiefern die Fähigkeiten, die den unterschiedlichen Stufen der computer- und informationsbezogenen Kompetenzen zugeordnet sind, im deutschen Schulsystem gefördert werden. Dazu wurde im Rahmen des *Länderindikators 2015* im Bundesländervergleich erfasst, welche IT-bezogenen Fähigkeiten der Schülerinnen und Schüler in der Sekundarstufe I durch die Arbeitsweisen mit digitalen Medien im Unterricht gefördert werden.

2. Ergebnisse des *Länderindikators 2015*

Der kompetente und sichere Umgang mit digitalen Medien zählt zu den Schlüsselkompetenzen des 21. Jahrhunderts. Der Förderung der Medienkompetenz der Schülerinnen und Schüler wird immer mehr Bedeutung beigemessen und insbesondere die Institution Schule steht zunehmend vor der Herausforderung, diese Förderung zu gewährleisten. Entsprechend dem theoretischen Konstrukt der computer- und informationsbezogenen Kompetenzen wird für den *Länderindikator 2015* betrachtet, wie die Förderung der IT-bezogenen Fähigkeiten der Schülerinnen und Schüler im Unterricht der Sekundarstufe I abgebildet werden kann. Dazu wurden die befragten Lehrkräfte gebeten anzugeben, ob sie bestimmte Fähigkeiten der Schülerinnen und Schüler im Umgang mit digitalen Medien im Unterricht fördern.

2.1 Kompetenzförderung entsprechend den Teilbereichen der computer- und informationsbezogenen Kompetenzen in ICILS 2013

Die Kompetenzförderung entsprechend den Teilbereichen der computer- und informationsbezogenen Kompetenzen in ICILS 2013 wird im *Länderindikator 2015* über eine Reihe von Indikatoren erfasst, die zum Teil denen der Studie ICILS 2013 entsprechen, zum Teil eigens für den *Länderindikator 2015* entwickelt wurden. Die Indikatoren beziehen sich dabei auf den Unterricht in der Referenzklasse[1]. Für den Fall, dass eine bestimmte IT-bezogene Fähigkeit für das Unterrichtsfach der Referenzklasse nicht relevant ist, hatten die Lehrpersonen die Möglichkeit, dies entsprechend im Fragebogen anzugeben.

Wie in Abschnitt 1.1 dargestellt gliedert sich das Konstrukt der computer- und informationsbezogenen Kompetenzen in ICILS 2013 in zwei Teilbereiche, die das Sammeln und Organisieren von Informationen (Teilbereich I) und das Erzeugen und Austauschen von Informationen (Teilbereich II) umfassen. Im Rahmen von ICILS 2013 konnten die jeweiligen Aspekte der beiden Teilbereiche über die computergestützten Aufgaben des Schülerkompetenztests abgebildet werden. Die im Lehrerfragebogen von ICILS 2013 eingesetzten Indikatoren zur Erfassung der unterrichtlichen Förderung IT-bezogener Fähigkeiten der Schülerinnen und Schüler werden erstmalig für den

---
1 Mit der zufälligen Festlegung der Referenzklasse können die Jahrgangsstufe und das Fach erfasst werden, auf die sich die Angaben der Lehrpersonen beziehen (vgl. Kapitel II in diesem Band).

Länderindikator 2015 den Teilbereichen sowie den zugehörigen Aspekten mit Hilfe von Experten zugeordnet. Da auf diese Weise nicht jeder Aspekt durch mindestens einen Indikator abgedeckt werden konnte, wurden eigens für den *Länderindikator 2015* weitere Indikatoren expertengestützt entwickelt. Tabelle 1 gibt einen Überblick über die im Rahmen der Lehrerbefragung eingesetzten Indikatoren und ihren Ursprung.

Tabelle 1: Im *Länderindikator 2015* eingesetzte Indikatoren zur Förderung der IT-bezogenen Fähigkeiten und deren Zuordnung zu Teilbereichen und Aspekten des Konstrukts computer- und informationsbezogener Kompetenzen aus ICILS 2013

Teilbereich I *Informationen sammeln und organisieren*		
Aspekt	**Indikatoren aus ICILS 2013**	**Für den *Länderindikator 2015* entwickelte Indikatoren**
I.1 Über Wissen zur Nutzung von Computern verfügen		Erkennen von Dateitypen anhand einer Dateiendung
		Navigation zu einer URL, die nicht als anklickbarer Link vorliegt
I.2 Auf Informationen zugreifen und Informationen bewerten	Überprüfung der Relevanz digitaler Informationen	
	Überprüfung der Glaubwürdigkeit digitaler Informationen	
I.3 Informationen verarbeiten und organisieren		Speichern und Organisieren von Dateien in Ordnerstrukturen
		Suchen von Informationen auf einer Webseite mit Hilfe einer Filterfunktion
Teilbereich II *Informationen erzeugen und austauschen*		
Aspekt	**Indikatoren aus ICILS 2013**	**Für den *Länderindikator 2015* entwickelte Indikatoren**
II.1 Informationen umwandeln		Erstellung eines Bildes oder Diagramms auf der Grundlage von Informationen in einem Text oder in einer Tabelle
II.2 Informationen erzeugen	Erstellung von Informationen für eine bestimmte Zielgruppe/für einen bestimmten Zweck[1]	
	Anwendung von Computerprogrammen zur Herstellung von digitalen Produkten (z.B. Präsentationen, Dokumenten, Bildern und Diagrammen)	
II.3 Informationen kommunizieren und austauschen	Austausch digitaler Informationen mit anderen	
II.4 Informationen sicher nutzen	Angabe der Quelle digitaler Informationen	
	Reflexion der Folgen von online veröffentlichten Informationen	

[1] In ICILS 2013 ursprünglich als „Darstellung von Informationen für ein bestimmtes Publikum/für einen bestimmten Zweck" erfasst.

Die Tabelle verdeutlicht, dass die Lehrpersonen im Rahmen von ICILS 2013 vorrangig Angaben zur Förderung der IT-bezogenen Fähigkeiten der Schülerinnen und Schüler im produktiven Teilbereich II machen konnten. Über die Formulierung weiterer Indikatoren ist mit dem *Länderindikator 2015* sichergestellt, dass beide Teilbereiche und alle jeweils zugehörigen Aspekte mit mindestens einem Indikator erfasst werden. Dementsprechend stellt sich die Frage, ob in der unterrichtlichen Praxis der Lehrkräfte in der Sekundarstufe I die Förderung der IT-bezogenen Fähigkeiten der Schülerinnen und Schüler über beide Teilbereiche und alle Aspekte erfolgt und sich eventuell zwischen den Bundesländern in dieser Hinsicht Unterschiede zeigen.

2.1.1 Förderung der IT-bezogenen Fähigkeiten der Schülerinnen und Schüler hinsichtlich Teilbereich I von CIL (Informationen sammeln und organisieren)

Im Folgenden werden die Indikatoren betrachtet, die sich dem rezeptiven Teilbereich I zuordnen lassen.

Zunächst wird in einem ersten Schritt dargestellt, wie hoch die Anteile der Lehrpersonen sind, die die Förderung der jeweiligen Arbeitsweisen im Unterrichtsfach der Referenzklasse als nicht relevant erachten (Abbildung 3).

Abbildung 3: Anteile der Lehrpersonen, die angeben, dass die Förderung der IT-bezogenen Fähigkeiten der Schülerinnen und Schüler hinsichtlich des Sammelns und Organisierens von Informationen (Teilbereich I von CIL) im Unterrichtsfach der Referenzklasse nicht relevant ist (Angaben in Prozent)

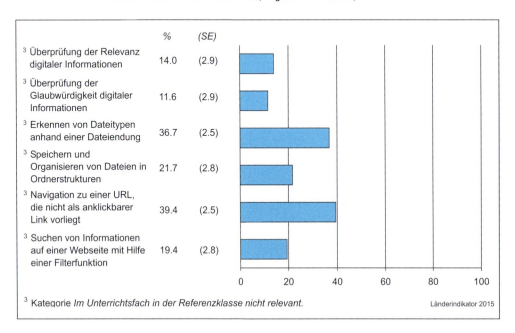

Etwa jede achte bis neunte Lehrperson gibt an, bestimmte Arbeitsweisen zur Förderung von IT-bezogenen Fähigkeiten der Schülerinnen und Schüler hinsichtlich des Sammelns und Organisierens von Informationen – was Teilbereich I von CIL entspricht – als nicht relevant für das Unterrichtsfach in der Referenzklasse zu erachten. Dies betrifft die Überprüfung der Relevanz sowie der Glaubwürdigkeit digitaler Informationen. Das Speichern und Organisieren von Dateien in Ordnerstrukturen und das Suchen von Informationen auf einer Webseite mit Hilfe einer Filterfunktion stellen für rund jede fünfte Lehrperson keine relevanten Förderaspekte im Unterricht der Referenzklasse dar. Fast zwei Fünftel der Lehrpersonen geben an, dass das Erkennen von Dateitypen anhand einer Dateiendung und die Navigation zu einer nicht als Link anklickbaren URL als Arbeitsweisen nicht relevant für das Unterrichtsfach in der Referenzklasse sind. Diese beiden Arbeitsweisen lassen sich dem ersten Aspekt „Über Wissen zur Nutzung von Computern verfügen" des CIL-Teilbereichs I zuordnen.

Für die benannten Arbeitsweisen mit Computern im Unterricht wurde geprüft, ob signifikante Unterschiede zwischen Lehrergruppen bestehen. Hinsichtlich der Fächergruppen zeigt sich, dass Lehrpersonen, die in der Referenzklasse Mathematik unterrichten, signifikant häufiger angeben, dass die Überprüfung der Relevanz digitaler Informationen nicht relevant ist (21.0%), als Lehrpersonen, die Deutsch (8.6%) oder ein geisteswissenschaftliches Fach (7.5%) in der Referenzklasse unterrichten. Die Überprüfung der Glaubwürdigkeit digitaler Informationen erachten die Mathematiklehrkräfte der Referenzklasse (21.3%) signifikant häufiger als nicht relevant im Unterricht als Lehrpersonen, die Deutsch (5.0%) oder ein Fach der Geisteswissenschaften (5.7%) oder Naturwissenschaften (8.6%) in der Referenzklasse unterrichten. Die Fähigkeit der Navigation zu einer URL, die nicht als anklickbarer Link vorliegt, sehen signifikant häufiger Lehrpersonen als nicht relevant an, die ein Fach der sogenannten anderen Fächer (Ethik/Philosophie, Religion, Sport, Hauswirtschaftslehre usw.; 50.7%) unterrichten als Lehrpersonen, die ein geisteswissenschaftliches Fach (30.8%) in der Referenzklasse unterrichten. Das Suchen von Informationen auf einer Website mit Hilfe einer Filterfunktion erachten signifikant häufiger Lehrpersonen als nicht relevant, die Mathematik (26.2%) oder eine Fremdsprache (28.1%) in der Referenzklasse unterrichten als Deutschlehrkräfte (12.4%).

Das Speichern und Organisieren von Dateien in Ordnerstrukturen schätzen signifikant häufiger Lehrpersonen an anderen Schulformen der Sekundarstufe I (26.5%) als nicht relevant im Unterricht der Referenzklasse ein im Vergleich zu Lehrpersonen an Gymnasien (17.8%). Zudem sehen signifikant häufiger Lehrpersonen in den oberen Jahrgangsstufen 9 und 10 (26.1%) diese IT-bezogene Arbeitsweise im Unterricht der Referenzklasse als nicht relevant an als Lehrpersonen, die die Referenzklasse in den Jahrgangsstufen 5 und 6 (17.6%) unterrichten. Es bestehen keine signifikanten Unterschiede zwischen Altersgruppen, zwischen an Halbtags- bzw. Ganztagsschulen unterrichtenden Lehrpersonen oder geschlechtsspezifische Unterschiede hinsichtlich der Einschätzung der Lehrpersonen die Relevanz digitaler Medien für den Unterricht der Referenzklasse betreffend.

Abbildung 4: Förderung der IT-bezogenen Fähigkeiten der Schülerinnen und Schüler hinsichtlich des Sammelns und Organisierens von Informationen (Teilbereich I von CIL) über bestimmte Arbeitsweisen im Unterricht (Angaben in Prozent)

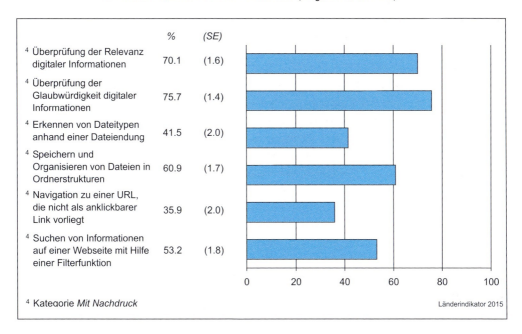

Abbildung 4 zeigt die Anteile der Lehrkräfte, die angeben, bestimmte Arbeitsweisen, die das Sammeln und Organisieren von Informationen (Teilbereich I von CIL) betreffen, im Unterricht mit Nachdruck zu fördern. Dabei werden nur die Angaben der Lehrpersonen berücksichtigt, die angeben, dass die Förderung der entsprechenden IT-bezogenen Fähigkeiten im Unterrichtsfach der Referenzklasse relevant ist. Für die Erfassung der Angaben der Lehrkräfte, die IT-bezogenen Fähigkeiten der Schülerinnen und Schüler im Unterricht zu fördern, wurde in Anlehnung an ICILS 2013 ein vierstufiges Antwortformat (*Mit starkem Nachdruck*, *Mit etwas Nachdruck*, *Mit wenig Nachdruck* und *Ohne Nachdruck*) gewählt. Zur Darstellung der Ergebnisse wurden die ersten beiden Kategorien zu der Kategorie *Mit Nachdruck* zusammengefasst.

Rund 70 Prozent der Lehrpersonen geben an, die Fähigkeit der Schülerinnen und Schüler, die Relevanz digitaler Informationen überprüfen zu können, im Unterricht mit Nachdruck zu fördern. Die Überprüfung der Glaubwürdigkeit digitaler Informationen durch die Schülerinnen und Schüler wird von einem etwas höheren Anteil der Lehrpersonen mit Nachdruck gefördert. Mit 75.7 Prozent geben drei Viertel der Lehrpersonen an, diese Fähigkeit in ihrem Unterrichtsfach in der Referenzklasse zu fördern. Das Erkennen von Dateitypen anhand von Dateiendungen fördern etwa zwei Fünftel (41.5 %) der Lehrkräfte im Unterrichtsfach der Referenzklasse mit Nachdruck. Dateien in Ordnerstrukturen speichern und organisieren zu können, bringen drei Fünftel der befragten Lehrkräfte den Schülerinnen und Schülern der Referenzklasse mit Nachdruck bei. Die Fähigkeit der Schülerinnen und Schüler zu einer URL zu navigieren, die nicht als anklickbarer Link vorliegt, fördern 35.9 Prozent der Lehrkräfte mit Nachdruck. Die Informationssuche auf Webseiten mit Hilfe einer Filterfunktion ist bei 53.2 Prozent der Lehrkräfte Gegenstand des Unterrichtsfachs in der Referenzklasse und wird mit Nachdruck gefördert.

Zusätzlich wurden die Befunde zu den einzelnen Aspekten einer Überprüfung hinsichtlich Mittelwertunterschieden zwischen verschiedenen Gruppen unterzogen. Dabei kann festgestellt werden, dass Gymnasiallehrkräfte (52.3 %) signifikant seltener angeben, das Speichern und Organisieren von Dateien in Ordnerstrukturen mit Nachdruck zu fördern als Lehrpersonen an anderen Schulformen der Sekundarstufe I (65.1 %). Bezüglich des Suchens von Informationen auf einer Webseite mit Hilfe einer Filterfunktion wird ebenfalls ein signifikanter Unterschied zwischen Lehrpersonen an Gymnasien (47.6 %) und an anderen Schulformen der Sekundarstufe I (59.9 %) deutlich, die diese Arbeitsweise im Unterricht mit Nachdruck fördern.

Bei der Betrachtung von Altersgruppen zeigt sich, dass Lehrpersonen im Alter bis zu 39 Jahren (33.3 %) das Erkennen von Dateitypen anhand von Dateiendungen signifikant seltener mit Nachdruck im Unterricht der Referenzklasse fördern als Lehrpersonen im Alter von 40 bis 49 Jahren (51.1 %). Das Speichern und Organisieren von Dateien in Ordnerstrukturen fördern 52.3 Prozent der Lehrpersonen im Alter bis zu 39 Jahren und damit signifikant weniger als Lehrpersonen, die 50 Jahre alt und älter sind (64.6 %). Bei der Einteilung nach Doppeljahrgangsstufen (Jahrgangsstufen 5 und 6, 7 und 8, 9 und 10) wird der Befund deutlich, dass Lehrpersonen, deren Referenzklasse sich in der 7. oder 8. Jahrgangsstufe befindet (72.4 %), signifikant seltener mit Nachdruck die Überprüfung der Glaubwürdigkeit digitaler Informationen im Unterricht fördern als Lehrpersonen, die ihre Referenzklasse in der 9. oder 10. Jahrgangsstufe (80.8 %) unterrichten.

Berücksichtigt wurden zudem die Unterscheidung in Ganztags- und Halbtagsschulen, die Fächergruppe, in der die Referenzklasse unterrichtet wird, sowie das Geschlecht der Lehrpersonen. Dabei konnten über alle betrachteten Aspekte hinweg keine signifikanten Mittelwertunterschiede festgestellt werden.

Bundesländervergleich

Im Folgenden werden die Befunde des *Länderindikators 2015* berichtet, die im Bundesländervergleich aufzeigen, inwieweit die befragten Lehrkräfte angeben, IT-bezogene Fähigkeiten der Schülerinnen und Schüler, die dem Teilbereich I der computer- und informationsbezogenen Kompetenzen zugeordnet werden können, im Unterricht zu fördern. Alle in diesem Kapitel berichteten Werte der oberen und unteren Ländergruppe unterscheiden sich statistisch signifikant voneinander ($p < .05$). Dabei gehen nur die Angaben der Lehrpersonen in die Analysen ein, die die jeweiligen Arbeitsweisen im Unterrichtsfach der Referenzklasse als relevant einschätzen. Zunächst wird berichtet, inwiefern die Fähigkeit der Schülerinnen und Schüler, die Relevanz digitaler Informationen zu überprüfen, durch die Lehrpersonen gefördert wird.

Abbildung 5: Anteile der Lehrpersonen, die angeben, die Fähigkeit der Schülerinnen und Schüler zur Überprüfung der Relevanz digitaler Informationen zu fördern (Angaben in Prozent, Kategorie *Mit Nachdruck*)

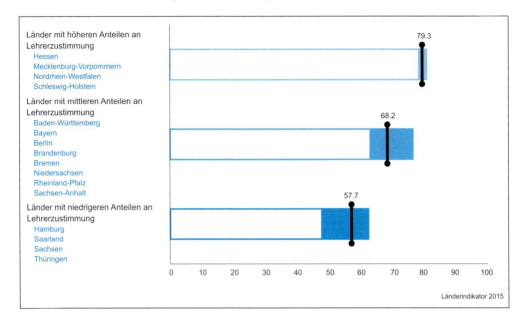

Abbildung 5 zeigt, wie viele Lehrkräfte anteilig angeben, die Fähigkeit, die Relevanz digitaler Information zu überprüfen, mit Nachdruck zu fördern. In der oberen Gruppe, die Hessen, Mecklenburg-Vorpommern, Nordrhein-Westfalen und Schleswig-Holstein umfasst, fördern durchschnittlich 79.3 Prozent der Lehrpersonen diese Fähigkeit mit Nachdruck. Hamburg, das Saarland, Sachsen und Thüringen bilden die untere Gruppe, in dieser ergibt sich eine mittlere Zustimmungsrate von 57.5 Prozent. Für die mittlere Gruppe berechnet sich der Anteil der Lehrkräfte, die der Aussage zustimmen, im Durchschnitt auf 68.2 Prozent.

Abbildung 6: Anteile der Lehrpersonen, die angeben, die Fähigkeit der Schülerinnen und Schüler zur Überprüfung der Glaubwürdigkeit digitaler Informationen zu fördern (Angaben in Prozent, Kategorie *Mit Nachdruck*)

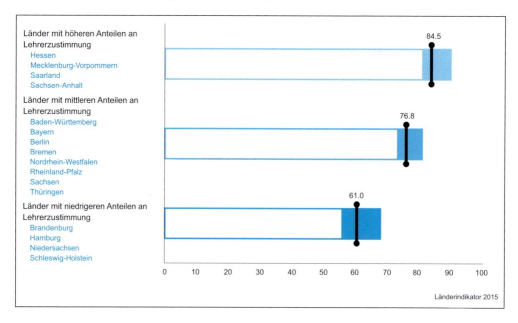

In Abbildung 6 ist dargestellt, inwieweit die Lehrkräfte die Fähigkeit zur Überprüfung der Glaubwürdigkeit digitaler Informationen im Unterricht mit Nachdruck fördern. Hessen, Mecklenburg-Vorpommern, das Saarland und Sachsen-Anhalt bilden die obere Gruppe, dort errechnet sich ein durchschnittlicher Zustimmungswert von 84.5 Prozent. In der unteren Gruppe, welche sich aus Brandenburg, Hamburg, Niedersachsen und Schleswig-Holstein zusammensetzt, stimmen im Durchschnitt 61.0 Prozent der Lehrpersonen der Aussage zu. Für die mittlere Gruppe berechnet sich ein durchschnittlicher Zustimmungswert von 76.8 Prozent.

Abbildung 7: Anteile der Lehrpersonen, die angeben, die Fähigkeit der Schülerinnen und Schüler zum Erkennen von Dateitypen anhand von Dateiendungen zu fördern (Angaben in Prozent, Kategorie *Mit Nachdruck*)

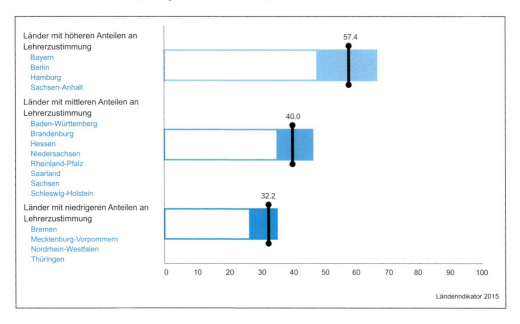

In Abbildung 7 wird die Verteilung der Lehrpersonen im Hinblick auf ihre Angabe der Förderung des Erkennens von Dateitypen anhand einer Dateiendung dargestellt. In der oberen Gruppe, die sich aus Bayern, Berlin, Hamburg und Sachsen-Anhalt zusammensetzt, geben im Durchschnitt 57.4 Prozent der Lehrkräfte an, dass sie das Erkennen von Dateitypen anhand der Dateiendung im Unterricht mit Nachdruck fördern. In Bremen, Mecklenburg-Vorpommern, Nordrhein-Westfalen und Thüringen, jenen Bundesländern, die der unteren Gruppe angehören, geben 32.2 Prozent der Lehrpersonen an, dies mit Nachdruck zu fördern. In der mittleren Gruppe beträgt die Zustimmung im Durchschnitt 40.0 Prozent.

Abbildung 8: Anteile der Lehrpersonen, die angeben, die Fähigkeit der Schülerinnen und Schüler zum Speichern und Organisieren von Dateien in Ordnerstrukturen zu fördern (Angaben in Prozent, Kategorie *Mit Nachdruck*)

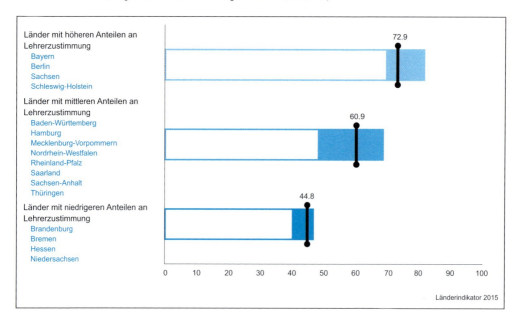

Abbildung 8 zeigt die Zustimmung der befragten Lehrkräfte im Hinblick auf die Aussage, dass im Unterricht mit Nachdruck das Speichern und Organisieren von Dateien in Ordnerstrukturen gefördert wird. In der oberen Gruppe, die Bayern, Berlin, Sachsen und Schleswig-Holstein umfasst, stimmen durchschnittlich 72.9 Prozent der Lehrpersonen dieser Aussage zu. In der unteren Gruppe, in der sich Brandenburg, Bremen, Hessen und Niedersachsen befinden, liegt die mittlere Zustimmungsrate zu dieser Aussage bei 44.8 Prozent. In der mittleren Gruppe stimmen im Durchschnitt 60.9 Prozent der befragten Lehrpersonen der Aussage zu.

Abbildung 9: Anteile der Lehrpersonen, die angeben, die Fähigkeit der Schülerinnen und Schüler zur Navigation zu einer URL zu fördern (Angaben in Prozent, Kategorie *Mit Nachdruck*)

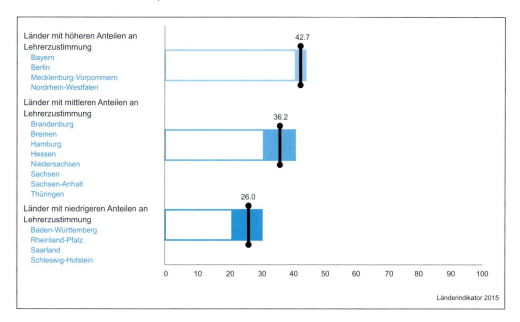

Abbildung 9 bildet die Zustimmung der Lehrpersonen zu der Frage ab, ob sie die Fähigkeit der Schülerinnen und Schüler, zu einer URL zu navigieren, die nicht als anklickbarer Link vorliegt, mit Nachdruck fördern. In der oberen Gruppe, bestehend aus Bayern, Berlin, Mecklenburg-Vorpommern und Nordrhein-Westfalen liegt die mittlere Zustimmungsrate bei 42.7 Prozent. Die untere Gruppe setzt sich aus den Bundesländern Baden-Württemberg, Rheinland-Pfalz, dem Saarland und Schleswig-Holstein zusammen und die Zustimmungsrate beträgt durchschnittlich 26.0 Prozent. In der mittleren Gruppe liegt die Zustimmung im Durchschnitt bei 36.2 Prozent.

Abbildung 10: Anteile der Lehrpersonen, die angeben, die Fähigkeit der Schülerinnen und Schüler zur Suche nach Informationen auf einer Webseite mit Hilfe von Filterfunktionen zu fördern (Angaben in Prozent, Kategorie *Mit Nachdruck*)

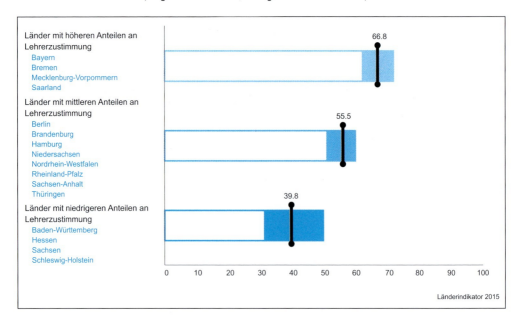

Abbildung 10 stellt die Einschätzung der Lehrpersonen hinsichtlich der Aussage dar, ob im Unterricht mit Nachdruck das Suchen von Informationen auf einer Webseite mit Hilfe einer Filterfunktion gefördert wird. In der oberen Gruppe, zu der Bayern, Bremen, Mecklenburg-Vorpommern und das Saarland zählen, stimmen im Durchschnitt 66.8 Prozent der befragten Lehrpersonen der Aussage zu. In der unteren Gruppe, bestehend aus Baden-Württemberg, Hessen, Sachsen und Schleswig-Holstein, liegt die mittlere Zustimmungsrate bei 39.8 Prozent. In der mittleren Gruppe beträgt der Anteil der Lehrpersonen, die dieser Aussage zustimmen, durchschnittlich 55.5 Prozent.

Tabelle 2 zeigt die Indikatoren zur Förderung der IT-bezogenen Fähigkeiten bezüglich des Sammelns und Organisierens von Informationen (Teilbereich I von CIL) der Schülerinnen und Schüler über bestimmte Arbeitsweisen im Unterricht im Bundesländervergleich. Hinsichtlich der betrachteten Indikatoren sind Bayern und Mecklenburg-Vorpommern am häufigsten in der oberen Gruppe der Länder verortet (bei jeweils vier der insgesamt sechs Indikatoren). Schleswig-Holstein ist dagegen vergleichsweise häufig in der unteren Gruppe zu finden.

Auffällig ist insgesamt, dass der Umgang mit Informationen hinsichtlich der Überprüfung der Relevanz sowie der Glaubwürdigkeit digitaler Informationen in allen Bundesländern von der Mehrheit der Lehrpersonen, die digitale Medien im Unterricht der Referenzklasse als relevant erachten, mit Nachdruck gefördert wird. Besonders im Informationszeitalter sind dies wichtige Fähigkeiten, die relevant für die Schule, das zukünftige Berufsleben und den Alltag der Jugendlichen sind. Unklar bleibt insgesamt, ob bestimmte IT-bezogene Fähigkeiten entsprechend den Teilbereichen des CIL-Konstrukts eventuell nicht mit Nachdruck im Unterricht gefördert werden, weil die Schülerinnen und Schüler bereits über diese Fähigkeiten verfügen.

Tabelle 2: Förderung der IT-bezogenen Fähigkeiten der Schülerinnen und Schüler hinsichtlich des Sammelns und Organisierens von Informationen (Teilbereich I von CIL) über bestimmte Arbeitsweisen im Unterricht im Bundesländervergleich

Bundesland	Überprüfung der Relevanz digitaler Informationen	Überprüfung der Glaubwürdigkeit digitaler Informationen	Erkennen von Dateitypen anhand einer Dateiendung	Speichern und Organisieren von Dateien in Ordnerstrukturen	Navigation zu einer URL, die nicht als anklickbarer Link vorliegt	Suchen von Informationen auf einer Webseite mit Hilfe einer Filterfunktion
Baden-Württemberg	■	■	■	■	▼	▼
Bayern	■	■	▲	▲	▲	▲
Berlin	■	■	▲	▲	▲	■
Brandenburg	■	▼	■	▼	■	■
Bremen	■	■	▼	▼	■	▲
Hamburg	▼	▼	▲	■	■	■
Hessen	▲	▲	■	▼	■	▼
Mecklenburg-Vorpommern	▲	▲	▼	■	▲	▲
Niedersachsen	■	▼	■	■	■	■
Nordrhein-Westfalen	▲	■	▼	■	▲	■
Rheinland-Pfalz	■	■	■	■	▼	■
Saarland	▼	▲	■	■	▼	▲
Sachsen	▼	■	■	▲	■	▼
Sachsen-Anhalt	■	▲	▲	■	■	■
Schleswig-Holstein	▲	▼	▼	▲	▼	▼
Thüringen	▼	■	■	■	■	■

▲ obere Gruppe; ■ mittlere Gruppe; ▼ untere Gruppe

2.1.2 Förderung der IT-bezogenen Fähigkeiten der Schülerinnen und Schüler hinsichtlich Teilbereich II von CIL (Informationen erzeugen und austauschen)

Im Folgenden werden die Indikatoren in den Blick genommen, die dem produktiven Teilbereich II von CIL zugeordnet werden können. Im Fokus dieses zweiten Teilbereichs stehen die Erzeugung und der Austausch von Informationen. Wie bereits für den ersten Teilbereich werden auch für den zweiten Teilbereich zunächst die Anteile der Lehrpersonen dargestellt, die für die jeweiligen Arbeitsweisen zur Förderung der IT-bezogenen Fähigkeiten der Schülerinnen und Schüler angeben, dass sie im Unterrichtsfach in der Referenzklasse nicht relevant sind.

Insgesamt verdeutlicht Abbildung 11, dass der geringste Anteil von Lehrpersonen die Förderung der Angabe der Quelle einer digitalen Information als nicht relevant im Unterrichtsfach in der Referenzklasse einschätzt (11.3 %). Der höchste Anteil von Lehrpersonen, der eine Arbeitsweise im Unterrichtsfach der Referenzklasse als nicht relevant ansieht, findet sich hinsichtlich der Erstellung eines Bildes oder Diagramms auf der Grundlage von Informationen in einem Text oder in einer Tabelle (22.4 %). Insgesamt lässt sich im Vergleich zu Teilbereich I erkennen, dass geringere Anteile von Lehrpersonen die betrachteten Indikatoren des Teilbereichs II von CIL als nicht relevant im Unterrichtsfach der Referenzklasse erachten.

Abbildung 11: Anteile der Lehrpersonen, die angeben, dass die Förderung der IT-bezogenen Fähigkeiten der Schülerinnen und Schüler hinsichtlich des Erzeugens und Austauschens von Informationen (Teilbereich II von CIL) im Unterrichtsfach der Referenzklasse nicht relevant ist (Angaben in Prozent)

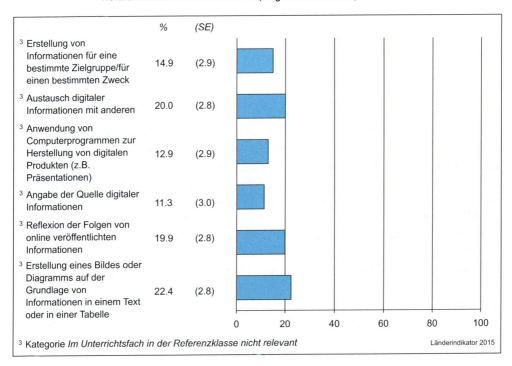

Bei der Betrachtung von Unterschieden zwischen verschiedenen Gruppen von Lehrpersonen zeigt sich hinsichtlich des Geschlechts, dass weibliche Lehrpersonen (25.4%) signifikant häufiger angeben, die Förderung der Fähigkeit zur Erstellung eines Bildes oder Diagramms auf der Grundlage von Informationen in einem Text oder in einer Tabelle im Unterrichtsfach in der Referenzklasse als nicht relevant zu erachten, als männliche Lehrpersonen (18.4%). Hinsichtlich der Fächergruppen zeigen sich vermehrt signifikante Unterschiede zwischen den Einschätzungen von Lehrpersonen, die die Referenzklasse in unterschiedlichen Unterrichtsfächern unterrichten. So geben 21.7 Prozent der Lehrpersonen, die in der Referenzklasse eine Fremdsprache unterrichten, an, dass die Förderung der Fähigkeit zur Anwendung von Computerprogrammen für die Herstellung von digitalen Produkten (z.B. Präsentationen, Dokumenten, Bildern und Diagrammen) im Unterricht der Referenzklasse nicht relevant ist; dieser Anteil ist signifikant höher als der Anteil der Lehrpersonen, die Deutsch (8.0%) oder ein geisteswissenschaftliches Fach (7.3%) in der Referenzklasse unterrichten. Hinsichtlich der Angabe der Quelle digitaler Informationen sehen 5.9 Prozent der Deutschlehrkräfte bzw. 5.5 Prozent der Lehrpersonen eines geisteswissenschaftlichen Fachs die Förderung dieser Arbeitsweise nicht als relevant an, wohingegen Mathematiklehrkräfte der Referenzklasse dies signifikant häufiger (17.8%) bekunden. Des Weiteren zeigt sich für die Fähigkeit zur Reflexion der Folgen von online veröffentlichten Informationen, dass signifikant häufiger Mathematiklehrkräfte (30.0%), Lehrpersonen eines naturwissenschaftlichen Fachs (25.0%) oder eines Fachs der sogenannten anderen Fächer (26.8%) gegenüber Deutschlehrkräften (9.6%) der Referenzklasse dies als nicht relevant im Unterricht erachten. Auch zwischen Mathematiklehrkräften (30.0%) und Lehrkräften eines geisteswissenschaftlichen Fachs (13.4%) besteht ein signifikanter Unterschied. Schließlich zeigt sich auch bezüglich der Erstellung eines Bildes oder Diagramms auf der Grundlage von Informationen in einem Text oder in einer Tabelle, dass signifikant häufiger Deutschlehrkräfte (24.0%) oder Lehrkräfte der sogenannten anderen Fächer (31.5%) die Förderung dieser Fähigkeit im Unterricht der Referenzklasse als nicht relevant ansehen als Mathematiklehrkräfte (9.2%). Gleichermaßen schätzen signifikant mehr Lehrpersonen einer Fremdsprache (37.7%) die Förderung dieser Fähigkeit als nicht relevant im Unterricht der Referenzklasse ein als Mathematiklehrkräfte (9.2%) sowie Lehrkräfte eines naturwissenschaftlichen (14.7%) oder geisteswissenschaftlichen Fachs (17.4%). Weitere signifikante Unterschiede hinsichtlich der betrachteten Altersgruppen der Lehrpersonen, der Unterscheidung zwischen Halbtags- bzw. Ganztagsschulen sowie der Schulform bestehen nicht.

Abbildung 12 verdeutlicht, inwieweit die entsprechenden IT-bezogenen Fähigkeiten den Angaben der Lehrkräfte zufolge im Unterricht im Referenzfach der Referenzklasse mit Nachdruck gefördert werden. Die berichtete Kategorie *Mit Nachdruck* ergibt sich dabei aus der Zusammenfassung der ersten beiden Kategorien des vierstufigen Antwortformates (*Mit starkem Nachdruck, Mit etwas Nachdruck, Mit wenig Nachdruck* und *Ohne Nachdruck*). Dabei liegen die Angaben der Personen zugrunde, die die entsprechenden Arbeitsweisen als relevant im Unterrichtsfach in der Referenzklasse einschätzen.

Abbildung 12: Förderung der IT-bezogenen Fähigkeiten der Schülerinnen und Schüler hinsichtlich des Erzeugens und Austauschens von Informationen (Teilbereich II von CIL) über bestimmte Arbeitsweisen im Unterricht (Angaben in Prozent)

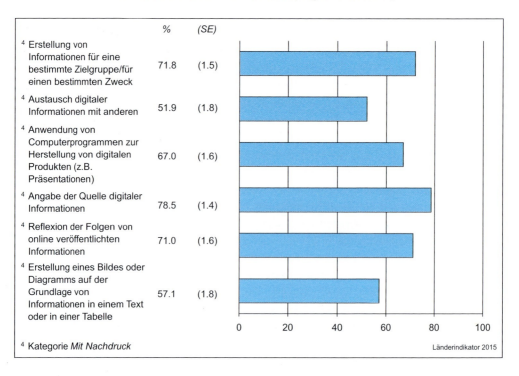

Die Erstellung von Informationen für bestimmte Zielgruppen oder bestimmte Zwecke wird von 71.8 Prozent der Lehrkräfte im Unterricht im Referenzfach mit Nachdruck gefördert. Etwa die Hälfte der Lehrpersonen (51.9%) fördert den Austausch digitaler Informationen mit anderen im Unterricht ihres Referenzfachs mit Nachdruck. Die Fähigkeit der Schülerinnen und Schüler Computerprogramme zur Herstellung von digitalen Produkten, wie zum Beispiel Präsentationen, anwenden zu können, wird von 67.0 Prozent der Lehrkräfte mit Nachdruck gefördert. Die Angabe der Quelle digitaler Informationen wird im Vergleich mit den übrigen IT-bezogenen Fähigkeiten des Teilbereichs II vom größten Anteil der Lehrkräfte (78.5%) im Unterricht mit Nachdruck gefördert. Fast vier Fünftel der Lehrpersonen setzen die Förderung dieser Fähigkeit in ihrem Unterricht mit Nachdruck um. Die Reflexion der Folgen von online veröffentlichten Informationen wird von 71.0 Prozent der Lehrkräfte mit Nachdruck gefördert. Die Fähigkeit der Schülerinnen und Schüler Bilder oder Diagramme auf der Grundlage von in Text- oder Tabellenform vorliegenden Informationen zu erstellen, fördern 57.1 Prozent der Lehrkräfte im Referenzfach mit Nachdruck.

Zusätzlich wurden, wie schon im Hinblick auf Teilbereich I von CIL (Abbildung 4), die Befunde zu den einzelnen Aspekten einer Überprüfung hinsichtlich Mittelwertunterschieden zwischen verschiedenen Gruppen unterzogen. Fachgruppenspezifische signifikante Unterschiede zeigen sich hinsichtlich der Angabe der Quelle digitaler Informationen: 87.2 Prozent der Lehrpersonen eines geisteswissenschaftlichen Fachs in der Referenzklasse und nur 67.6 Prozent der Mathematiklehrkräfte geben an, diese Arbeitsweise im Unterricht der Referenzklasse mit Nachdruck zu fördern. Die Fähigkeit zur Erstellung eines Bildes oder Diagramms auf der Grundlage von Informationen in einem Text oder in einer Tabelle fördern 47.3 Prozent der Deutschlehrkräfte in der Referenzklasse und mit 67.9 Prozent signifikant mehr Lehrpersonen eines naturwissenschaftlichen Fachs. Zudem geben signifikant weniger Fremdsprachenlehrkräfte (44.0 %) der Referenzklasse an, diese Fähigkeit mit Nachdruck zu fördern als Lehrpersonen eines naturwissenschaftlichen Fachs (67.9 %) oder der Mathematik (65.6 %).

Geschlechtsspezifische Unterschiede werden ebenfalls hinsichtlich der zuletzt benannten Fähigkeit zur Erstellung eines Bildes oder Diagramms auf der Grundlage von Informationen in einem Text oder in einer Tabelle deutlich, wobei signifikant mehr männliche (62.7 %) als weibliche Lehrpersonen (52.6 %) angeben, diese Fähigkeit der Schülerinnen und Schüler im Unterricht der Referenzklasse mit Nachdruck zu fördern.

Berücksichtigt wurden darüber hinaus das Alter der Lehrpersonen, die Schulform (Gymnasium vs. andere Schulformen der Sekundarstufe I), die Unterscheidung in Ganztags- und Halbtagsschulen sowie die Einteilung nach Doppeljahrgangsstufen (Jahrgangsstufen 5 und 6, 7 und 8, 9 und 10). Dabei konnten über alle betrachteten Aspekte hinweg keine signifikanten Mittelwertunterschiede festgestellt werden.

Bundesländervergleich

Die folgenden Bundesländervergleiche des *Länderindikators 2015* zeigen auf, inwieweit die befragten Lehrkräfte angeben, die IT-bezogenen Fähigkeiten der Schülerinnen und Schüler hinsichtlich des Erzeugens und Austauschens von Informationen, die dem produktiven Teilbereich II der computer- und informationsbezogenen Kompetenzen zugeordnet werden können, im Unterricht mit Nachdruck zu fördern. Die folgenden Abbildungen basieren auf den Angaben der Lehrpersonen, die die Förderung ausgewählter IT-bezogener Fähigkeiten im Unterricht der Referenzklasse als relevant erachten.

Abbildung 13: Anteile der Lehrpersonen, die angeben, die Fähigkeit der Schülerinnen und Schüler zur Erstellung von Informationen für eine bestimmte Zielgruppe/einen bestimmten Zweck zu fördern (Angaben in Prozent, Kategorie *Mit Nachdruck*)

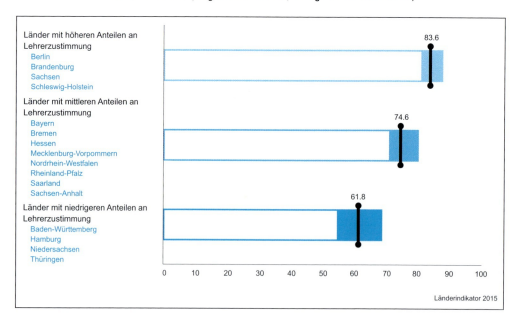

In Abbildung 13 werden die Angaben der befragten Lehrkräfte hinsichtlich der Förderung der Fähigkeit der Schülerinnen und Schüler, Informationen für eine bestimmte Zielgruppe/einen bestimmten Zweck zu erstellen, dargestellt. Berlin, Brandenburg, Sachsen und Schleswig-Holstein bilden die obere Gruppe der Bundesländer, für die sich eine mittlere Zustimmungsrate von 83.6 Prozent ergibt. In der unteren Gruppe, die Baden-Württemberg, Hamburg, Niedersachsen und Thüringen umfasst, stimmen durchschnittlich 61.8 Prozent der Lehrpersonen der Aussage zu. Für die mittlere Gruppe berechnet sich der Anteil der Lehrkräfte, die der Aussage zustimmen, im Durchschnitt auf 74.6 Prozent.

Abbildung 14: Anteile der Lehrpersonen, die angeben, die Fähigkeit der Schülerinnen und Schüler zum Austausch digitaler Informationen mit anderen zu fördern (Angaben in Prozent, Kategorie *Mit Nachdruck*)

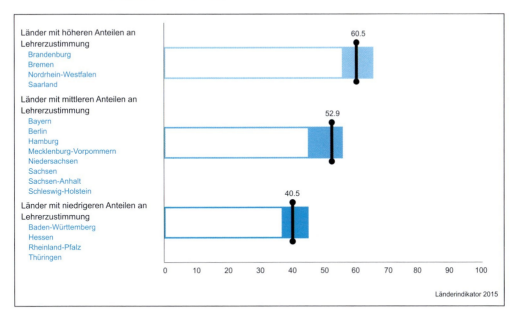

In Abbildung 14 ist zu erkennen, wie groß die Anteile der Lehrkräfte sind, die angeben, Schülerinnen und Schüler hinsichtlich des Austauschs digitaler Informationen mit anderen mit Nachdruck zu fördern. Die Bundesländer Brandenburg, Bremen, Nordrhein-Westfalen und das Saarland bilden die obere Gruppe. In dieser Gruppe berechnet sich ein mittlerer Zustimmungswert von 60.5 Prozent. In der unteren Gruppe, welche sich aus Baden-Württemberg, Hessen, Rheinland-Pfalz und Thüringen zusammensetzt, stimmen im Durchschnitt 40.5 Prozent der Lehrpersonen der Aussage zu. Die mittlere Gruppe erreicht einen durchschnittlichen Zustimmungswert von 52.9 Prozent.

Abbildung 15: Anteile der Lehrpersonen, die angeben, die Fähigkeit der Schülerinnen und Schüler zur Herstellung digitaler Produkte durch Anwendung von Computerprogrammen zu fördern (Angaben in Prozent, Kategorie *Mit Nachdruck*)

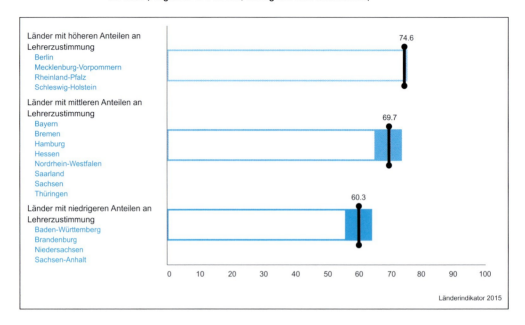

Abbildung 15 zeigt, inwieweit die Lehrkräfte die Fähigkeit, Computerprogramme zur Herstellung von digitalen Produkten (z.B. Präsentationen, Dokumente, Bilder und Diagramme) anzuwenden, mit Nachdruck fördern. In der oberen Gruppe, die Berlin, Mecklenburg-Vorpommern, Rheinland-Pfalz und Schleswig-Holstein umfasst, stimmen durchschnittlich 74.6 Prozent der Lehrpersonen der Aussage zu. Baden-Württemberg, Brandenburg, Niedersachsen und Sachsen-Anhalt bilden die untere Gruppe; in dieser ergibt sich eine mittlere Zustimmungsrate von 60.3 Prozent. Für die mittlere Gruppe berechnet sich der Anteil der Lehrkräfte, die der Aussage zustimmen, im Durchschnitt auf 69.7 Prozent.

Abbildung 16: Anteile der Lehrpersonen, die angeben, die Fähigkeit der Schülerinnen und Schüler zur Angabe der Quelle digitaler Informationen zu fördern (Angaben in Prozent, Kategorie *Mit Nachdruck*)

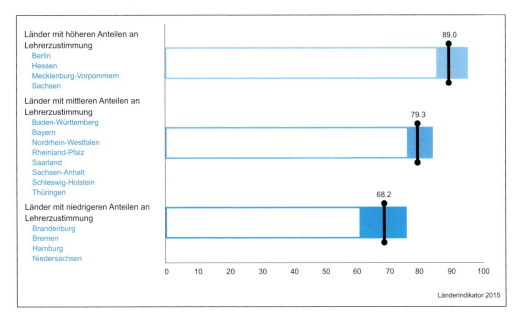

In Abbildung 16 ist zu erkennen, wie sich die Anteile der befragten Lehrkräfte hinsichtlich der Förderung der Fähigkeit, die Quelle digitaler Informationen anzugeben, im Bundesländervergleich darstellen. Berlin, Hessen, Mecklenburg-Vorpommern und Sachsen bilden die obere Gruppe der Bundesländer, die mittlere Zustimmungsrate der oberen Gruppe liegt bei 89.0 Prozent. Die untere Gruppe besteht aus Brandenburg, Bremen, Hamburg und Niedersachsen, dort stimmen durchschnittlich 68.2 Prozent der Lehrkräfte der Aussage zu. Für die mittlere Gruppe berechnet sich der Anteil der Lehrkräfte, die der Aussage zustimmen, im Durchschnitt auf 79.3 Prozent.

Abbildung 17: Anteile der Lehrpersonen, die angeben, die Fähigkeit der Schülerinnen und Schüler zur Reflexion der Folgen von online veröffentlichten Informationen zu fördern (Angaben in Prozent, Kategorie *Mit Nachdruck*)

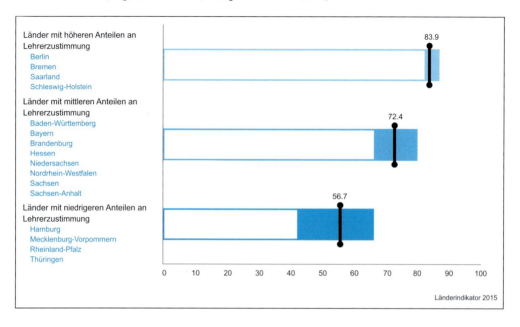

Abbildung 17 stellt dar, wie viele Lehrkräfte prozentual in den drei Ländergruppen angeben, die Fähigkeit, die Folgen von online veröffentlichten Informationen reflektieren zu können, im Unterricht mit Nachdruck zu fördern. In der oberen Gruppe, bestehend aus Berlin, Bremen, dem Saarland und Schleswig-Holstein, stimmen 83.9 Prozent der Lehrpersonen der Aussage zu, die Reflexion der Folgen von online veröffentlichten Informationen mit Nachdruck im Unterricht zu fördern. In der unteren Gruppe, die Hamburg, Mecklenburg-Vorpommern, Rheinland-Pfalz und Thüringen umfasst, stimmen dieser Aussage 56.7 Prozent der befragten Lehrkräfte zu. In der mittleren Gruppe beläuft sich die durchschnittliche Zustimmungsrate auf 72.4 Prozent.

Abbildung 18: Anteile der Lehrpersonen, die angeben, die Fähigkeit der Schülerinnen und Schüler zur Erstellung eines Bildes oder Diagramms auf Grundlage von Informationen in einem Text oder in einer Tabelle zu fördern (Angaben in Prozent, Kategorie *Mit Nachdruck*)

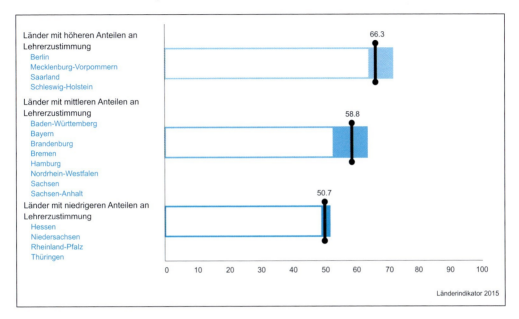

Abbildung 18 stellt die Zustimmung hinsichtlich der Aussage dar, ob die befragten Lehrkräfte mit Nachdruck die Erstellung eines Bildes oder Diagramms auf der Grundlage von Informationen in einem Text oder einer Tabelle als IT-bezogene Fähigkeit fördern. In der oberen Gruppe, zu der Berlin, Mecklenburg-Vorpommern, das Saarland und Schleswig-Holstein zählen, stimmen im Durchschnitt 66.3 Prozent der Lehrpersonen dieser Aussage zu. Hessen, Niedersachsen, Rheinland-Pfalz und Thüringen befinden sich in der unteren Gruppe, in der die mittlere Zustimmungsrate 50.7 Prozent beträgt. In der mittleren Gruppe liegt dieser Anteil bei 58.8 Prozent.

Tabelle 3 zeigt die Indikatoren zur Förderung der IT-bezogenen Fähigkeiten der Schülerinnen und Schüler hinsichtlich des Erzeugens und Austauschens von Informationen (Teilbereich II von CIL) im Bundesländervergleich. Dabei wurden nur die Angaben der Lehrpersonen berücksichtigt, die angeben digitale Medien als relevant im Unterricht der Referenzklasse zu erachten. Berlin ist bei fünf der sechs betrachteten Indikatoren und im Vergleich zu den anderen Ländern am häufigsten in der oberen Ländergruppe verortet. Auffällig ist, dass für die hier aufgeführten Indikatoren des Teilbereichs II von CIL Schleswig-Holstein häufig (bei vier von sechs Indikatoren) in der oberen Gruppe zu finden ist. Für die Förderung der IT-bezogenen Fähigkeiten des Teilbereichs I ist Schleswig-Holstein vergleichsweise oft in der unteren Gruppe verortet. Im Hinblick auf die IT-bezogenen Fähigkeiten hinsichtlich des Erzeugens und

Austauschens von Informationen sind hingegen Niedersachsen und Thüringen bei vier der sechs betrachteten Indikatoren in der unteren Ländergruppe zu finden.

Tabelle 3: Förderung der IT-bezogenen Fähigkeiten der Schülerinnen und Schüler hinsichtlich des Erzeugens und Austauschens von Informationen (Teilbereich II von CIL) über bestimmte Arbeitsweisen im Unterricht im Bundesländervergleich

Bundesland	Erstellung von Informationen für eine bestimmte Zielgruppe/für einen bestimmten Zweck	Austausch digitaler Informationen mit anderen	Anwendung von Computerprogrammen zur Herstellung von digitalen Produkten	Angabe der Quelle digitaler Informationen	Reflexion der Folgen von online veröffentlichten Informationen	Erstellung eines Bildes oder Diagramms auf der Grundlage von Informationen in einem Text oder in einer Tabelle
Baden-Württemberg	▼	▼	▼	■	■	■
Bayern	■	■	■	■	■	■
Berlin	▲	■	▲	▲	▲	▲
Brandenburg	▲	▲	▼	▼	■	■
Bremen	■	▲	■	▼	▲	■
Hamburg	▼	■	■	▼	▼	■
Hessen	■	▼	■	▲	■	▼
Mecklenburg-Vorpommern	■	■	▲	▲	▼	▲
Niedersachsen	▼	■	▼	▼	■	▼
Nordrhein-Westfalen	■	▲	■	■	■	■
Rheinland-Pfalz	■	▼	▲	■	▼	▼
Saarland	■	▲	■	■	▲	▲
Sachsen	▲	■	■	▲	■	■
Sachsen-Anhalt	■	■	▼	■	■	■
Schleswig-Holstein	▲	■	▲	■	▲	▲
Thüringen	▼	▼	■	■	▼	▼

▲ obere Gruppe; ■ mittlere Gruppe; ▼ untere Gruppe

2.2 Kompetenzförderung entsprechend den Kompetenzstufen in ICILS 2013

Zusätzlich zu der Kompetenzförderung entlang der beiden Teilbereiche der computer- und informationsbezogenen Kompetenzen wurde im Rahmen des *Länderindikators 2015* auch die Förderung der IT-bezogenen Fähigkeiten der Schülerinnen und Schüler entsprechend den Kompetenzstufen in ICILS 2013 erfasst.

Da im Rahmen des *Länderindikators 2015* eine Testung der computer- und informationsbezogenen Kompetenzen der Schülerinnen und Schüler nach dem CIL-Konstrukt nicht möglich war, wurden eigens Indikatoren entwickelt, über die in Anlehnung an das Kompetenzstufenmodell von ICILS 2013 erfasst wird, in welchem Ausmaß bestimmte Arbeitsweisen zur Computernutzung im Unterricht durch die Lehrkräfte erfolgen. Die Arbeitsweisen beziehen sich dabei auf die IT-bezogenen Fähigkeiten, die Schülerinnen und Schüler je nach Kompetenzstufe beherrschen sollten. Die Entwicklung und Zuordnung der Arbeitsweisen zu den Kompetenzstufen erfolgte expertengestützt.

Jede der fünf Kompetenzstufen wird dabei durch eine beispielhaft für die auf dieser Kompetenzstufe verorteten IT-bezogenen Fähigkeit der Schülerinnen und Schüler repräsentiert. Die Lehrpersonen wurden gebeten, anzugeben, inwieweit sie diesen Fähigkeiten entsprechende Arbeitsweisen in ihrem Unterricht integrieren. Dafür wurde ein vierstufiges Antwortformat gewählt (*Stimme voll zu*, *Stimme eher zu*, *Stimme eher nicht zu*, *Stimme nicht zu*). Für die nachfolgenden Auswertungen wurden die ersten beiden Kategorien zu *Zustimmung* zusammengefasst.

Abbildung 19 zeigt die Anteile der Lehrpersonen, die angeben, die IT-bezogenen Fähigkeiten der Schülerinnen und Schüler über bestimmte Arbeitsweisen im Unterricht zu fördern. Den Angaben liegen die Aussagen aller 1250 befragten Lehrpersonen zugrunde. Ergänzend werden signifikante Gruppenunterschiede betrachtet, wobei sich zwischen den Altersgruppen keine signifikanten Unterschiede ergeben. Zu jedem Indikator werden neben der Beschreibung der in Abbildung 19 dargestellten Anteile der Lehrpersonen, die die benannten IT-bezogenen Fähigkeiten der Schülerinnen und Schüler fördern, Gruppenunterschiede berichtet, hinsichtlich derer signifikante Unterschiede vorliegen.

Abbildung 19: Förderung der IT-bezogenen Fähigkeiten der Schülerinnen und Schüler über bestimmte Arbeitsweisen im Unterricht, die den Kompetenzstufen aus ICILS 2013 zugeordnet werden können (Angaben in Prozent)

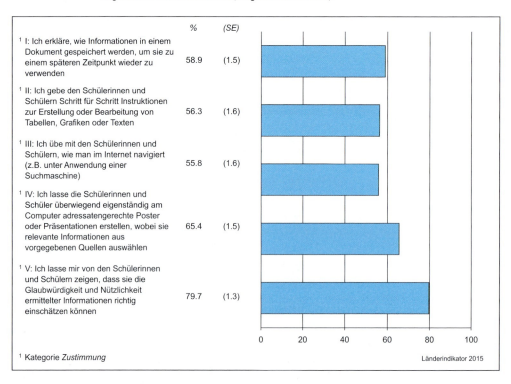

Die Arbeitsweise im Unterricht, den Schülerinnen und Schülern zu erklären, wie Informationen in einem Dokument gespeichert werden, um sie zu einem späteren Zeitpunkt wieder zu verwenden, kann der Kompetenzstufe I zugeordnet werden. Knapp drei Fünftel der Lehrpersonen (58.9%) geben an, dieses Vorgehen in ihrem Unterricht durchzuführen. Lehrkräfte an nichtgymnasialen Schulformen der Sekundarstufe I geben dabei signifikant häufiger (64.8%) an, im Unterricht zu erklären, wie ein Dokument gespeichert wird, als Gymnasiallehrkräfte (51.5%). Außerdem wird diese Fähigkeit signifikant häufiger in den Jahrgangsstufen 5 und 6 (64.9%) gefördert als in den Jahrgangsstufen 9 und 10 (53.1%). Lehrkräfte einer Fremdsprache (46.8%) in der Referenzklasse geben signifikant seltener an, diese Arbeitsweise zu fördern, als Deutsch- (67.0%) oder Mathematiklehrpersonen (65.7%) der Referenzklasse.

Für die Kompetenzstufe II ist die Arbeitsweise, den Schülerinnen und Schülern Schritt für Schritt Instruktionen zur Erstellung oder Bearbeitung von Tabellen, Grafiken oder Texten zu geben, charakteristisch. Rund 56 Prozent der befragten Lehrkräfte nutzen diese in ihrem Unterricht in der Referenzklasse. Dabei geben Lehrpersonen an nichtgymnasialen Schulformen der Sekundarstufe I (61.7%) signifikant häufiger an, ihren Schülerinnen und Schüler schrittweise Instruktionen zur Erstellung oder Bearbeitung von Tabellen, Grafiken oder Texten zu geben, als Lehrpersonen, die an

Gymnasien unterrichten (49.6%). Zudem wird diese Arbeitsweise signifikant häufiger in den unteren Jahrgangsstufen (Jahrgangsstufen 5 und 6: 64.2%; Jahrgangsstufen 7 und 8: 57.5%) angewandt als in den Jahrgangsstufen 9 und 10 (47.6%). Hinsichtlich der Unterrichtsfächer der Referenzklasse zeigt sich, dass signifikant mehr Mathematiklehrkräfte (68.6%) und Lehrkräfte eines naturwissenschaftlichen Fachs die benannte Arbeitsweise fördern als Lehrkräfte einer Fremdsprache (43.0%) oder eines sogenannten anderen Fachs (42.2%).

Mit den Schülerinnen und Schülern zu üben, wie man im Internet navigiert (z.B. unter Anwendung einer Suchmaschine), wird von 55.8 Prozent der Lehrkräfte praktiziert. Diese Arbeitsweise entspricht der Kompetenzstufe III. Die Navigation im Internet lassen Lehrpersonen, die an nichtgymnasialen Schulformen der Sekundarstufe I unterrichten (62.8%), signifikant häufiger im Unterricht üben als Lehrpersonen, die am Gymnasium unterrichten (47.3%). Außerdem geben die Lehrpersonen, deren Referenzklasse sich in den Jahrgangsstufen 5 oder 6 befindet, signifikant häufiger an (67.1%), diese Fähigkeit zu fördern, als Lehrkräfte, die ihr Referenzfach in höheren Jahrgangsstufen unterrichten (Jahrgangsstufen 7 und 8: 52.5%; Jahrgangsstufen 9 und 10: 48.7%).

Eine anspruchsvolle Aufgabe ist das Erstellen adressatengerechter Poster oder Präsentationen am Computer, wobei Schülerinnen und Schüler relevante Informationen aus vorgegebenen Quellen auswählen sollen. Diese Arbeitsweise entspricht den computer- und informationsbezogenen Kompetenzen auf Kompetenzstufe IV. Nahezu zwei Drittel (65.4%) der Lehrpersonen stimmen zu, diese Arbeitsweise in ihrem Unterricht in der Referenzklasse durchzuführen. Es geben signifikant häufiger Lehrpersonen an Ganztagsschulen (67.1%) an, ihre Schülerinnen und Schüler überwiegend eigenständig am Computer adressatengerechte Poster oder Präsentationen erstellen zu lassen, als Lehrpersonen, die an Halbtagsschulen unterrichten (60.2%). Hinsichtlich des Geschlechts ergibt sich ein signifikanter Unterschied dahingehend, dass mehr weibliche Lehrpersonen (69.2%) diese Arbeitsweise fördern als männliche (60.2%). Zudem wird im Vergleich der Fächergruppen deutlich, dass der Anteil, der angibt diese Arbeitsweise zu fördern, mit 44.6 Prozent der Mathematiklehrkräfte der Referenzklasse signifikant niedriger ausfällt als in allen anderen Fächergruppen, in denen je rund zwei Drittel bis drei Viertel der Lehrpersonen dies angeben.

Die höchste Kompetenzstufe V, die unter anderem das sichere Bewerten von Informationen umfasst, wird durch die Arbeitsweise der Lehrpersonen repräsentiert, sich von den Schülerinnen und Schülern zeigen zu lassen, dass sie die Glaubwürdigkeit und Nützlichkeit ermittelter Informationen richtig einschätzen können. Fast vier Fünftel (79.7%) der befragten Lehrpersonen geben an, dieses Vorgehen im Unterricht zu praktizieren. Auffallend ist, dass diese Fähigkeit signifikant häufiger in höheren Jahrgangsstufen gefördert wird: Von den Lehrkräften, deren Referenzklasse in den Jahrgangsstufen 7 bis 10 verortet ist, geben im Durchschnitt 82 Prozent an, sich von ihren Schülerinnen und Schülern zeigen zu lassen, dass diese die Glaubwürdigkeit und Nützlichkeit ermittelter Informationen richtig einschätzen können. In den Klassenstufen 5 und 6 geben mit 74.4 Prozent rund drei Viertel und damit signifikant weniger Lehrpersonen an, diese Fähigkeit im Unterricht zu fördern.

Bundesländervergleich

Im Folgenden werden die Befunde des *Länderindikators 2015* im Bundesländervergleich abgebildet, die die Angaben der Lehrpersonen zur Arbeitsweise mit digitalen Medien im Unterricht repräsentieren, welche wiederum den fünf Kompetenzstufen der computer- und informationsbezogenen Kompetenzen aus ICILS 2013 zugeordnet werden können.

Abbildung 20 stellt dar, welche Anteile der Lehrkräfte der Aussage „Ich erkläre, wie Informationen in einem Dokument gespeichert werden, um sie zu einem späteren Zeitpunkt wieder zu verwenden" zustimmen. Diese Arbeitsweise kann der Kompetenzstufe I der computer- und informationsbezogenen Kompetenzen aus ICILS 2013 zugeordnet werden. Baden-Württemberg, Hamburg, Nordrhein-Westfalen und Schleswig-Holstein bilden die obere Gruppe, in der durchschnittlich 68.1 Prozent der Lehrpersonen der Aussage zustimmen. In der unteren Gruppe, Bayern, Bremen, Sachsen und Sachsen-Anhalt, berechnet sich die mittlere Zustimmungsrate auf 48.1 Prozent. Für die mittlere Gruppe beträgt der Anteil der Lehrkräfte, die der Aussage zustimmen, im Durchschnitt 56.3 Prozent.

Abbildung 20: Anteile der Lehrpersonen, die angeben, dass sie den Schülerinnen und Schülern erklären, wie Informationen in einem Dokument gespeichert werden, um sie zu einem späteren Zeitpunkt wieder zu verwenden (Angaben in Prozent, Kategorie *Zustimmung*)

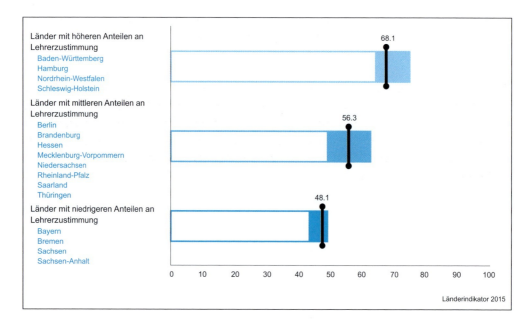

Abbildung 21: Anteile der Lehrpersonen, die angeben, dass sie den Schülerinnen und Schülern Schritt für Schritt Instruktionen zur Erstellung oder Bearbeitung von Tabellen, Grafiken oder Texten geben (Angaben in Prozent, Kategorie *Zustimmung*)

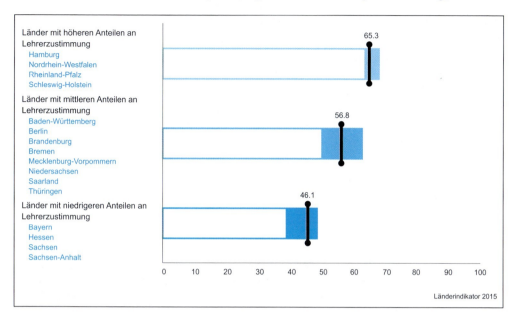

In Abbildung 21 wird die Zustimmung der befragten Lehrkräfte hinsichtlich der Aussage „Ich gebe den Schülerinnen und Schülern Schritt für Schritt Instruktionen zur Erstellung oder Bearbeitung von Tabellen, Grafiken oder Texten" präsentiert, was der Kompetenzstufe II zugeordnet werden kann. Hamburg, Nordrhein-Westfalen, Rheinland-Pfalz und Schleswig-Holstein bilden die obere Gruppe der Bundesländer, für die sich eine mittlere Zustimmungsrate von 65.3 Prozent ergibt. In der unteren Gruppe, die Bayern, Hessen, Sachsen und Sachsen-Anhalt umfasst, stimmen durchschnittlich 46.1 Prozent der Lehrpersonen der Aussage zu. Für die mittlere Gruppe berechnet sich der Anteil der Lehrkräfte, die der Aussage zustimmen, im Durchschnitt auf 56.8 Prozent.

Abbildung 22: Anteile der Lehrpersonen, die angeben, dass sie mit den Schülerinnen und Schülern üben, wie man im Internet (z.B. unter Anwendung einer Suchmaschine) navigiert (Angaben in Prozent, Kategorie *Zustimmung*)

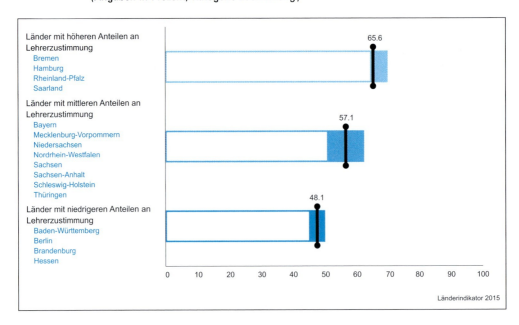

Abbildung 22 zeigt die Einschätzungen der Lehrkräfte im Hinblick auf ihre Zustimmung zu der Aussage „Ich übe mit den Schülerinnen und Schülern, wie man im Internet navigiert (z.B. unter Anwendung einer Suchmaschine)", die in Anlehnung an Kompetenzstufe III konzipiert ist. In der oberen Gruppe, die Bremen, Hamburg, Rheinland-Pfalz und das Saarland umfasst, stimmen durchschnittlich 65.5 Prozent der Lehrpersonen der Aussage zu. Baden-Württemberg, Berlin, Brandenburg und Hessen bilden die untere Gruppe, in der sich eine mittlere Zustimmungsrate von 48.1 Prozent ergibt. Für die mittlere Gruppe berechnet sich der Anteil der Lehrkräfte, die der Aussage zustimmen, im Durchschnitt auf 57.1 Prozent.

Abbildung 23: Anteile der Lehrpersonen, die angeben, dass sie die Schülerinnen und Schüler überwiegend eigenständig am Computer adressatengerechte Poster und Präsentationen erstellen lassen, wobei sie relevante Informationen aus vorgegebenen Quellen auswählen (Angaben in Prozent, Kategorie *Zustimmung*)

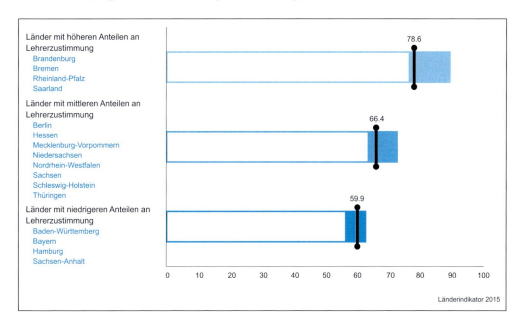

In Abbildung 23 wird in Anlehnung an die Kompetenzstufe IV die Zustimmung der befragten Lehrkräfte hinsichtlich der Aussage „Ich lasse die Schülerinnen und Schüler überwiegend eigenständig am Computer adressatengerechte Poster oder Präsentationen erstellen, wobei sie relevante Informationen aus vorgegebenen Quellen auswählen" dargestellt. Brandenburg, Bremen, Rheinland-Pfalz und das Saarland bilden die obere Gruppe der Bundesländer, in der die durchschnittliche Zustimmungsrate bei 78.6 Prozent liegt. Die untere Gruppe besteht aus Baden-Württemberg, Bayern, Hamburg und Sachsen-Anhalt, dort stimmen im Durchschnitt 59.9 Prozent der Lehrkräfte der Aussage zu. Für die mittlere Gruppe berechnet sich der Anteil der Lehrkräfte, die der Aussage zustimmen, durchschnittlich auf 66.4 Prozent.

Abbildung 24: Anteile der Lehrpersonen, die angeben, dass sie sich von den Schülerinnen und Schülern zeigen lassen, dass sie die Glaubwürdigkeit und Nützlichkeit ermittelter Informationen richtig einschätzen können (Angaben in Prozent, Kategorie *Zustimmung*)

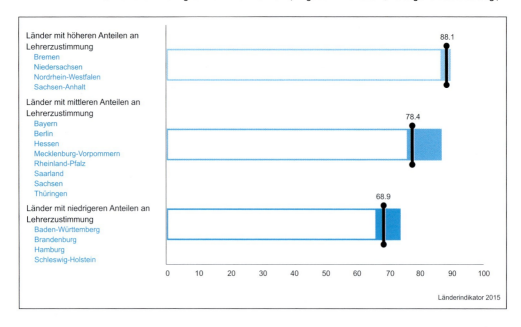

Abbildung 24 zeigt, inwieweit die befragten Lehrkräfte der Aussage „Ich lasse mir von den Schülerinnen und Schülern zeigen, dass sie die Glaubwürdigkeit und Nützlichkeit ermittelter Informationen richtig einschätzen können", was der Kompetenzstufe V entspricht, zustimmen. Die obere Gruppe, die sich aus Bremen, Niedersachsen, Nordrhein-Westfalen und Sachsen-Anhalt zusammensetzt, erreicht eine durchschnittliche Zustimmungsrate von 88.1 Prozent. Baden-Württemberg, Brandenburg, Hamburg und Schleswig-Holstein bilden die untere Gruppe, in der im Durchschnitt 68.9 Prozent der Aussage zustimmen. In der mittleren Gruppe liegt die durchschnittliche Zustimmungsrate der Lehrpersonen bei 78.4 Prozent.

In Tabelle 4 ist zusammengefasst, wie sich die Förderung der IT-bezogenen Fähigkeiten der Schülerinnen und Schüler entlang der Indikatoren der fünf Kompetenzstufen im Bundesländervergleich darstellt. Der Vergleich der Bundesländer indiziert, dass Bremen, Hamburg, Nordrhein-Westfalen und Rheinland-Pfalz am häufigsten in der oberen Ländergruppe zu finden sind, in denen die höchsten Anteile der Lehrpersonen angeben, die entsprechenden IT-bezogenen Fähigkeiten zu fördern. Auffällig ist dabei, dass Hamburg hinsichtlich der unterrichtlichen Arbeitsweisen in Bezug auf die IT-bezogenen Fähigkeiten auf den Kompetenzstufen I bis III in der oberen Gruppe verortet ist und hinsichtlich der Arbeitsweisen mit anspruchsvolleren IT-bezogenen Fähigkeiten auf den Kompetenzstufen IV und V in der unteren Ländergruppe zu finden ist, in der im Bundesländervergleich nur ein geringer Anteil an Lehrkräften zustimmt, die jeweilige Arbeitsweise mit Computern im Unterricht zu verfolgen. Zudem sind Baden-Württemberg, Bayern und Sachsen-Anhalt besonders häufig in der unteren Ländergruppe vorzufinden.

Tabelle 4: Förderung der IT-bezogenen Fähigkeiten der Schülerinnen und Schüler entsprechend den Kompetenzstufen von CIL über bestimmte Arbeitsweisen im Bundesländervergleich

Bundesland	Erläuterung des Speicherns von Informationen in einem Dokument	Schritt-für-Schritt-Instruktionen zur Bearbeitung von Tabellen, Grafiken oder Texten	Üben der Navigation im Internet	Eigenständige Erstellung adressatengerechter Poster oder Präsentationen	Richtige Einschätzung der Glaubwürdigkeit und Nützlichkeit medial ermittelter Informationen
Baden-Württemberg	▲	■	▼	▼	▼
Bayern	▼	▼	■	▼	■
Berlin	■	■	▼	■	■
Brandenburg	■	■	▼	▲	▼
Bremen	▼	■	▲	▲	▲
Hamburg	▲	▲	▲	▼	▼
Hessen	■	▼	▼	■	■
Mecklenburg-Vorpommern	■	■	■	■	■
Niedersachsen	■	■	■	■	▲
Nordrhein-Westfalen	▲	▲	■	■	▲
Rheinland-Pfalz	■	▲	▲	▲	■
Saarland	■	■	▲	▲	■
Sachsen	▼	▼	■	■	■
Sachsen-Anhalt	▼	▼	■	▼	▲
Schleswig-Holstein	▲	▲	■	■	▼
Thüringen	■	■	■	■	■

▲ obere Gruppe; ■ mittlere Gruppe; ▼ untere Gruppe

3. Zusammenfassung und Diskussion

Aufgrund der zunehmenden Relevanz digitaler Medien im 21. Jahrhundert für private und berufliche Zwecke sowie für die gesellschaftliche Teilhabe insgesamt ist die Förderung der Fähigkeiten der Schülerinnen und Schüler im Umgang mit digitalen Medien zunehmend auch zur Aufgabe der Schule geworden (KMK, 2012). Mit ICILS 2013 konnte erstmals testbasiert im internationalen Vergleich der Leistungsstand der Schülerinnen und Schüler der 8. Jahrgangsstufe hinsichtlich computer- und informationsbezogener Kompetenzen gemessen werden. In diesem Vergleich konnte gezeigt werden, dass Deutschland im mittleren Bereich der Länderrangliste verortet war, aber auch, dass knapp 30 Prozent der Schülerinnen und Schüler Leistungen erzielten, die nur auf den unteren beiden Kompetenzstufen lagen, womit diese Schülerinnen und Schüler voraussichtlich Schwierigkeiten haben werden, ihren künftigen beruflichen und privaten Anforderungen nachzukommen (Bos, Eickelmann & Gerick, 2014). Vor diesem Hintergrund ist es notwendig, für Deutschland vertiefend zu untersuchen, wie sich die schulische Förderung eines kompetenten Umgangs von Schülerinnen und Schülern mit digitalen Medien gestaltet.

Aufgrund der föderalen Struktur des Bildungssystems in Deutschland erscheint es unerlässlich, die Förderung der IT-bezogenen Fähigkeiten im Bundesländervergleich zu betrachten, da einheitliche bundeslandübergreifende Standards in diesem Bereich bisher fehlen. Nicht nur hinsichtlich Aspekten wie Chancengleichheit und Bildungsgerechtigkeit, sondern auch vor dem Hintergrund der Leistungsverbesserung aller Schülerinnen und Schüler wird im Rahmen des *Länderindikators 2015* im Bundesländervergleich zunächst untersucht, ob alle Aspekte der computer- und informationsbezogenen Kompetenzen in allen Bundesländern gleichermaßen gefördert werden.

Hinsichtlich der einzelnen Aspekte des Teilbereichs I variieren die Anteile der Lehrpersonen, die angeben, diese als nicht relevant für den Unterricht in der Referenzklasse zu erachten. Die Förderung der Arbeitsweisen zur Erkennung von Dateitypen anhand von Dateiendungen sowie zur Navigation zu einer URL, die nicht als anklickbarer Link vorliegt, wird von jeweils rund zwei Fünfteln der Lehrpersonen als nicht relevant im Unterricht der Referenzklasse eingeschätzt. Im Gegensatz dazu messen die Lehrpersonen der Überprüfung der Relevanz sowie der Glaubwürdigkeit digitaler Informationen eine insgesamt höhere Bedeutung für den Unterricht in der Referenzklasse zu: Lediglich 14 Prozent bzw. 11.6 Prozent der Lehrpersonen halten die Förderung dieser IT-bezogenen Fähigkeiten für nicht relevant. Fachspezifische Unterschiede zeigen sich für diese beiden Aspekte dahingehend, dass Lehrpersonen, die Deutsch, ein geisteswissenschaftliches Fach und – bezogen auf die Überprüfung der Glaubwürdigkeit – ein naturwissenschaftliches Fach in der Referenzklasse unterrichten, signifikant seltener die Förderung dieser IT-bezogenen Fähigkeiten als nicht relevant einschätzen als Mathematiklehrkräfte. Signifikante Unterschiede zwischen Altersgruppen, zwischen an Halbtags- bzw. Ganztagsschulen unterrichtenden Lehrpersonen oder geschlechtsspezifische Unterschiede bestehen hingegen nicht.

Im Hinblick auf die Aspekte des Teilbereichs II zeigt sich, dass die produktiven IT-bezogenen Fähigkeiten in der Regel von einem geringeren Teil an Lehrpersonen als nicht relevant für den Unterricht im Referenzfach eingeschätzt werden als dies für die eher rezeptiven Fähigkeiten des Teilbereichs I der Fall ist. Für die Anwendung von Computerprogrammen für die Herstellung von digitalen Produkten (z.B. Präsentationen, Dokumenten, Bildern und Diagrammen) sowie für die Angabe der Quelle digitaler Informationen finden sich die geringsten Anteile an Lehrpersonen, die die Förderung dieser IT-bezogenen Fähigkeiten im Unterricht der Referenzklasse als nicht relevant einschätzen. Insbesondere für das Fach Deutsch und die geisteswissenschaftlichen Fächer scheinen diese Fähigkeiten von hoher Bedeutung zu sein: Weit über 90 Prozent der Lehrkräfte, die im Referenzfach diese Fächer unterrichten, erachten die Förderung dieser IT-bezogenen Fähigkeiten als relevant.

Für die Auswertungen zur Förderung der einzelnen Aspekte, die sich den beiden Teilbereichen der computer- und informationsbezogenen Kompetenzen aus ICILS 2013 zuordnen lassen, wurden nur die Lehrpersonen berücksichtigt, die angeben, die Förderung der einzelnen Aspekte als relevant für den Unterricht in der Referenzklasse zu erachten. Zusammenfassend zeigen die Befunde, dass die beiden erfassten Indikatoren zum Aspekt „Über Wissen zur Nutzung von Computern verfügen" des rezeptiven Teilbereichs I von etwas mehr als zwei Fünfteln respektive etwa einem Drittel der Lehrpersonen im Unterricht gefördert werden. Für die weiteren Indikatoren des rezeptiven und auch des produktiven Teilbereichs II geben jeweils mehr als die Hälfte der Lehrpersonen an, die entsprechenden Arbeitsweisen im Unterricht der Referenzklasse zu fördern. Dies zeigt insgesamt, dass alle Aspekte des theoretischen Konstrukts der computer- und informationsbezogenen Kompetenzen im Unterricht der Sekundarstufe I Berücksichtigung finden.

Im Bundesländervergleich zeigt sich über die betrachteten Indikatoren hinweg ein überwiegend uneinheitliches Bild bezüglich der Eingruppierung der Länder in die obere oder untere Ländergruppe der Länder mit den höchsten bzw. niedrigsten Anteilen an Lehrpersonen, die zustimmen, bestimmte IT-bezogene Fähigkeiten der Schülerinnen und Schüler mit Nachdruck zu fördern. Hinsichtlich des rezeptiven Teilbereichs I ist Schleswig-Holstein vergleichsweise häufig in der unteren Ländergruppe verortet (Tabelle 2), im Bereich des produktiven Teilbereichs II trifft dies auf Niedersachsen und Thüringen zu (jeweils bei vier von sechs Indikatoren in der unteren Gruppe; Tabelle 3). Bayern und Mecklenburg-Vorpommern gehören bezüglich des Teilbereichs I häufig der oberen Ländergruppe an (Tabelle 2). Für den Teilbereich II sind insbesondere Berlin und Schleswig-Holstein oft (bei fünf von sechs bzw. vier von sechs Indikatoren) in der oberen Gruppe zu finden (Tabelle 3).

Diese uneindeutige Befundlage muss vor dem Hintergrund der teils stark divergierenden Medienkonzepte, die in den Bundesländern verfolgt werden, betrachtet werden. In den Medienkonzepten werden unterschiedliche Schwerpunkte gesetzt oder auch Kompetenzfacetten wie z.B. informatische Kompetenzen einbezogen, die im theoretischen Kompetenzmodell der computer- und informationsbezogenen Kompetenzen in ICILS 2013 keine Berücksichtigung finden. An dieser Stelle sei exemplarisch für zwei Bundesländer auf die Länderportraits verwiesen, die im Rahmen des *Länderindikators 2015* erstellt wurden und ausführlich in Kapitel VII dieses Bandes beschrieben sind. Darin werden die schulischen Medieninitiativen zur Förderung der IT-bezogenen Fähigkeiten von Schülerinnen und Schülern in zwei ausgewählten Bundesländern – Thüringen und Nordrhein-Westfalen – fokussiert. Mit Thüringen wird ein Bundesland betrachtet, in dem die schulische Medienkompetenzförderung als verpflichtender Kurs *Medienkunde* in allen Schulformen und Jahrgangsstufen der Sekundarstufe I erfolgt und auch bereits in der Grundschule in den Lehrplänen aller Fächer integriert ist. Demgegenüber ist in Nordrhein-Westfalen die Wahrnehmung der Maßnahmen zur Förderung der Medienkompetenz von Schülerinnen und Schülern weitestgehend den Einzelschulen überlassen. Dabei ist jede Schule in Nordrhein-Westfalen laut Schulvorschrift zur Entwicklung eines Medienkonzepts verpflichtet, dessen Ausgestaltung den Schulen obliegt. Für das Länderportrait wird für Nordrhein-Westfalen zudem die Initiative *Medienpass NRW* in den Blick genommen, die den Schulen als freiwillig nutzbares Angebot zur Verfügung steht. Weitere Einblicke in die Medienarbeit ausgewählter Bundesländer werden in der Publikation „*Schule digital – der Länderindikator 2015*" der Deutschen Telekom Stiftung geboten.

Bei der Betrachtung der Förderung der jeweiligen IT-bezogenen Fähigkeiten der Schülerinnen und Schüler, die den fünf für die 8. Jahrgangsstufe entwickelten Kompetenzstufen aus ICILS 2013 zugeordnet werden, zeigt sich im Rahmen des *Länderindikators 2015* insgesamt tendenziell, dass der Anteil der Lehrpersonen, der angibt, die benannten Arbeitsweisen mit digitalen Medien im Unterricht umzusetzen, mit den höheren Kompetenzstufen IV und V, auf denen ein eigenständiger und sicherer Umgang mit digitalen Medien verortet ist, zunimmt. Anders ausgedrückt: Je höher und komplexer die Kompetenzen sind, desto mehr Augenmerk legen die Lehrpersonen im Unterricht darauf. Dennoch gibt ein nicht unerheblicher Anteil von Lehrpersonen an, die jeweiligen Kompetenzen im Unterricht nicht über entsprechende Arbeitsweisen zu fördern, sodass hier Handlungspotenzial in allen Bundesländern deutlich wird. Zudem zeigt sich, dass die Arbeitsweisen, die den unteren Kompetenzstufen zugeordnet werden können, signifikant häufiger in den niedrigeren Jahrgangsstufen gefördert werden. Umgekehrt ist es für die Indikatoren der höheren Kompetenzstufen, die komplexere Fähigkeiten umfassen, der Fall, sodass diese signifikant häufiger in den höheren Jahrgangsstufen gefördert werden.

Der Vergleich der Bundesländer indiziert, dass Bremen, Hamburg, Nordrhein-Westfalen und Rheinland-Pfalz am häufigsten in der oberen Ländergruppe zu finden sind (bei jeweils drei der fünf Indikatoren). Dort geben die höchsten Anteile der Lehrpersonen an, die entsprechenden Kompetenzen zu fördern (Abbildung 4). Auffällig ist dabei, dass Hamburg im Bereich der Kompetenzen auf den Stufen I bis III in der oberen Gruppe verortet ist und hinsichtlich der höheren Kompetenzen auf den Stufen IV und V in der unteren Ländergruppe zu finden ist, in der im Bundesländervergleich nur ein geringer Anteil an Lehrkräften zustimmt, die jeweilige Arbeitsweise mit Computern im Unterricht zu verfolgen. Neben Hamburg sind auch Baden-Württemberg,

Bayern und Sachsen-Anhalt besonders häufig in der unteren Ländergruppe einzuordnen (Abbildung 4).

Insgesamt deuten die Befunde des *Länderindikators 2015* darauf hin, dass die betrachteten Arbeitsweisen mit digitalen Medien in den Ländern unterschiedlich stark im Unterricht gefördert werden. Dennoch stellt der *Länderindikator 2015* an dieser Stelle bedeutsame Befunde zur Verfügung, da in einem explorativen Ansatz erstmals Daten in Bezug auf die gesamte Sekundarstufe I erfasst werden, die in ähnlicher Weise noch nicht vorliegen.

Literatur

ACARA [Australian Curriculum, Assessment, and Reporting Authority]. (2012). *National Assessment Program – ICT Literacy: Years 6 & 10 report 2011*. Sydney: ACARA.

Bos, W., Eickelmann, B. & Gerick, J. (2014). Computer- und informationsbezogene Kompetenzen von Schülerinnen und Schülern der 8. Jahrgangsstufe in Deutschland und im internationalen Vergleich. In W. Bos, B. Eickelmann, J. Gerick, F. Goldhammer, H. Schaumburg, K. Schwippert, M. Senkbeil, R. Schulz-Zander & H. Wendt (Hrsg.), *ICILS 2013. Computer- und informationsbezogene Kompetenzen von Schülerinnen und Schülern in der 8. Jahrgangsstufe im internationalen Vergleich* (S. 113–146). Münster: Waxmann.

Bos, W., Eickelmann, B., Gerick, J., Goldhammer, F., Schaumburg, H., Schwippert, K., Senkbeil, M., Schulz-Zander, R & Wendt, H. (Hrsg.). (2014). *ICILS 2013. Computer- und informationsbezogene Kompetenzen von Schülerinnen und Schülern in der 8. Jahrgangsstufe im internationalen Vergleich*. Münster: Waxmann.

Deutsche Telekom Stiftung (2015). *Schule digital – der Länderindikator 2015*. Zugriff am 19. November 2015 unter www.telekom-stiftung.de/schuledigital15

Eickelmann, B., Bos, W., Gerick, J. & Kahnert, J. (2014). Anlage, Durchführung und Instrumentierung von ICILS 2013. In W. Bos, B. Eickelmann, J. Gerick, F. Goldhammer, H. Schaumburg, K. Schwippert, M. Senkbeil, R. Schulz-Zander & H. Wendt (Hrsg.), *ICILS 2013. Computer- und informationsbezogene Kompetenzen von Schülerinnen und Schülern in der 8. Jahrgangsstufe im internationalen Vergleich* (S. 43–82). Münster: Waxmann.

Eickelmann, B., Schaumburg, H., Drossel, K. & Lorenz, R. (2014). Schulische Nutzung von neuen Technologien in Deutschland im internationalen Vergleich. In W. Bos, B. Eickelmann, J. Gerick, F. Goldhammer, H. Schaumburg, K. Schwippert, M. Senkbeil, R. Schulz-Zander & H. Wendt (Hrsg.), *ICILS 2013. Computer- und informationsbezogene Kompetenzen von Schülerinnen und Schülern in der 8. Jahrgangsstufe im internationalen Vergleich* (S. 197–229). Münster: Waxmann.

Eickelmann, B. & Schulz-Zander, R. (2008). Schuleffektivität, Schulentwicklung und digitale Medien. In W. Bos, H.G. Holtappels, H. Pfeiffer, H.-G. Rolff & R. Schulz-Zander (Hrsg.), *Jahrbuch der Schulentwicklung* (Bd. 15, S. 157–193). Weinheim: Juventa.

Europäische Kommission. (2006). *Key competences for lifelong learning*. Brüssel: Europäische Kommission.

Fraillon, J., Ainley, J., Schulz, W., Friedman, T. & Gebhardt, E. (2014). *Preparing for Life in a Digital Age. The IEA International Computer and Information Literacy Study International Report*. Springer Open.

KMK [Sekretariat der Ständigen Konferenz der Kultusminister der Länder in der Bundesrepublik Deutschland]. (2012). *Medienbildung in der Schule*. Beschluss der Kultusministerkonferenz vom 8. März 2012. Zugriff am 20. April 2015 unter http://www.kmk.org/fileadmin/veroeffentlichungen_beschluesse/2012/2012_03_08_Medienbildung.pdf

MCEECDYA [Ministerial Council for Education, Early Childhood Development and Youth Affairs]. (2010). *National Assessment Program. ICT literacy. Years 6 and 10. Report 2008.* Carlton South: MCEECDYA.

MCEETYA [Ministerial Council for Education, Employment, Training and Youth Affairs]. (2008). *National assessment program: ICT Literacy, Years 6 and 10. Report 2005.* Melbourne: MCEETYA.

Senkbeil, M., Goldhammer, F., Bos, W., Eickelmann, B., Schwippert, K. & Gerick, J. (2014). Das Konstrukt der computer- und informationsbezogenen Kompetenzen in ICILS 2013. In W. Bos, B. Eickelmann, J. Gerick, F. Goldhammer, H. Schaumburg, K. Schwippert, M. Senkbeil, R. Schulz-Zander & H. Wendt (Hrsg.), *ICILS 2013, Computer- und informationsbezogene Kompetenzen von Schülerinnen und Schülern in der 8. Jahrgangsstufe im internationalen Vergleich* (S. 83–112). Münster: Waxmann.

Kapitel VII
Länderportraits
Medieninitiativen in Thüringen und Nordrhein-Westfalen sowie Darstellung schulischer Good-Practice-Beispiele

Manuela Endberg und Ramona Lorenz

Wie im Beschluss „Medienbildung in der Schule" der KMK festgelegt ist Medienbildung verpflichtend als Aufgabe schulischer Bildung in allen Bundesländern verankert (KMK, 2012). Im Folgenden werden ergänzend zu den in den vorangegangenen Kapiteln dargestellten Befunden vertiefend Medieninitiativen und zentrale Entwicklungen in zwei ausgewählten Bundesländern dargestellt: In Thüringen und Nordrhein-Westfalen. In den beiden Bundesländern werden unterschiedliche Strategien der Medienerziehung verfolgt. Unter dem Begriff Medienerziehung „lassen sich alle Aktivitäten und Überlegungen in Erziehung und Bildung zusammenfassen, die das Ziel haben, ein humanes bzw. verantwortliches Handeln im Zusammenhang mit der Mediennutzung und Mediengestaltung zu entwickeln" (Tulodziecki, 2008, S. 110).

Die Strategien der beiden ausgewählten Bundesländer unterscheiden sich hinsichtlich der Standardisierung der schulischen Medienerziehung. In Thüringen ist die Umsetzung eines festgelegten Medienkurses für alle Schulen verpflichtend, dagegen werden in Nordrhein-Westfalen Medieninitiativen entwickelt und den Schulen bzw. Lehrpersonen unterstützend zur freiwilligen Nutzung zur Verfügung gestellt. Aufgezeigt werden im Folgenden die Herangehensweisen beider Bundesländer hinsichtlich der curricularen Verankerung von digitalen Medien, Methoden zur Vermittlung und Erfassung der IT-bezogenen Fähigkeiten von Schülerinnen und Schülern sowie konkrete Beispiele der Integration digitaler Medien im schulischen Unterrichtsalltag. Dabei werden dem Schwerpunkt des *Länderindikators 2015* folgend Medieninitiativen betrachtet, die auf die Sekundarstufe I fokussieren. Die Länderportraits basieren zum einen auf umfangreichen Recherchen und Analysen öffentlich zugänglicher Dokumente und Publikationen. Zum anderen konnten relevante und vertiefende Informationen durch Interviews mit Akteuren aus der Bildungsadministration gewonnen werden. Ergänzt werden die Länderportraits durch eine praxisnahe Perspektive, die durch gezielte Besuche von als Good-Practice-Beispielen dienenden Schulen und Unterrichtsbeobachtungen in der Sekundarstufe I in beiden Bundesländern eingenommen werden kann (vgl. Kapitel II in diesem Band). Es wird individuell für jede Schule darauf eingegangen, wie das schulinterne Medienkonzept praktische Anwendung findet, wie die für das jeweilige Bundesland spezifischen Medieninitiativen umgesetzt werden, mit welchen digitalen Medien im Unterricht gearbeitet wird und wie hoch Lehrkräfte den Vorbereitungsaufwand zur Planung und Durchführung von Unterrichtsstunden, die den Einsatz digitaler Medien beinhalten, einschätzen. Ein weiterer wichtiger Punkt, der in jedem Schulportrait Erwähnung findet, ist die Ausstattungssituation der Schulen mit digitalen Medien. Bedeutsame Aspekte sind dabei z.B. wie viele digitale Endgeräte den Lehrkräften zur Verfügung stehen (für den Unterricht oder für Verwaltungszwecke) und wie viele der in der Schule vorhandenen Geräte von Schülerinnen und Schülern genutzt werden können. Zudem wird dargestellt, wie die Verfügbarkeit von WLAN an der Schule geregelt ist und ob für die Schülerinnen und Schüler die Möglichkeit besteht, ihre eigenen (privaten) digitalen Endgeräte in die Schule mitzubringen und im Unterricht zu nutzen. Gerade dieser zuletzt genannte Aspekt beschreibt eine Herangehensweise, mit der der oft als unzureichend eingeschätzten Ausstattungssituation (z.B. BITKOM, 2015; Gerick, Schaumburg, Kahnert & Eickelmann, 2014) von in der Schule zu Unterrichtszwecken nutzbaren digitalen Medien entgegengewirkt werden soll. Der Ansatz des *Bring Your Own Device* (*BYOD*) erlaubt es Schülerinnen und Schülern, ihre privat angeschafften und genutzten digitalen Endgeräte (z.B. Laptops, Tablets oder Smartphones) in den Unterricht mitzubringen und dort zu nutzen. Schulen, die diesen Ansatz verfolgen, knüpfen die Nutzung privater digitaler Endgeräte gemeinhin an strikte Regeln.

Im Folgenden werden zunächst die Medieninitiativen in Thüringen dargestellt, die auf die Sekundarstufe I ausgerichtet sind. Eingegangen wird auf das Netzwerk der Thüringer Medienschulen, die Förderung der schulischen Ausstattungssituation und das landesweite Konzept zur Vermittlung von Medienkompetenz in der Schule. Der Kurs *Medienkunde* ist als Leitinitiative der schulischen Medienbildung in Thüringen zu nennen, der verpflichtend in der Lehr- und Lernplanung aller weiterführenden Schulen über die zeitliche Spanne der Sekundarstufe I auszuweisen und fächerintegrativ zu unterrichten ist. Gekoppelt an die Einführung des Kurses *Medienkunde* ist auch ein umfassendes Fort- und Weiterbildungsprogramm für Lehrkräfte, das in diesem Länderportrait vertiefend beschrieben wird. Als weiterer Punkt werden bereits durchgeführte Evaluationen im Rahmen der Implementierung des Kurses *Medienkunde* vorgestellt und geplante Evaluationsvorhaben benannt. Anschließend wird mit den Schulportraits die praxisnahe Perspektive an zwei Thüringer Schulen eingenommen. Im Sinne von Good-Practice-Beispielen werden verschiedene Aspekte des schulischen Alltags des Lehrens und Lernens mit digitalen Medien angesprochen.

An das Länderportrait für Thüringen schließt sich die Darstellung der Medieninitiativen in Nordrhein-Westfalen an, die in der Sekundarstufe I verortet sind. Die für die Schulen in Nordrhein-Westfalen bestehende Verpflichtung zur Entwicklung eines schulinternen Medienkonzepts ist Ausgangspunkt des Länderportraits. Aktuelle Medieninitiativen, die auf freiwilliger Basis von den Schulen herangezogen werden können, werden anschließend dargestellt. Für Nordrhein-Westfalen kann der *Medienpass NRW* (Missal, Herz, Kerst & Plagge, 2014), eine Initiative zur Entwicklung und Erfassung von Medienkompetenz von Schülerinnen und Schülern, als Leitinitiative dieses Länderportraits angesehen werden. Das Kapitel endet mit der Beschreibung schulpraktischer Medienarbeit an zwei Schulen, die als Good-Practice-Beispiele herangezogen werden.

1. Länderportrait: Thüringen

Thüringen ist das erste Bundesland, das die Förderung der Medienkompetenz als verpflichtenden Teil der schulischen Bildung etabliert hat (Brandenburger, 2014). „Thüringen hat im Jahr 1996 als erstes Bundesland den Begriff ‚Medienkompetenz' gesetzlich im Thüringer Landesmediengesetz verankert. Seither nimmt Thüringen in diesem Bereich bundesweit die Vorreiterrolle ein." (Walsmann, 2011, S. 3).

Medienbildung stellt in Thüringen einen Teil der verpflichtend von allen Schulen vorzunehmenden Lehr- und Lernplanung dar, die integrativ konzeptualisiert werden soll. Verpflichtend ist von allen Schulen der Sekundarstufe I ein fächerintegrativ ausgerichteter Kurs *Medienkunde* ab der Jahrgangstufe 5 zu unterrichten. In der Grundschule ist Medienbildung als integrativer Bestandteil der Lehrpläne aller Fächer ausgewiesen, sodass der Medienkompetenzvermittlung in Thüringen bereits von Beginn der Schulzeit eine hohe Bedeutung beigemessen wird.

Als zentrale Institutionen, die schulische Medieninitiativen ermöglichen, gestalten und koordinieren, sind in Thüringen zunächst das Thüringer Ministerium für Bildung, Jugend und Sport (vormals Thüringer Ministerium für Bildung, Wissenschaft und Kultur), das Thüringer Institut für Lehrerfortbildung, Lehrplanentwicklung und Medien (ThILLM), die kommunalen Medienzentren[1] und die Thüringer Landesmedienanstalt (TLM) zu nennen. Die TLM und das ThILLM haben zudem das Thüringer Medienkompetenznetzwerk ins Leben gerufen, über das sich die beiden genannten Institutionen ebenso wie weitere medienpädagogische Einrichtungen koordinieren können. Ziel des Medienkompetenznetzwerks ist es, „vorhandene Ressourcen in den Bereichen Medienpädagogik, Medienpolitik, Medienwissenschaft, Medienpraxis und Medienwirtschaft zu ergründen, zu bündeln und sie stärker und effizienter als bisher zu verbinden" (Thüringer Landesmedienanstalt, 2015). Die Onlineplattform des Netzwerkes wurde im März 2015 eröffnet und soll in Zukunft Schulen sowie außerschulischen Bildungseinrichtungen die Gelegenheit bieten, sich über medienpädagogische und mediendidaktische Themen zu informieren, Materialien auszutauschen oder Kooperationspartner für medienbezogene Projekte zu finden.

Das ThILLM kann als „zentrale Koordinationsstelle für Medienbildung" (Brandenburger, 2014, S. 88) in Thüringen angesehen werden, indem es eine Vermittlerrolle

---

[1] „Die kommunalen Medienzentren sind Einrichtungen mit medienpädagogischem Auftrag. Sie arbeiten in enger Kooperation und Abstimmung mit dem Thüringer Institut für Lehrerfortbildung, Lehrplanentwicklung und Medien (Thillm). In ihrem Zuständigkeitsbereich initiieren, koordinieren und dokumentieren die kommunalen Medienzentren medienpädagogische und mediendidaktische Arbeit. […] Die Medienzentren werten Informationen über Neuentwicklungen im Medien- und Kommunikationsbereich für Schulen aus und beschaffen Medien. Sie beraten die Schulen in Fragen der Mediennutzung, informieren über das Medienangebot und sprechen Empfehlungen aus." (Thüringer Schulportal, 2015d)

zwischen dem Ministerium, den Schulen, externen Kooperationspartnern und den Landesmedienzentren einnimmt.

1.1 Thüringer Medienschulen

Bereits seit dem Schuljahr 2001/2002 besteht in Thüringen ein landesweites Netzwerk aus Medienschulen (Thüringer Schulportal, 2015c). Dieses Netzwerk umfasste zunächst 47 Schulen aller allgemeinbildenden Schulformen (Grundschule, Regelschule, Förderschule, Gymnasium und Gesamtschule), die sich als „medial vorbildlich ausgestattete Schulen" (ebd.) auszeichneten. Mit dem Erhalt des Titels „Thüringer Medienschule" erklärten sich die Schulen bereit, ihre schulische Medienarbeit und ihr medienpädagogisches Profil offenzulegen und damit anderen Schulen die Gelegenheit zu geben, ihre Ausrichtung ebenfalls in Richtung Medienkompetenzförderung und Medienpädagogik zu schärfen.

Im Schuljahr 2006/2007 wurde das Medienschulprojekt in das thüringenweite Schulentwicklungsprogramm „Eigenverantwortliche Schule und schulische Evaluation" (EVAS)[2] integriert. Die ursprünglich als Medienschulen profilierten Schulen werden im Rahmen von EVAS einer erneuten Überprüfung dahingehend unterzogen, ob sie weiterhin als Medienschulen anerkannt bleiben können. Gleichzeitig ist mit diesem Schulentwicklungsprogramm jeder Schule in Thüringen die Möglichkeit gegeben, sich ebenfalls als Thüringer Medienschule anerkennen zu lassen.

1.2 Ausstattung der Schulen mit digitalen Medien

Die Ausstattung der Schulen in Thüringen liegt im Verantwortungsbereich der Schulträger. Da jedoch insbesondere die Ausstattung von Schulen mit moderner und ausreichender digitaler Informations- und Kommunikationstechnik (IKT) für die Schulträger eine sehr starke finanzielle Belastung bedeutet, konnten bis zum Jahr 2014 ein Teil der für Thüringen zugewiesenen finanziellen Mittel aus dem Europäischen Fond für regionale Entwicklung (EFRE) an genau dieser Stelle investiert werden. In einer Verwaltungsvorschrift des Ministeriums für Bildung, Wissenschaft und Kultur vom 11. März 2010 wurde im Sinne einer Ausstattungsrichtlinie festgelegt, dass ein Teil der EFRE-Mittel in die „Förderung der Ausstattung der Thüringer Schulen mit naturwissenschaftlichen und fachpraktischen Laborausrüstungen sowie moderner Informations- und Kommunikationstechnik" (Ministerium für Bildung, Wissenschaft und Kultur,

---

2 „Eigenverantwortliche Schule und schulische Evaluation" beschreibt eine Entwicklungsstrategie für alle Thüringer Schulen. Diese nimmt Bezug auf den Qualitätsrahmen schulischer Entwicklung und beschreibt in fünf Bereichen die Prozessqualitäten. Nach Beendigung der Projektphase und mit der Novellierung des Thüringer Schulgesetzes (2009) ist die schulische Evaluation in Form der internen sowie der externen Evaluation verpflichtend (§ 40b) für alle Thüringer Schulen. (Thüringer Schulportal, 2015a)

2010) fließen sollte. Neben Computern und Software wurde insbesondere auch die Vernetzung vorhandener oder neu angeschaffter Computertechnik (z.B. WLAN-Ausbau, Serverlösungen) gefördert (ebd.): „Von 2007 bis 2013 seien im Rahmen des EFRE-Programms insgesamt knapp 39 Millionen Euro in die Ausstattung von Thüringens Schulen mit Informations- und Kommunikationstechnik sowie mit Labor- und berufsbezogenen Ausrüstungen investiert worden, darunter 28 Millionen Euro EU-Mittel" (Thüringer Ministerium für Bildung Wissenschaft und Kultur, 2014).

Nach einem Beschluss der Europäischen Kommission stellt die Förderung der IKT-Ausstattung an Schulen mittlerweile keinen Fördergegenstand mehr da, sodass aktuell keine zusätzliche finanzielle Unterstützung für die Schulträger durch EFRE-Mittel besteht. Von Seiten des Thüringer Kultusministeriums werden derzeit jedoch Bemühungen in Richtung eines Landesprogramms zur Förderung der IKT-Ausstattung an Schulen unternommen, das frühestens im Landeshaushalt für 2016/2017 umgesetzt werden kann.

In Zukunft soll nach Angabe des Thüringer Ministeriums für Bildung, Jugend und Sport die finanzielle Unterstützung insbesondere in die Verbesserung der digitalen Infrastruktur von Schulen fließen, um eine stabile und ausreichend starke Internetanbindung gewährleisten zu können. Auf Schulformen oder Jahrgangsstufen ausgelegte Ausstattungsstandards sollen nicht formuliert werden, dafür seien die Rahmenbedingungen der einzelnen Schulen (z.B. Schulgröße, strukturelle Bedingungen der Schulgebäude) zu unterschiedlich. Dennoch müssten bestimmte Eckpunkte festgelegt werden, die eine zukunftsfähige Ausstattungssituation an allen Schulen sicherstellen können. Angestrebtes Ziel ist es, möglichst landesweit allen Schülerinnen und Schülern die Mitnahme und Nutzung sowie das vernetzte Arbeiten mit dem eigenen privaten digitalen Endgerät (im Sinne von *BYOD*) in den Schulen zu ermöglichen. Neben der als selbstverständlich vorauszusetzenden Vernetzung im schulinternen WLAN ist auch das Vorhandensein einer modernen Präsentationslösung (interaktives Whiteboard, Display) in ausreichender Form vorgesehen. Eine große Herausforderung, die derzeit noch besteht, ist die Breitbandanbindung der Schulen. Um den Schulen die Möglichkeit gewähren zu können, den Ansatz des *BYOD* umzusetzen, müssen die Schulen Zugang zu schnellem Internet haben, damit sichergestellt werden kann, dass viele (wenn nicht sogar alle) Schülerinnen und Schüler gleichzeitig auf dem Schulgelände das Internet nutzen können.

Insgesamt liegen verschiedene Modelle vor, wie Schulen ihre Ausstattungssituation mit digitalen Medien mitbestimmen können. Teilweise haben Schulen Klassensätze von Laptops oder Netbooks angeschafft (z.B. im Rahmen der EFRE-Fördermittel), zum Teil gibt es schulinterne Programme zur Anschaffung elternfinanzierter digitaler Endgeräte. Geplant ist in naher Zukunft ein Netzwerk von Schulen zu bilden, die die Elternfinanzierung von schülereigenen Endgeräten als Lösungsweg gewählt haben. Über das Netzwerk soll die Möglichkeit des Austausches zwischen den Schulen geschaffen werden. Als Gelingensbedingungen für die erfolgreiche Einrichtung von Laptop-, Netbook- oder Tabletklassen werden von Seiten des Thüringer Ministeriums für Bildung, Jugend und Sport verschiedene Aspekte genannt: Zunächst müssen die Eltern in die Planung und Konzeption der entstehenden neuen Klassenarrangements involviert werden. Über Elternabende und Informationsschreiben müssen das Ziel, der Mehrwert, die Einsatzbestimmungen im Unterricht und die Anschaffung und Finanzierung der Geräte besprochen und abgestimmt werden. Eine von Beginn an kontinuierliche Einbindung der Eltern in die Planungsphase sei mit der wichtigste Schlüssel zur erfolgreichen Einrichtung von Klassen, in denen jede Schülerin und jeder Schüler ein eigenes digitales Endgerät nutzen kann. Eine weitere Gelingensbedingung stellt die Bereitschaft des Lehrerkollegiums dar, ein solches Konzept mitzutragen und umzusetzen. Ebenfalls wichtige Komponenten sind ein vom Schulträger erarbeitetes Konzept sowie die Regelung der Finanzierung der Geräte.

1.3 Kurs *Medienkunde*

Bereits vor der Einführung des Kurses *Medienkunde* im Schuljahr 2002/2003 war Medienerziehung als fächerübergreifende Empfehlung in Thüringen curricular verankert. Unter dem Stichwort „Umgang mit Medien und Informationstechniken" wurden in den Fachlehrplänen konkrete Anknüpfungspunkte für medienerzieherische Inhalte ausgewiesen. Die Einführung des Kurses *Medienkunde* begründete sich über das Ziel der Anpassung und Modernisierung der ursprünglichen Rahmenbedingungen für Thüringer Schulen zur Umsetzung des fächerübergreifenden Themas „Umgang mit Medien und Informationstechniken" sowie der Informationstechnischen Grundbildung (ITG) im Sinne einer inhaltlichen und organisatorischen Neugestaltung des Thüringer Konzepts zur Vermittlung von Medienkompetenz (Thüringer Kultusministerium, 2004a). In enger Zusammenarbeit mit Professor Gerhard Tulodziecki von der Universität Paderborn (Professur für Medienverbund und Mediendidaktik, später Professur für Allgemeine Didaktik und Schulpädagogik) wurde eine erste Handreichung des Kurses *Medienkunde* entwickelt, anhand derer Medienbildung in der Schule strukturiert nach verschiedenen Medienarten integriert werden konnte. Rückmeldungen zur Umsetzung der Empfehlungen der Handreichung konnten aus ausgewählten Medienschulen gewonnen werden.

In der Verwaltungsvorschrift „Medienkompetenzentwicklung an den Thüringer allgemein bildenden Schulen" (ebd.) ist festgelegt, Medienbildung in der Schule in erster Linie – aber nicht ausschließlich – im Rahmen des Kurses *Medienkunde* zu vermitteln. Dabei sollte sowohl der praktische, produktive Umgang mit verschiedensten Medien sowie die Erstellung eigener Medienprodukte als auch die eigenverantwortliche, reflektierte und kritische Auswahl und Nutzung verschiedenster Medienangebote gelernt werden (ebd.).

1.3.1 Der Kursplan *Medienkunde*

Der *Kursplan Medienkunde* sieht in der aktuellen Fassung aus dem Jahr 2010 die kontinuierliche systematische Vermittlung von Medienkompetenz über die gesamte Spanne der Sekundarstufe I in allen weiterführenden allgemeinbildenden Schulen vor. Die Einführung des Kurses erfolgte schrittweise. Im Schuljahr 2002/2003 wurde der Kurs *Medienkunde* zunächst in den Klassenstufen 5 bis 7 unterrichtet. Dabei war der Kurs von Anfang an verpflichtend und fächerintegrativ in einem Umfang von mindestens zwei Jahreswochenstunden pro Doppelklassenstufe zu unterrichten. Damit ist *Medienkunde* kein eigenständiges Fach. Vielmehr entscheidet die Lehrerkonferenz über die fachlichen Anbindungsmöglichkeiten pro Klassenstufe. Die jeweiligen Fachlehrer legen Inhalte ihres Fachs fest, die sich besonders gut dafür eignen zur Förderung der Medienkompetenz beizutragen. Eine fächerübergreifende Aufstellung von Themen und Inhalten ist ebenfalls möglich. Die Umsetzung des Kurses *Medienkunde* und die Dokumentation über die Medienkompetenzförderung innerhalb der einzelnen Fächer erfolgt verbindlich über die Ausstellung eines Medienpasses, der den Schülerinnen und Schülern als Anlage zum Zeugnis ausgestellt wird. Die Schulen können ein sogenanntes Leitfach für die Umsetzung des Kurses *Medienkunde* festlegen, das auf der Grundlage der schulinternen Lehr- und Lernplanung um eine flexible Stunde[3] verstärkt werden kann.

Seit dem Schuljahr 2009/2010 ist der Kurs für die Klassenstufen 8 bis 10 erweitert, sodass die schulische Medienkompetenzförderung in Thüringen mittlerweile für alle Schülerinnen und Schüler der Sekundarstufe I verbindlich ist.

Im *Kursplan Medienkunde* sind Kompetenzerwartungen formuliert, in denen beschrieben wird, was Schülerinnen und Schüler am Ende jeder Doppelklassenstufe hinsichtlich einer „grundlegenden und systematischen schulischen Medienbildung" (Thüringer Ministerium für Bildung, Wissenschaft und Kultur, 2010, S. 3) gelernt haben sollen. Nach Angaben des ThILLM sind die Kompetenzerwartungen allerdings so umfassend und differenziert formuliert, dass von den einzelnen Schulen nicht erwartet wird, jede benannte Kompetenzerwartung über die fächerintegrative Umsetzung des Kurses *Medienkunde* erfüllen zu können. Vielmehr sei es den Schulen selbst überlassen, ihren Voraussetzungen und ihrer schulinternen Schwerpunktsetzung gemäß, eine Auswahl an Inhalten und Kompetenzen zu treffen, die in jedem Fall zu vermitteln sind.

Im *Kursplan Medienkunde* sind sieben Lernbereiche beschrieben, über die die Vermittlung von Medienkompetenz von den Schulen gewährleistet werden soll: (1) *Information und Daten*, (2) *Kommunikation und Kooperation*, (3) *Medienproduktion, informatische Modellierung und Interpretation*, (4) *Präsentation*, (5) *Analyse, Begründung und Bewertung*, (6) *Recht, Datensicherheit und Jugendmedienschutz* und

---

3   In der Thüringer Schulordnung sind differenziert für die verschiedenen Schulformen flexible Rahmenstundentafeln ausgewiesen. Die inhaltliche Ausgestaltung der flexiblen Stunden ist den Schulen überlassen, solange die Thüringer Lehrpläne sowie die schulinterne Lehr- und Lernplanung beachtet und das Erreichen der nationalen Bildungsstandards sichergestellt werden. Die flexiblen Stunden sind in erster Linie zur gezielten individuellen Förderung vorgesehen (Thüringer Ministerium für Bildung, Wissenschaft und Kultur, 2013).

(7) *Mediengesellschaft* (ebd.). In diesen Lernbereichen und den daran geknüpften medienkundlichen Inhalten lassen sich die Aspekte, die im Rahmenmodell zur Vermittlung computer- und informationsbezogener Kompetenzen der Studie ICILS 2013 beschrieben sind, wiederfinden (vgl. Kapitel VI in diesem Band; Bos et al., 2014). Darüber hinaus werden über den *Kursplan Medienkunde* auch informatorische Inhalte vermittelt, die in dem empirisch geprüften Kompetenzmodell von ICILS 2013 nicht berücksichtigt sind. Zudem sind die Kompetenzerwartungen im *Kursplan Medienkunde* zum einen pro Doppelklassenstufe formuliert, zum anderen aber auch als Endziel am Ende der Doppelklassenstufe 9/10 also für den Abschluss der Sekundarstufe I beschrieben, wohingegen das Rahmenmodell von ICILS 2013 speziell für die 8. Jahrgangsstufe ausgelegt ist.

Zur praktischen Umsetzung des *Kursplans Medienkunde* sind inhaltsbezogene Empfehlungen für jeden Lernbereich ausgearbeitet und Anknüpfungspunkte zu jeweils anderen Lernbereichen aufgezeigt. Die konkrete Umsetzung des Kursplans ist in der schulinternen Lehr- und Lernplanung auszuweisen, wobei sowohl die Bedürfnisse der Schülerinnen und Schüler als auch die schulspezifischen Rahmenbedingungen und die im Schulprofil beschriebenen Leitideen Berücksichtigung finden sollen. Durch die Kompetenzorientierung der im Kursplan benannten Lernbereiche sind darüber hinaus die Individualisierung von Lernprozessen, die Differenzierung von Lernangeboten und die fächerübergreifende Kooperation im Kollegium unerlässlich (ebd.).

1.3.2 Medienbildung in den verschiedenen Schulformen

Die Verwaltungsvorschrift „Medienkompetenzentwicklung an den Thüringer allgemein bildenden Schulen" gibt vor, wie die Medienkompetenzvermittlung in den einzelnen Schulformen zu erfolgen hat. Schulische Medienbildung beginnt in Thüringen bereits in der Grundschule. In den Klassenstufen 1 bis 4 ist Medienbildung als integrativer Bestandteil in den Lehrplänen aller Fächer ausgewiesen. Die Handreichung „Medienkompetenz in der Grundschule" (Thüringer Kultusministerium, 2004b) dient den Lehrkräften und der Schulleitung dabei als Orientierungshilfe. Unter anderem soll in der Grundschule die Sicherstellung der Grundkenntnisse im Umgang mit dem Computer gewährleistet werden. Dies wird auf dem Zeugnis am Ende der Klasse 4 vermerkt. Mit den während des Grundschulbesuchs erworbenen Kenntnissen soll die Anknüpfung an den Kurs *Medienkunde* der weiterführenden Schulen ermöglicht werden. Bisher gibt es noch keine Evaluationen dahingehend, wie gut diese Anknüpfung funktioniert. Nach Angaben des ThILLM scheint aus einzelnen Rückmeldungen durch Lehrpersonen allerdings die Tendenz ersichtlich, dass die Anbindung in der Praxis noch nicht einwandfrei gelingt. Aus Sicht des ThILLM ist eine weitere Ausdifferenzierung der erworbenen Medienkompetenz am Ende der Grundschulzeit wünschenswert, damit die Anbindung an den ab Klassenstufe 5 einsetzenden Kurs *Medienkunde* noch besser gelingen kann. Die Schulen sind angehalten in der Klassenstufe 5 zu ermitteln, auf welchem Stand der Medienkompetenz sich die Schülerinnen und Schüler befinden, und entsprechende Stunden (z.B. im Fachunterricht, im fächerübergreifenden Unterricht, in Projektarbeit, in der Projektwoche, im Rahmen der flexiblen Stundentafel) speziell auf den Umgang mit dem Computer hin auszurichten, um so die Grundlage für alle Schülerinnen und Schüler zu schaffen, den Kurs *Medienkunde* erfolgreich absolvieren zu können.

Derzeit wird im ThILLM in Zusammenarbeit mit Grundschullehrkräften an der Entwicklung eines speziell für die Grundschule ausgelegten Kursplans ähnlich dem *Kursplan Medienkunde* für die Sekundarstufe I gearbeitet. Geplant ist zusätzlich auch ein weiteres Fortbildungsprogramm, das sich an Grundschullehrkräfte und insbesondere auch an Berufseinsteiger in den Lehrberuf richten soll.

Der Kurs *Medienkunde* ist für alle Schulformen der Sekundarstufe I verpflichtend zu unterrichten. In Regelschulen, Gesamtschulen und Gymnasien ist der Kurs im Umfang von mindestens zwei Jahreswochenstunden pro aufeinander folgenden Klassenstufen zu planen. Am Ende eines Schuljahres erhält jede Schülerin und jeder Schüler einen Medienpass, der die erworbenen Kenntnisse und erlernten Inhalte der Medienbildung dokumentiert und die Teilnahme am Kurs *Medienkunde* bestätigt. Die Ausgabe des Medienpasses erfolgt als verbindliche Anlage des Zeugnisses.

Nach ähnlichem Prinzip erfolgt die Medienbildung in den Förderschulen. Auch hier ist der Kurs *Medienkunde* verbindlich zu planen und die vermittelten Kursinhalte über den Medienpass zu dokumentieren. Die Umsetzung des Kursplans erfolgt in den Förderschulen allerdings differenziert entsprechend der verschiedenen Bildungsgänge. Insbesondere müssen dabei „die sich aus dem individuellen Förderbedarf ergebenden Besonderheiten bei der Gestaltung des Lernprozesses" (Thüringer Ministerium für Bildung, Wissenschaft und Kultur, 2010, S. 30) berücksichtigt werden.

Für berufsbildende Schulen (Berufsschulen und Berufsfachschulen) sieht die Verwaltungsvorschrift die integrative Umsetzung des Kurses *Medienkunde* im Umfang von mindestens einer Jahreswochenstunde in den Klassenstufen 10 und 11 vor, in denen Schülerinnen und Schüler auf einen Abschluss vorbereitet werden. Die Dokumentation der vermittelten Kursinhalte erfolgt auch hier über den Medienpass als verbindliche Anlage zum Zeugnis.

Parallel zu den Inhalten der Medienbildung, die im *Kursplan Medienkunde* formuliert sind, wird in den weiterführenden Schulen das Wahlpflichtfach Informatik angeboten.

1.4 Fortbildungen

Die Einführung des Kurses *Medienkunde* erfolgte stufenweise jeweils pro Doppelklassenstufe (5/6 bis 9/10). Daran gekoppelt war ein großangelegtes Fortbildungsprogramm für Lehrkräfte, das in drei Phasen angelegt ist, wobei die ersten beiden Phasen bereits abgeschlossen sind.

Erste Phase: Qualifizierung von Fortbildnern und Multiplikatoren „Fachberater Medienkunde"

In dieser ersten Fortbildungsphase wurden Lehrkräfte durch das ThILLM unter Zusammenarbeit mit dem Thüringer Medienkompetenznetzwerk zu Fortbildnern und sogenannten *Fachberatern Medienkunde* ausgebildet. Als Multiplikatoren sind sie somit in der Lage selbst Fortbildungen durchzuführen und stehen darüber hinaus in engem Kontakt mit dem ThILLM, um in weitere Maßnahmen und Pläne der schulischen Medienbildung und in die Weiterentwicklung des Kurses *Medienkunde* direkt eingebunden zu werden.

Zweite Phase: zertifiziertes systematisches Fortbildungsprogramm in 21 regionalen Gruppen

Die zweite Phase des Fortbildungsprogramms erfolgte zentral gesteuert über das ThILLM in sehr enger Zusammenarbeit mit dem Referat Medien des Kultusministeriums in regionalen Gruppen. Insgesamt umfasste diese zweite Phase ungefähr 500 Teilnehmerinnen und Teilnehmer, sodass von fast jeder weiterführenden Schule mindestens eine Lehrkraft teilgenommen hat. Der Schwerpunkt dieses Fortbildungsprogramms lag darin, für die einzelnen Schulen Grundlagen in Richtung Schulentwicklung und schulinterner Lehr- und Lernplanung im Bereich Medienbildung zu schaffen. Ziel war es, den Schulen aufzeigen, wie Medienbildung fächerübergreifend und fächerintegrativ im Rahmen des verbindlichen Kurses *Medienkunde* gelingen kann. Die Teilnahme an den Fortbildungen erfolgte für die Lehrkräfte im Rahmen von Freistellungsstunden, was dafür spricht, dass Schulleitungen, Lehrkräfte, Schulämter, Kultusministerium und ThILLM das Fortbildungsziel gemeinsam verfolgten. Von Vorteil war auch, dass die anfallenden Reisekosten für die externen Fortbildungen vom Fortbildungsetat des ThILLM übernommen wurden, sodass den Schulen keine finanzielle Belastung entstand. Das vom ThILLM initiierte und koordinierte Fortbildungsprogramm wurde vom Kultusministerium über die Schulämter an die Schulleitungen kommuniziert, sodass auf diesem Weg der verbindliche Charakter der Teilnahme an diesem Fortbildungsprogramm forciert wurde.

Als Ergebnis dieser Fortbildungsrunde sind schulinterne Pläne entstanden, in denen mit Beispielen aus verschiedenen Fächern aber auch unter Integration fächerübergreifender Inhalte die Umsetzung des Kursplans *Medienkunde* erfolgen konnte. Der Fortbildungsschwerpunkt lag hauptsächlich auf der Eingliederung des Kurses *Medienkunde* in die Unterrichts- und Schulentwicklungsarbeit. Da im Rahmen dieses Fortbildungsprogramms nicht alle Inhalte der Medienbildung behandelt werden konnten, besteht nach wie vor Fortbildungsbedarf, der sich unter anderem auch auf die fachlichen Inhalte der Medienbildung richtet.

Für die Lehrkräfte, die an dieser zweiten Fortbildungsphase im Zuge der Implementation des Kurses *Medienkunde* teilgenommen haben, bestand der nächste Schritt darin, in ihren Schulen den Prozess der schulinternen Lehr- und Lernplanung zu initiieren und entlang der personellen, technischen und weiteren Voraussetzungen der Schule gemeinsam mit der Schulleitung und dem Kollegium zu koordinieren. Dazu zählten auch die fachliche Anbindung des Kurses *Medienkunde*, die Setzung fachlicher Schwerpunkte sowie zum Teil die Organisation weiterer schulinterner Fortbildungen. Das ThILMM entwickelt und organisiert dafür unterstützend zentrale Fort- und Weiterbildungsangebote, die in einem Online-Katalog einsehbar sind.

Dritte Phase: schulinterne Fortbildungen, die zur Schul- und Qualitätsentwicklung der Einzelschulen beitragen
Die dritte Fortbildungsphase fokussiert schulinterne Fortbildungen. Das ThILLM bietet den Schulen Unterstützung bei der Erstellung eines schulinternen Fortbildungskonzepts. Schulen können wiederum beim ThILLM ein Fortbildungsbudget beantragen. Die Schulen können ihren Fortbildungsbedarf über die *Fachberater Medienkunde* an das ThILLM herantragen, das wiederum die Auswahl der Referentinnen und Referenten vornimmt. In einem Vorgespräch zwischen der Referentin bzw. dem Referenten und der Schule können anschließend der genaue Fortbildungsbedarf ermittelt und daraufhin die Themen, der zeitliche Rahmen, die Zielgruppe und die Zielrichtung der Fortbildung bestimmt werden.

Schulinterne Fortbildungen bieten insbesondere die Vorteile, dass die Schulen ihre Fortbildungsplanung und die Auswahl der Referentinnen und Referenten angepasst auf ihre eigenen Schwerpunkte und Zielsetzungen vornehmen können. Seitens des ThILLM werden schulinterne Fortbildungen als die effektivste Form der Fortbildung eingeschätzt, da sie bedarfsorientiert an den Wünschen des Lehrerkollegiums und den Plänen zur Schulentwicklung ausgerichtet werden können.

1.5 Evaluation

Bereits im Jahr 2010 zu Beginn der Fortführung des Kursplans *Medienkunde* bis zur Klassenstufe 10 (Schuljahr 2009/2010) führten Bethge, Drews, Rumpf, Fothe & Meißner (2011) eine Lehrerbefragung zum Kurs *Medienkunde* und dem begleitend organisierten Fortbildungsprogramm durch. Befragt wurden 234 Lehrkräfte aus allen Fachrichtungen. Am häufigsten waren Lehrkräfte der Fächer Mathematik, Physik, Wirtschaft und Recht sowie Informatik vertreten. Die Fragen zielten auf die Umsetzungspraxis des Kurses *Medienkunde*, die schulischen Rahmenbedingungen, den selbst eingeschätzten Qualifikationsstand der Lehrkräfte (in Bezug auf Medien- und informatische Kompetenz) sowie die Beurteilung der Fortbildungsreihe ab.

Die Ergebnisse belegen eine positive oder eher positive Einschätzung des Kurses *Medienkunde* durch fast 80 Prozent der befragten Lehrkräfte (Bethge et al., 2011). Auch der Stellenwert des Kurses wird von über vier Fünftel der Lehrkräfte als wichtig oder eher wichtig eingestuft. Die Kompetenzorientierung des Kurses wird hingegen nur von der Hälfte der Lehrpersonen als (eher) positiv bewertet. Die Integration des Kurses *Medienkunde* erfolgt am häufigsten in den Fächern Deutsch, Kunsterziehung, Mathematik, Englisch und Geografie.

Hinsichtlich der schulischen Rahmenbedingungen nennen die Lehrkräfte insbesondere in Bezug auf den Ausbildungsstand bzw. die Motivation der Kollegen sowie die Integration des Kursplans in den Fachunterricht deutlichen Verbesserungsbedarf. Die Kooperation innerhalb des Kollegiums und die Einbindung von Eltern und Fördervereinen für die Koordination der schulinternen Lehr- und Lernplanung werden insgesamt als positiv beurteilt.

Die befragten Lehrpersonen schätzen im Mittel ihre Medien- und Informatikkompetenz als durchschnittlich ein. Fortbildungsbedarf zu medienkundlichen Inhalten sehen sie insbesondere noch bezüglich des Web 2.0, der Medienproduktion und -manipulation, der Didaktik der *Medienkunde* und dem Umgang mit Anwenderprogrammen (ebd.).

Im Jahr 2009 wurde im Rahmen der zwischen der Universität Ilmenau und dem Thüringer Ministerium für Bildung, Wissenschaft und Kultur beschlossenen Forschungsleistungen zum Thema Medienkompetenz eine Schülerbefragung mit integriertem Kompetenztest zur Erfassung der Medienkompetenz durchgeführt (Klimsa, Klimsa, Liebal & Grobe, 2011). Es wurde untersucht, inwieweit der Unterricht im Kurs *Medienkunde* zur Förderung der Medienkompetenz bei Schülerinnen und Schülern beitragen kann. Dazu wurde eine multimediale Schülerbefragung konzipiert, die in den siebten Klassen an 29 Thüringer Schulen zur Erfassung des Medienkompetenzstandes von insgesamt 666 Schülerinnen und Schülern eingesetzt wurde. Die Erarbeitung des Fragebogens erfolgte zum Teil orientiert an der Handreichung zur Planung und Umsetzung des Kurses *Medienkunde*, aber auch in direkter Zusammenarbeit mit dem ThILLM und über Rückmeldungen von Schülerinnen und Schülern ausgewählter Schulen. Theoretisch basiert der erarbeitete Fragebogen unter anderem auf der Definition von Medienkompetenz nach Baacke (1997). Es wurden drei verschiedene Dimensionen der Medienkompetenz unterschieden, die hierarchisch aufeinander aufbauen und jeweils über mehrere Fragen im Erhebungsinstrument abgedeckt sind: Medienwissen, Medienbewertung und Medienhandeln.

Neben Fragen zur selbsteingeschätzten Medienkompetenz innerhalb der verschiedenen Dimensionen wurden auch Multiple-Choice-Fragen zur Erfassung des Wissensstandes der Schülerinnen und Schüler gestellt. Außerdem wurden über Simulationen und Videoausschnitte bestimmte Kompetenzbereiche angesprochen und über entsprechend rückbezogene Fragen abgedeckt. Die Ergebnisse der Schülerinnen und Schüler in den Kompetenzbereichen Medienwissen, Medienbewertung und Medienhandeln lassen auf erheblichen Handlungsbedarf schließen. Beispielsweise sind die Schülerinnen und Schüler weitestgehend nicht in der Lage die Begriffe „*Zensur, Wahrheit und Objektivität*" (Klimsa et al., 2011, S. 16) ausreichend scharf voneinander trennen zu können. Auch die Einordnung von Fernsehsendern in Programme privater Anbieter und des öffentlich-rechtlichen Rundfunks gelingt vielen Jugendlichen nicht sicher. Die inhaltliche Bewertung von Video- oder Fernsehbeiträgen bereitet vielen Jugendlichen Schwierigkeiten, sie sind unter anderem mehrheitlich nicht imstande die offensichtliche Manipulation eines gezeigten Videobeitrags zu erkennen. Für die Dimension des Medienhandelns lässt sich unter anderem festhalten, dass „nur ca. die Hälfte der

Schüler Computerprogramme installieren, Dateien aus dem Internet laden oder Texte schreiben und formatieren" (ebd., S. 18) kann. Die Autorinnen und Autoren kommen damit insgesamt zu dem Schluss, dass davon ausgegangen werden muss, „dass komplexere inhaltlich-technische Vorgänge, die eine umfassendere Partizipation am Leben einer Informationsgesellschaft ermöglichen, außerhalb der Reichweite einer hohen Anzahl der befragten Schüler liegen" (ebd., S. 19).

Der eingesetzte Test in der Softwareumgebung war, wie von den Autorinnen und Autoren selbst eingeräumt, aus finanziellen Gründen „semi-professionell" (ebd., S. 21) erstellt worden und bietet noch einiges an Verbesserungspotenzial. Dennoch wurde der Test von der Mehrheit der Schülerinnen und Schüler und auch von einem Großteil der bei der Testung anwesenden Lehrpersonen als positiv bewertet. Da die Befragung innerhalb des Unterrichts des Kurses *Medienkunde* durchgeführt wurde, beurteilten viele Lehrpersonen den Kompetenztest hinsichtlich seines Potenzials als Orientierung für den Unterricht im Kurs *Medienkunde* positiv und einige könnten sich auch vorstellen, den Test als Messinstrument in ihrem eigenen Unterricht einzusetzen.

Ein standardisiertes und landesweit ausgerichtetes Verfahren zur Rückkopplung von Erfahrungen der Schulen hinsichtlich der Umsetzung des Kurses *Medienkunde* mit dem ThILLM liegt bisher nicht vor. Der Austausch zwischen Schulen und ThILLM erfolgt in erster Linie über die *Fachberater Medienkunde*, die als Lehrkräfte in die schulinterne Lehr-Lernplanung sowie die Fortbildungsplanung involviert sind und die Umsetzung des Kurses *Medienkunde* in ihrer Schule aktiv mitgestalten. Diese punktuellen Rückmeldungen sind allerdings nicht verallgemeinerbar. Aktuell läuft in Thüringen allerdings die Vorbereitung einer großangelegten Evaluation des Kurses *Medienkunde*. Dafür hat das Kultusministerium den Auftrag zur Planung und Koordinierung eines solchen Evaluationsvorhabens an das ThILLM vergeben. In welchem Rahmen und durch wen die Evaluation durchgeführt werden soll, stand zum Zeitpunkt des Interviews jedoch noch nicht fest.

Im Jahr 2013 wurde nach Angaben des ThILLM eine durch das Kultusministerium über die Schulämter koordinierte Befragung von Lehrkräften hinsichtlich der Frage, wie der Kurs *Medienkunde* in den Schulen umgesetzt wird, durchgeführt. Die Rücklaufquote der Befragung lag bei ca. 80 Prozent. Den Ergebnissen dieser Befragung zufolge setzt die Mehrzahl der Schulen den Kurs *Medienkunde* fächerintegrativ um. Dabei erfolgte die Umsetzung des Kurses *Medienkunde* insbesondere in den Fächern Deutsch, Mathematik und Fremdsprachen, wobei die Fachanbindung bzw. das Leitfach auch jährlich wechseln konnte. Auf der anderen Seite stellten sich auch Schulen heraus, die ihre schulinterne Lehr-Lernplanung soweit differenziert und auf den Kurs *Medienkunde* ausgerichtet haben, dass pro Doppelklassenstufe ein konkretes Leitfach zur Integration des Kurses *Medienkunde* ebenso wie spezifisch darauf zugeschnittene Fachinhalte und ausgewiesene Lehrkräfte benannt werden konnten.

2. Schulportraits: Thüringen

Zur Darstellung der Möglichkeiten zur Umsetzung des Kurses *Medienkunde* wurden zwei Thüringer Schulen ausgewählt, anhand derer die Unterrichtspraxis mit digitalen Medien aufgezeigt wird. Bei den beiden Schulen, die im Folgenden als Good-Practice-Beispiele der schulischen Medienbildung vorgestellt werden, handelt es sich um Regelschulen. Die Regelschule ist eine Schulform mit zwei Bildungsgängen der Sekundarstufe I, in der Schülerinnen und Schüler den Hauptschulabschluss, den qualifizierenden Hauptschulabschluss[4] oder den Realschulabschluss erwerben können. Der Unterricht erfolgt in den Klassenstufen 5 bis 9 bzw. 10. In der Regelschule wird insbesondere Wert auf die Vermittlung einer allgemeinen und berufsvorbereitenden Bildung gelegt, der durch ein differenziertes Unterrichtsangebot mit einer praxisnahen und die Neigungen der Schülerinnen und Schüler berücksichtigenden Orientierung für Leben und Beruf Rechnung getragen wird (Thüringer Schulportal, 2015b).

2.1 Schulportrait: Nessetalschule, Warza

> Homepage: http://www.nessetalschule.de/
> Schulform: Regelschule
> Größe: ca. 180 Schülerinnen und Schüler (im Schuljahr 2014/2015)
> Besonderheiten:
> - Fächerintegrative Ausrichtung des Kurses Medienkunde
> - Zusätzlich: Methodentraining im Rahmen der flexiblen Stundentafel
> - Elternfinanzierte Notebook- und Tablet-Klassen

An der Nessetalschule in Warza werden ca. 180 Schülerinnen und Schüler unterrichtet. Hinsichtlich der Nutzung digitaler Medien verfolgt die staatliche Regelschule den Ansatz elternfinanzierter Netbook- und Tabletklassen sowie das in den Klassenstufen 5 und 6 unterrichtete Fach „Methodentraining". Ab der Jahrgangstufe 7 wird Informatik als Wahlpflichtfach (neben einer Reihe weiterer Wahlpflichtfächer) angeboten.

Obwohl die Schule im Bereich der Medienbildung sehr weit fortgeschritten ist und innovative Ansätze der Medienkompetenzvermittlung verfolgt, fehlt die offizielle Anerkennung als „Thüringer Medienschule". Allerdings konnte aus dem Gespräch mit der Schulleitung abgeleitet werden, dass eine Profilierung in diese Richtung zukünftig angestrebt werden soll.

---

4 „Die Länder Bayern, Hessen, Mecklenburg-Vorpommern, Sachsen, Sachsen-Anhalt und Thüringen differenzieren den Hauptschulabschluss und erteilen bei bestimmten Leistungen oder aufgrund einer zusätzlichen Leistungsfeststellung einen qualifizierenden Hauptschulabschluss" (KMK, 2014, S. 10)

2.1.1 Medienarbeit in der Schule

Ursprünglich begann die Medienarbeit in der Schule als Teil des berufswahlvorbereitenden Unterrichts vor dem Hintergrund, dass mittlerweile kaum noch eine Berufsgruppe existiert, in der Computerkenntnisse und der sichere Umgang mit Daten und Informationen nicht von zentraler Bedeutung sind. Gemeinsam mit anderen Schulen und mit Kooperationsbetrieben wurde ein Netzwerk aufgebaut, über das die Berufswahlvorbereitung koordiniert wurde. In der Schule wird die Ansicht vertreten, dass die für das spätere Berufsleben notwendigen Kompetenzen und Fertigkeiten im Umgang mit digitalen Medien in der Schule vermittelt werden können und müssen. Dementsprechend sollen digitale Medien den Schülerinnen und Schülern im Unterricht als Arbeitsmittel und Werkzeug dienen und nicht zentraler Inhalt des Unterrichts sein.

Umsetzung des Kurses Medienkunde: Medienkunde wird gemäß der Verwaltungsvorschrift in zwei Wochenstunden fächerintegrativ unterrichtet. Ursprünglich war Mathematik als Leitfach für die Umsetzung des Kurses *Medienkunde* vorgesehen, mittlerweile lässt sich eine eindeutige Zuordnung des Kurses *Medienkunde* zu einem bestimmten Leitfach nicht mehr treffen, da über Absprachen im Kollegium und anknüpfend an das „Methodentraining" Medienkompetenz weitgehend in allen Fächern vermittelt wird. Das Methodentraining in den Klassenstufen 5 und 6 erfolgt nach schulinterner Regelung im Rahmen der flexiblen Stundentafel und dient der Vermittlung von Lernmethoden und Arbeitsstrategien, die fächerübergreifend genutzt werden können. Der Lehrplan für das Methodentraining ist an den *Kursplan Medienkunde* gekoppelt, sodass die Schülerinnen und Schüler auch gezielt Arbeitsweisen im Umgang mit dem Computer erlernen (unter anderem das Schreiben auf der Tastatur oder die Nutzung gängiger Schreib- und Präsentationssoftware).

Die jeweils pro Doppeljahrgangsstufe erarbeitete Lehr- und Lernplanung wird im Zuge einer fächerübergreifenden Kooperation im Kollegium gestaltet. In der Doppeljahrgangsstufe 5/6 werden die methodischen und technischen Grundlagen im Methodentraining vermittelt, wie etwa das Tastaturschreiben. Ab der Jahrgangsstufe 7 erfolgt die methodische Bildung der Schülerinnen und Schüler nach einem schulintern entwickelten System: Im Lehrerzimmer ist der Methodenlehrplan für jede Lehrkraft einsehbar. Auf dem Methodenlehrplan können bereits vermittelte Methoden pro Klassenstufe als „erarbeitet" farblich markiert werden. Da es sich dabei um fachunabhängige bzw. fächerübergreifende Methoden und Arbeitsweisen handelt, spielt es keine Rolle, in welchem fachlichen Rahmen sie eingeführt wurden. Ziel dieses Systems ist es, innerhalb des Kollegiums Unterricht entlang des Methodenlehrplans planen zu können, sodass die Lehrkräfte wissen, auf welche Methoden sie bereits aufbauen können oder welche sie selbst noch vermitteln können. Die Kopplung von Methodentraining und *Medienkunde* soll den Schülerinnen und Schülern den selbstverständlichen Umgang mit (digitalen) Medien zu Lernzwecken ermöglichen. Über verschiedene Anwendungen und Techniken (unter anderem Learning Apps, Animationen, Mastertool[5]) soll die si-

---

5 http://www.mastertool-autorensystem.de/

chere Nutzung der Medien, aber auch der Umgang mit Informationen und Daten, spielerisch von den Schülerinnen und Schülern erlernt werden (z.B. in Bezug auf Internetnavigation).

Auch außerhalb des Methodentrainings und des Kurses *Medienkunde* wird der Einsatz digitaler Medien im Fachunterricht gefördert. Da insbesondere in den Netbook- und Tabletklassen der Computereinsatz nicht inflationär erfolgen soll, herrscht in der Schule zwischen Schulleitung und Lehrerkollegium die Übereinkunft den Netbook- bzw. Tableteinsatz auf nicht mehr als 20 Prozent der Unterrichtszeit zu beschränken.

2.1.2 Ausstattungssituation der Schule

Die jetzigen Klassenstufen 5 bis 8 arbeiten im Schuljahr 2015/2016 vollständig als Netbook-Klassen (Beginn Schuljahr 2012/2013). Die Finanzierung der Netbooks erfolgt dabei über die Eltern, bei erheblichen Finanzierungsschwierigkeiten wirkt der Förderverein unterstützend, sodass jede Schülerin und jeder Schüler ein eigenes Gerät mit in den Unterricht bringen kann. Zusätzlich zu den schülereigenen Geräten stehen in der Schule Leihgeräte zur Verfügung, die über ein Ausleihsystem unter bestimmten Bedingungen (z.B. wenn das schülereigene Gerät sich in Reparatur befindet) genutzt werden können.

Im Schuljahr 2014/2015 wurden nach demselben Prinzip probeweise auch Tablet-Klassen in der Jahrgangstufe 5 eingeführt. Die ersten Erfahrungen damit sind nicht ausschließlich positiv. Bemängelt wird von Seiten der Schülerinnen und Schüler insbesondere das kleinere Display und die zusätzlich eingeschränkte Display-Größe bei eingeblendeter Tastatur, sowie das Fehlen einer haptischen Tastatur.

Die Schule befindet sich auf dem Weg, WLAN flächendeckend für das gesamte Schulgebäude einzurichten. Derzeit gibt es etwa sieben Access-Points für das schulinterne WLAN. Finanziert wird das WLAN über den Schulträger, ein Teil wurde auch durch Eltern gesponsert. Jede Schülerin und jeder Schüler hat ein personalisiertes Passwort, um auf das schulinterne WLAN zugreifen zu können, sowie einen eigenen Ordner auf dem schuleigenen Server. Der WLAN-Zugriff ist nur von den schülereigenen Netbooks bzw. Tablets sowie den Leihgeräten aus möglich, ein Zugang für Smartphones oder sonstige private digitale Endgeräte ist nicht möglich und explizit nicht vorgesehen.

Die Schule verfügt über interaktive Whiteboards in verschiedenen Klassenräumen (eins davon wurde der Schule über Sponsoren zur Verfügung gestellt). Wünschenswert wäre laut Aussage der Schulleitung eine Vollausstattung mit interaktiven Whiteboards (d.h. ein interaktives Whiteboard pro Klassenraum), dies scheitert jedoch an fehlenden finanziellen Mitteln. Ebenfalls wünschenswert wäre eine Vollausstattung mit Lehrer-Computer-Arbeitsplätzen, da derzeit noch nicht in jedem Klassenraum ein Lehrercomputer vorhanden ist. Angestrebt ist auch eine Lösung in der Hinsicht, dass zukünftig von den Lehrercomputern der Zugriff auf die schülereigenen Geräte möglich ist. Insgesamt drei Computer stehen dem Kollegium in der Schule für Verwaltungsarbeiten zur Verfügung. Über diese können die Lehrkräfte zum Beispiel auf ein digitales Klassen- und Notenbuch zugreifen.

In den Netbookklassen wird in drei bis vier Fächern mit digitalen Lehrbüchern gearbeitet, bereits im Lehrmittelschein werden diese jeweils für das Schuljahr ausgewiesen. Die Lehrkraft hat jeweils fünf Printexemplare zur Verfügung, um bei technischen Problemen schnell reagieren zu können. Eine Wahlmöglichkeit, ob das Printexemplar oder das digitale Lehrbuch genutzt wird, besteht nicht.

Insgesamt wird der Einsatz digitaler Schulbücher in der Schule positiv beurteilt. Vorteile werden in der ständigen Präsenz der Schulbücher gesehen, da diese auf den Netbooks installiert sind. Zudem bieten die digitalen Schulbücher den Schülerinnen und Schülern mehr Freiraum zur Textbearbeitung, indem das Markieren von Textstellen, Unterstreichungen und die Anfertigungen von Notizen in digitaler Form problemlos jederzeit möglich sind. Außerdem heben die Lehrkräfte die Möglichkeit der direkten Verknüpfung der Lehrbuchinhalte mit dem interaktiven Whiteboard als großen Vorteil hervor. So können beispielsweise Abbildungen aus Lehrbüchern auf das Whiteboard projiziert und im Klassenverband besprochen werden. Unterrichtseinheiten lassen sich dadurch sehr gut vorbereiten und flexibel in den Unterricht integrieren.

Die Schule verfügt seit kurzem auch über ein digitales schwarzes Brett, dass an zentraler Stelle im Schulgebäude installiert ist. Dieses ist der Schule über Sponsoren bereitgestellt worden. Darüber werden unter anderem ausfallende Stunden oder schulinterne Ankündigungen kommuniziert.

2.1.3 Support und Umgang mit technischen Problemen

Wartungsarbeiten stellen nach Aussage der Schulleitung eine große Herausforderung dar, mittlerweile sind ca. 100 Geräte (Netbooks und Tablets) im Einsatz, die regelmäßig gewartet werden müssen. Dafür sind zwei Lehrpersonen zuständig, die eine Stunde in der Woche (Montags, 7. Stunde) eine sogenannte Servicestunde zur Wartung und Reparatur der schülereigenen Endgeräte und der Leihgeräte der Schule anbieten. Diese Servicestunde ist offiziell im schulinternen Lehrplan ausgewiesen, sodass gewährleistet ist, dass alle Schülerinnen und Schüler dieses Angebot wahrnehmen können. Die Schülerinnen und Schüler sind angehalten alle zwei Monate ihre Geräte zur Kontrolle der Funktionsfähigkeit, der Durchführung notwendiger Wartungsarbeiten oder der Installation von Software beim Systemadministrator in der Sprechstunde vorzulegen. Jedes technische Problem mit den Geräten wird auf diese Stunde verlagert, bei größerem Wartungsbedarf kommt es allerdings auch vor, dass die Lehrpersonen die Geräte mit nach Hause nehmen und dort reparieren. Bei größeren technischen Schwierigkeiten, die von den ausgewiesenen Lehrkräften nicht behoben werden können, müssen die Geräte zum Hersteller eingeschickt werden. Die Schülerinnen und Schüler können von sich aus keine technischen Änderungen an ihren Geräten vornehmen, da sie als einfacher Benutzer ohne Rechte für die Geräte registriert sind. Insgesamt wäre von Seiten der Schule mehr Unterstützung für Wartungs- und Supportleistungen äußerst wünschenswert.

2.1.4 Fortbildungen

Vor bzw. während der Einführungsphase der Netbook- bzw. Tabletklassen wurden schulinterne Fortbildungen zu verschiedenen Themen organisiert. Diese konzentrierten sich vorwiegend auf den Umgang mit den Geräten bzw. der für Unterrichtszwecke relevanten Software. Unter anderem umfasste das Fortbildungsangebot die Bereiche „Arbeit mit Tablets", „Windows 8" und „Softwareeinsatz im Unterricht". Die Teilnahme an den Fortbildungsveranstaltungen wurde dabei in den jeweiligen Fachschaften koordiniert und war für alle Lehrkräfte der Schule verpflichtend.

2.1.5 Vorbereitungsaufwand für den Medieneinsatz im Unterricht

Der Vorbereitungsaufwand für die Planung von Unterrichtsstunden, die den Einsatz digitaler Medien beinhalten, wird von den Lehrkräften durchaus unterschiedlich eingeschätzt. Konsens scheint dahingehend zu herrschen, dass zusätzlich zur regulären Unterrichtsplanung, der für die Netbook- und Tabletklassen den digitalen Medieneinsatz vorsieht, grundsätzlich auch ein alternativer Unterrichtsverlauf geplant werden sollte. Die Erfahrung der Lehrkräfte zeigt, dass insbesondere bei der Vorbereitung von Unterrichtsstunden, die in der zweiten Hälfte des Vormittags stattfinden, ein Plan B notwendig ist, da es vorkommen kann, dass ein Großteil der Netbooks oder Tablets zu diesem Zeitpunkt aufgrund aufgebrauchter Akkuleistung nicht mehr einsatzfähig sind. Mit einer flexibel gestaltbaren Unterrichtsplanung, in der kurzfristig auf Partner- oder Gruppenarbeit oder die Arbeit mit gedruckten Lehrbüchern ausgewichen werden kann, lässt sich dieses Problem nach Einschätzung der Lehrkräfte gut umgehen.

Nach Aussage einer Lehrkraft wird das Ziel der Vermittlung digitaler Kompetenzen in der Unterrichtsplanung direkt berücksichtigt. Ab der Klassenstufe 7 ist dies entlang des Methodenlehrplans im Hinblick auf computerbezogene Lernstrategien und Arbeitsweisen fächerübergreifend planbar. Zusätzlich werden viermal pro Jahr innerhalb der Fachschaften Wochenpläne erstellt. Die darin enthaltenen Aufgaben für die Schülerinnen und Schüler sind auf die Arbeit mit den digitalen Endgeräten ausgerichtet und werden auf den schulinternen Server geladen. Die Wochenpläne enthalten sowohl Wahl- als auch Pflichtaufgaben, die die Schülerinnen und Schüler nach eigenem Tempo und Leistungsniveau bearbeiten können.

2.1.6 Im Unterricht eingesetzte Medien

In den Netbook- und Tabletklassen ist der Zugriff auf Computer und Internet durch die Schülerinnen und Schüler flexibel möglich. In den beobachteten Unterrichtsstunden standen zusätzlich zu den schülereigenen Geräten auch ein Lehrer-Computer-Arbeitsplatz und ein interaktives Whiteboard als weitere digitale Medien im Klassenraum zur Verfügung. Die Einbindung der Geräte in den Fachunterricht wurde in den besuchten Unterrichtsstunden in erster Linie durch die Lehrkraft instruiert. Das interaktive Whiteboard wurde zu Präsentations- und Mitschreibzwecken vielfach als Tafelersatz genutzt, wobei zum Teil auf vorbereitete Arbeitsmaterialien, die auf dem Schulserver gespeichert waren, zugegriffen wurde. Die Schülerinnen und Schüler bearbeiteten die durch die Lehrkräfte gestellten Aufgaben in erster Linie an ihren eigenen digitalen Endgeräten, wobei sie je nach Fach auf die digitale Version des Schulbuchs zugreifen konnten. Die Aufgaben im besuchten Unterricht (Mathematik und Geografie) waren dabei mehrheitlich direkt entlang des digitalen Schulbuchs ausgerichtet.

2.1.7 Weitere Besonderheiten der Schule bezüglich digitaler Medien

Eine Lehrkraft berichtet, dass sich durch die häufigere und gezielte Verwendung von digitalen Medien im Unterricht auch ihr privates Nutzungsverhalten im Umgang mit Computer und Internet deutlich verändert habe und zwar dahingehend, dass sie sehr viel häufiger und gezielter Computer und Internet nutze als vor der Einführung der Netbookklassen. Zudem ist die Lehrkraft der Meinung, dass sie auch durchaus von dem Wissen rund um digitale Medien von den Schülerinnen und Schülern profitieren kann und sich auch ihre eigene Medienkompetenz erweitert habe.

2.2 Schulportrait: Geschwister-Scholl-Schule, Saalfeld

> Homepage: http://www.rsscholl.de/
> Schulform: Regelschule
> Größe: ca. 230 Schülerinnen und Schüler (im Schuljahr 2014/2015)
> Besonderheiten:
> - Thüringer Medienschule
> - Computerräume und interaktive Whiteboards
> - Informatorische Grundbildung im Umgang mit digitalen Medien in den Klassenstufen 5 bis 7

Die Regelschule, an der ca. 230 Schülerinnen und Schüler unterrichtet werden, wurde im Schuljahr 2005/2006 aus zwei Schulstandorten zusammengelegt und verfolgt zwei Schulprofile: Neben dem Sportprofil ist die Schule als „Thüringer Medienschule" anerkannt. Das Medienkonzept der Schule ist als „medienpädagogisches Gesamtkonzept" auf der Schulhomepage einzusehen.[6]

2.2.1 Medienarbeit in der Schule

Das schulische Medienkonzept verdeutlicht die besondere Herangehensweise der Schule zur Umsetzung des Kurses *Medienkunde*: In jeweils zwei Wochenstunden wird *Medienkunde* (in den Jahrgangsstufen 5 bis 7) als eigenständiger Kurs unterrichtet. Die Stunden dafür entstammen der flexiblen Stundentafel. Der Unterricht in *Medienkunde* erfolgt dabei nicht im Klassenverband, sondern in eingeteilten Kursen. Der Kurs *Medienkunde* wird bestmöglich anknüpfend an die schulinternen Fachlehrpläne gestaltet. Dafür sind kontinuierliche Absprachen und Kooperationen im Kollegium notwendig. Die Lehrkräfte, die den Kurs Medienkunde unterrichten, vermitteln dabei unter Umständen auch fachfremde Inhalte. Gleichzeitig besteht allerdings auch die Möglichkeit *Medienkunde* fächerübergreifend bzw. ohne Fachbezug zu unterrichten, sodass in diesen Stunden der Fokus allein auf die Vermittlung von Medienkompetenz bzw. informatischer Grundbildung gelegt werden kann. In der beobachteten Unterrichtsstunde sollten die Schülerinnen und Schüler mithilfe von „Encarta" und der Google-Suche Informationen zu einem Naturkundeprojekt aufbereiten. Auf diesem Wege wurde eine Verbindung zwischen der Schulung der Medienkompetenz (z.B. dem Kopieren und Speichern von Bildern und Texten und dem Angeben von Quellen) auch ein fachlicher Bezug hergestellt.

Alle Schülerinnen und Schüler erfahren eine kontinuierliche und systematische Medienbildung, die sich von Klassenstufe 5 bis Klassenstufe 9 bzw. 10 erstreckt. Ein besonderer Schwerpunkt wird in der Schule auf die Vermittlung einer informationstechnischen Grundlagenbildung im Umgang mit digitalen Medien in den Klassenstufen 5 bis 7 gelegt. In zwei Wochenstunden werden medientechnische Inhalte anhand von Lehrplaninhalten anderer Fächer vermittelt. Alle über diese Grundbildung erworbenen Fähigkeiten und Fertigkeiten können im Fachunterricht genutzt und weiter vertieft werden. Insgesamt kommt der Vermittlung eines sicheren Umgangs mit Informationen und Daten in der Schule ein hoher Stellenwert zu. In der beobachteten Unterrichtsstunde wurde dies in der Bedeutung, die dem Angeben von Quellen beigemessen wurde, deutlich.

2.2.2 Ausstattungssituation in der Schule

Im Schulgebäude ist flächendeckendes WLAN vorhanden. Es gibt mehrere Computerräume, in denen Schülerarbeitsplätze, bestehend aus Desktopcomputer und Scanner, und ein Lehrercomputerarbeitsplatz vorhanden sind. In den Computerräumen ist ein Beamer installiert, mit dem die Ansicht des Lehrercomputers an eine Leinwand projiziert wer-

---

6 Schulhomepage der Geschwister-Scholl-Schule in Saalfeld: http://www.rsscholl.de/index.htm

den kann. Zudem ist in einem Klassenraum ein interaktives Whiteboard installiert (ein weiteres ist bereits angeschafft, zum Zeitpunkt des Schulbesuchs allerdings noch nicht installiert).

Die Schülerinnen und Schüler nutzen die mobilen digitalen Geräte, die in der Schule vorhanden sind, über ein schulinternes Ausleihsystem. Das Mitbringen und Einbinden schülereigener Endgeräte in den Unterricht ist explizit nicht gewünscht.

Für die Arbeit mit digitalen Produkten steht ein schulinterner Server zur Verfügung, auf den der Zugriff von allen Computern in der Schule möglich ist. So können z.B. die Schülerinnen und Schüler ihre in der Stunde erarbeiteten Ergebnisse direkt in der vorgegebenen Ordnerstruktur speichern. Auf diesem Weg hat die Lehrkraft die Möglichkeit nach dem Ende der Stunde auf die Arbeitsergebnisse zuzugreifen und diese bereits während der Stunde exemplarisch in der Klasse zu zeigen.

Die Schule besitzt keine Lizenzen für digitale Schulbücher, dafür wird vermehrt mit fachspezifischer Software gearbeitet (z.B. Encarta).

2.2.3 Support und Umgang mit technischen Problemen

In der Schule ist eine Person als Administrator ausgewiesen und für die Wartung der schulinternen Geräte zuständig. Bei schwerwiegenden technischen Problemen oder defekten Geräten wird eine externe Firma beauftragt, da die Geräte formal Eigentum der Stadt Saalfeld sind.

Die Lehrkräfte in der Schule besitzen nicht die nötigen Rechte für ihre Benutzerprofile, um bei auftretenden technischen Problemen direkt eingreifen zu können. Tritt ein technisches Problem während der Unterrichtszeit auf, muss die Lehrkraft den Administrator kontaktieren, damit dieser bei nächster Gelegenheit das Problem beheben kann. In der Zwischenzeit müssen die Schülerinnen und Schüler kurzfristig in Partner- oder Kleingruppenarbeit an einem Computer zusammenarbeiten.

2.2.4 Fortbildungen

Im Rahmen des Schulbesuchs wurden von den interviewten Personen keine Angaben zu Fortbildungen im Bereich der digitalen Medien gemacht.

2.2.5 Vorbereitungsaufwand für den Medieneinsatz im Unterricht

Laut Aussage einer befragten Lehrkraft ist der Vorbereitungsaufwand für Unterricht mit digitalem Medieneinsatz deutlich höher als dies für „traditionellen" Unterricht der Fall ist. Die Vorbereitungen für den Kurs *Medienkunde* fallen dabei erheblich umfangreicher aus als für den Fachunterricht. Für den Kurs *Medienkunde* muss für jede Stunde sehr genau geplant werden, welche Medienkompetenzen in der jeweiligen Stunde vermittelt werden sollen, welche aufgefrischt oder noch weiter vertieft werden müssen. Gleichzeitig muss in der Regel die Anknüpfung an Fachinhalte berücksichtigt werden, sodass neben aufkommenden medienbezogenen Rückfragen der Schülerinnen und Schüler und zusätzlich einzuplanender Beratungs- und Unterstützungszeit in Hinsicht auf den technischen Umgang mit Computer und Internet auch Raum für fachliche Verständnisfragen gelassen werden muss.

2.2.6 Im Unterricht eingesetzte digitale Medien

Der Kurs *Medienkunde* wird grundsätzlich in den Computerräumen unterrichtet, sodass die Arbeit der Schülerinnen und Schüler mit dem Computer in diesen beiden Wochenstunden immer möglich ist. Darüber hinaus bemühen sich auch die Fachlehrkräfte in ihrem Unterricht gezielt digitale Medien einzusetzen und an die Inhalte des Kurses *Medienkunde* anzuknüpfen.

In der beobachteten Unterrichtsstunde wurden die Schülercomputer nicht von Beginn an in den Unterricht einbezogen. Vielmehr wurden zunächst Techniken und Vorgehensweisen zur richtigen und sicheren Informationsrecherche mit Internetsuchmaschinen besprochen und wiederholt. Dies erfolgte, indem die Lehrkraft das Besprochene vorführte und per Beamer an die Wand projizierte. Die Lehrkraft konnte an bereits in früheren Stunden erworbene Kompetenzen im Umgang mit Computer und Internet anknüpfen. Anschließend durften die Schülerinnen und Schüler zur Bearbeitung ihrer Rechercheaufgabe die Computer hochfahren, selbstständig Informationen zu vorgegebenen Themen suchen und ihre Arbeitsergebnisse in einem Word-Dokument festhalten. Bei der Informationssuche durften die Schülerinnen und Schüler selbst entscheiden, wie sie vorgehen. Sie konnten ihre Informationen entweder über die Suchmaschine „Google" recherchieren und auf den dort gefundenen verlinkten Seiten Informationen zusammentragen oder das auf allen Rechnern installierte Programm „Encarta" nutzen. Die Lehrperson ist während der Zeit, die den Schülerinnen und Schülern zur Suche gegeben wurde, durch die Reihen gegangen, hat Fragen beantwortet, Suchtipps bzw. Hinweise für die richtige Weiterverarbeitung der Informationen gegeben (z.B. wie Quellenangaben zu formulieren sind oder wie ein Bild in das Dokument eingefügt werden kann).

Die Schülerinnen und Schüler haben weitestgehend eigenständig am Computer gearbeitet, bei inhaltlichen und technischen Fragen half die Lehrperson. Am Ende der Stunde sollten die Schülerinnen und Schüler ihre Arbeitsergebnisse in eine vorgegebene Ordnerstruktur auf dem Server abspeichern. Da sie dies bisher noch nicht gelernt hatten, gab die Lehrperson sehr detaillierte und kleinschrittige Instruktionen und führte die notwendigen Aktionen für die Schülerinnen und Schüler über die Leinwand sichtbar an ihrem Computer selbst aus. Die Schülerinnen und Schüler sollten parallel dazu an ihren Computern die Aktionen durchführen. Dabei benutzten Schülerinnen und Schüler kein eigens für sie angelegtes Profil, sondern konnten ihre Dokumente auf dem Server speichern.

2.2.7 Weitere Besonderheiten der Schule bezüglich digitaler Medien

Die interviewte Lehrkraft schätzt den Kurs *Medienkunde* an sich, aber insbesondere in der Art und Weise, wie er in der besuchten Schule durchgeführt wird, als ein geeignetes Mittel zur Medienkompetenzvermittlung ein.

Den Schülerinnen und Schülern mache der Kurs und die Arbeit mit den digitalen Medien großen Spaß, wobei die anfängliche Euphorie in der Schule mit digitalen Medien lernen und arbeiten zu können mittlerweile abgeklungen sei. Zum Teil entstehe auch der Eindruck, dass einige Schülerinnen und Schüler mit digitalen Medien regelrecht „übersättigt" seien, da sie diese sowohl privat in ihrer Freizeit als auch mittlerweile sehr regelmäßig in der Schule nutzen.

3. Länderportrait: Nordrhein-Westfalen

In Nordrhein-Westfalen wird schulischer Medienbildung eine zentrale Rolle zugeschrieben. Dies zeigt sich nicht zuletzt darin, dass jede Schule laut Schulvorschrift[7] dazu verpflichtet ist, ein schulinternes Medienkonzept zu entwickeln. Neben dieser zentralen und verbindlichen konzeptionellen Verankerung von Medienbildung als verpflichtendem Teil der Schulprogrammarbeit, bleibt die Ausgestaltung sowie die Entscheidung der Nutzung verschiedenster Medienangebote und Medieninitiativen den Schulen freigestellt. Diese in weiten Teilen auf freiwillige Teilnahme beruhende Angebotsstruktur der Ministerien, Medienzentren und weiteren Institutionen im Medienbereich wird als zentrale Gelingensbedingung für die erfolgreiche Implementation schulischer Medieninitiativen in Nordrhein-Westfalen angesehen. Da Schulen sich zunehmend mit mehr Aufgaben konfrontiert sehen, deren Umsetzung sie vor Herausforderungen stellt, wird Medienbildung in Nordrhein-Westfalen den Schulen nicht als zusätzliche Aufgabe übertragen, die sie zu erfüllen haben. Vielmehr werden durch die breite Angebotsstruktur, die Freiwilligkeit zur Teilnahme an den Maßnahmen und Initiativen sowie durch die gut ausgebaute Servicestruktur (unter anderem über die Medienberatung NRW[8]) Freiräume geschaffen, in denen die Schulen Medienbildung nach ihren eigenen Möglichkeiten und Vorstellungen realisieren können. Gleichzeitig ermöglichen die zahlreichen Beratungsangebote und die durchdachte Anbindung an die verpflichtenden Lehrpläne (z.B. Lehrplankompass im *Medienpass NRW*[9]) sowie die Ausgestaltung der Materialien und Initiativen für unterschiedliche Jahrgangsstufen eine einfache und flexible Integration von Medienbildung in den Unterricht.

---

7 Ministerium für Schule und Weiterbildung des Landes Nordrhein-Westfalen, 2014 (Schulvorschriften NRW BASS 2014/2015, 16 – 13, Nr.4)
8 Die Medienberatung NRW ist eine Dienstleistungsagentur, die das Land Nordrhein-Westfalen mit den beiden Landschaftsverbänden (Landschaftsverband Rheinland und Landschaftsverband Westfalen-Lippe) vertraglich vereinbart hat, Schulen, Schulträger und Lehrerfortbildung bei der Schul- und Unterrichtsentwicklung mit Medien zu unterstützen.
9 http://www.lehrplankompass.nrw.de/Lehrplankompass/index.html

Als zentrale Institutionen, die schulische Medieninitiativen ermöglichen, gestalten und koordinieren, sind in Nordrhein-Westfalen zunächst das Ministerium für Schule und Weiterbildung des Landes Nordrhein-Westfalen (MSW), die Medienberatung NRW, die Landesanstalt für Medien (LfM) sowie die Medienzentren der Landschaftsverbände Rheinland (LVR-Zentrum für Medien und Bildung) und Westfalen-Lippe (LWL-Medienzentrum für Westfalen) zu nennen.

Im Folgenden wird zunächst auf die schulische Medienarbeit in Nordrhein-Westfalen im Sinne der schulinternen Medienkonzepte eingegangen, bevor ausgewählte Medieninitiativen, die aktuell für die Sekundarstufe I angeboten werden, dargestellt werden.

3.1 Schulinterne Medienkonzepte als Grundlage der Medienerziehung

In Nordrhein-Westfalen ist jede Schule dazu verpflichtet als Teil ihrer Schulprogrammarbeit ein eigenes schulinternes Medienkonzept zu entwickeln. Das Medienkonzept einer Schule bildet die Grundlage zur systematischen Integration von Medien in Lernprozesse und trägt der Bedeutung des Lernens mit und über Medien in der heutigen Welt Rechnung (Medienberatung NRW, 2015). Die Entwicklung und Fortschreibung des Medienkonzepts erfolgt auf allen Ebenen der Schule, eine wichtige Rolle kommt dabei insbesondere der Schulleitung und den Fachkonferenzen zu. Bei der Umsetzung des Medienkonzepts ist die Kommunikation und Kooperation unter allen in der Schule Beteiligten wichtig, um die ausgewiesenen Vorteile des Medienkonzepts möglichst vollständig ausschöpfen zu können. Für Schülerinnen und Schüler und deren Eltern soll vor allem die systematische Medienkompetenzförderung im Vordergrund stehen, die über im Medienkonzept festgeschriebene Standards zum Erlernen von Basiskompetenzen fachunabhängig bis zum Ende der Pflichtschulzeit erfolgen soll.

Für Lehrpersonen kann das Medienkonzept Entlastung schaffen, indem die Förderung der Medienkompetenz nicht mehr nur über ausgewählte Fächer angegangen wird, sondern der gesamte Fächerkanon in den Prozess eingebunden wird. Über Austausch und Kooperation können Unterrichtseinheiten verschiedener Fächer hinsichtlich des Ziels der Medienkompetenzförderung aufeinander abgestimmt oder in gemeinsamer Vorbereitung erarbeitet werden. So ist es auch möglich Unterrichtsmaterialien zu sammeln und dem gesamten Kollegium zur Verfügung zu stellen.

Schulen können sich zur Entwicklung des Medienkonzepts Unterstützung durch die Medienberatung NRW holen. Die Dienstleistungen der Medienberatung NRW bestehen unter anderem darin, die Schulen bei der Erstellung von schulinternen Medienkonzepten zu unterstützen, sodass in den Schulen entlang des Medienkonzepts das Lehren und Lernen mit digitalen Medien in den Schul- und Unterrichtsalltag verankert werden kann und die schulische Medienkompetenzvermittlung gelingen kann.

Laut der Medienberatung NRW berücksichtigt ein umfassendes schulisches Medienkonzept Angaben zu den drei Bereichen „Unterrichtsentwicklung", „Ausstattungsbedarf" und „Fortbildungsplanung", die nachfolgend beschrieben werden.

3.1.1 „Unterrichtsentwicklung"

Für den Bereich der Unterrichtsentwicklung unterscheidet die Medienberatung NRW die Aspekte „Lernen mit Medien" und „Leben mit Medien". Lernen mit Medien beschreibt die Nutzung digitaler Medien als Werkzeuge und Instrumente im Unterricht, über die sowohl „Bedienkompetenzen als auch Methodenkompetenzen" (Medienberatung NRW, 2015) erworben werden sollen. Der Aspekt „Leben mit Medien" thematisiert den Umgang der Schülerinnen und Schüler mit Medien in ihrem Alltag, greift ihre Medienerfahrungen auf und dient als Rahmen zur Vermittlung von „Teilnahme-, Reflexions- und Urteilskompetenzen" (ebd.) im Hinblick auf Mediennutzung.

3.1.2 „Ausstattungsbedarf"

Laut §79 des Schulgesetzes NRW sind die Schulträger (z.B. Städte und Gemeinden) für die Ausstattung der Schulen verantwortlich: „Die Schulträger sind verpflichtet, die für einen ordnungsgemäßen Unterricht erforderlichen Schulanlagen, Gebäude, Einrichtungen und Lehrmittel bereitzustellen und zu unterhalten sowie das für die Schulverwaltung notwendige Personal und eine am allgemeinen Stand der Technik und Informationstechnologie orientierte Sachausstattung zur Verfügung zu stellen." (Ministerium für Schule und Weiterbildung des Landes Nordrhein-Westfalen, 2014). Auch an dieser Stelle kann die Medienberatung NRW unterstützend tätig werden: Die Initiative *Lern-IT NRW*[10] ist der Versuch der Medienberatung NRW die nordrhein-westfälische Landesregierung bei der Umsetzung der im Schulgesetz postulierten Verpflichtungen zu unterstützen, indem die schulische Infrastruktur der Informations- und Kommunikationstechnik soweit ausgebaut wird, dass das Lehren und Lernen mit digitalen Medien in Schulen in NRW standardmäßig möglich wird. *Lern-IT NRW* dient den Medienberatern, IT-Beauftragten, Schulleitungen, Schulträgern, IT-Dienstleistern und Mitgliedern der Kompetenzteams NRW als Leitfaden und Orientierungshilfe für die Ausstattung und Wartung von digitalen Medien in der Schule (Giering, Paschenda, Schmidt & Westhoff, 2008). Insbesondere soll die schulische Infrastruktur nach den Vorgaben von *Lern-IT NRW* „multimediafähig, an unterschiedlichen Lernorten – auch im Fachunterricht – flexibel nutzbar und immer verfügbar sein" (ebd., S. 7).

3.1.3 „Fortbildungsplanung"

Fortbildungsangebote für Lehrpersonen in Nordrhein-Westfalen werden im Rahmen der Fortbildungsinitiative NRW durch 53 Kompetenzteams (verteilt auf die fünf Regierungsbezirke) organisiert. In Absprache zwischen den Schulen und den 53 Kompetenzteams in Nordrhein-Westfalen wurden insgesamt acht Fortbildungsprogramme

---

10 *Lern IT NRW* ist ein geschützter Begriff der Medienberatung NRW (Giering, Paschenda, Schmidt & Westhoff, 2008)

abgestimmt. Eins davon ist das Fortbildungsprogramm „Lernmittel und Medienberatung", das seit März 2015 als Erlass durch das Ministerium besteht. Das Fortbildungsprogramm sieht sechs Module[11] vor, die durch die Medienberaterinnen und Medienberater inhaltlich aufbereitet werden, sodass diese als wahrzunehmende Fortbildungsangebote von Lehrpersonen in Nordrhein-Westfalen genutzt werden können. Alle Fortbildungsangebote stehen über ein Online-Portal (*Suche.Fortbildung. NRW*[12]) zur Verfügung und können durch Rücksprache der Schulen mit den zuständigen Kompetenzteams als schulinterne oder schulexterne Fortbildungen realisiert werden. Schulexterne Fortbildungen werden insbesondere vor dem Hintergrund von Multiplikatorenarbeit durchgeführt, sodass einzelne medienbeauftragte Lehrpersonen aus den Schulen an diesen Fortbildungsangeboten teilnehmen, um anschließend ihr erworbenes Wissen schulintern im Kollegium weiterzugeben. Auf der anderen Seite besteht auch die Möglichkeit, dass Medienberaterinnen und Medienberater vor Ort in den Schulen dabei helfen, schulinterne Medienkonzepte zu planen und zu implementieren. Schulen sind angehalten in ihrem Medienkonzept den Fortbildungsbedarf auszuweisen und regelmäßig zu aktualisieren.

3.2 Aktuelle Medieninitiativen in der Sekundarstufe I in Nordrhein-Westfalen

In Nordrhein-Westfalen wird die schulische Medienarbeit durch ein breites Angebot an Initiativen unterstützt. Die im Folgenden skizzierten Medieninitiativen stellen eine Auswahl der derzeit im Bereich der Medienerziehung in der Sekundarstufe I zentralen Initiativen dar (für eine vollständige Übersicht der aktuellen und geplanten Medieninitiativen für alle schulischen Ausbildungsabschnitte in Nordrhein-Westfalen siehe Landtag Nordrhein-Westfalen, 2015).

3.2.1 *Medienpass NRW*

Die Initiative *Medienpass NRW* startete im Jahr 2011 als Gemeinschaftsprojekt der Landesregierung NRW (in Koordination des Ministeriums für Schule und Weiterbildung, des Ministeriums für Bundesangelegenheiten, Europa und Medien und des Ministeriums für Familie, Kinder, Jugend, Kultur und Sport) der Landesanstalt für Medien (LfM) und der Medienberatung NRW (Missal et al., 2014). Der *Medienpass NRW* stellt eine Initiative zur Förderung der Medienkompetenz von Kindern und

---

11 Die sechs Module des Fortbildungsprogramms „Lernmittel und Medienberatung" umfassen die Themenbereiche Grundlagen von Lernmittel- und Medienkonzepten, Systematischer Aufbau von Medienkompetenzen mit dem *Medienpass NRW*, Unterrichtsgestaltung mit Medien, Grundlagen zur verantwortungsvollen und rechtssicheren Nutzung digitaler Medien, Lernförderliche IT-Ausstattung, Filmbildung)
12 http://www.suche.lehrerfortbildung.schulministerium.nrw.de/search/start

Jugendlichen dar, die sich aus drei Bausteinen zusammensetzt: dem Kompetenzrahmen, dem Lehrplankompass und dem Medienpass.

Die Entwicklung der Initiative wurde von Beginn an unter Beteiligung der Öffentlichkeit durchgeführt. Das Kompetenzraster des *Medienpasses NRW* wurde als ein Gemeinschaftsprojekt der Landesregierung und der Landesanstalt für Medien zunächst als Entwurf entwickelt und über Online-Konsultationen der Öffentlichkeit zugänglich gemacht. Auf diese Weise konnten alle Interessierten Vorschläge einbringen, die bei der Entwicklung des *Medienpasses NRW* berücksichtigt wurden. In Expertenworkshops kamen Akteure aus der Wissenschaft und der Praxis zusammen, um die zu formulierenden Kompetenzerwartungen zu diskutieren. Der Kompetenzrahmen des *Medienpasses NRW* baut auf den Ergebnissen dieser Diskurse auf. In Pilotschulen unterschiedlicher Schulformen wurde der *Medienpass NRW* erfolgreich erprobt, wobei die Einführung stufenweise zunächst in der Grundschule (2012), dann für die Klassenstufen 5 und 6 (2013) und schließlich für die Klassenstufen 7–9/10 (2014) jeweils in einer eigenen Erprobungsphase implementiert wurde. Mittlerweile steht der *Medienpass NRW* allen interessierten Grundschulen sowie weiterführenden Schulen für die Sekundarstufe I in Nordrhein-Westfalen zur Verfügung. Das Konzept des *Medienpasses NRW* auch für die Sekundarstufe II zu erweitern wird ganz bewusst nicht verfolgt. Als Hauptgrund dafür gilt, dass am Ende der Sekundarstufe I und damit am Ende der Pflichtschulzeit die Medienkompetenzvermittlung durch die Schule dahingehend abgeschlossen sein soll, dass Schülerinnen und Schüler in der Lage sind für ihre weitere schulische oder berufliche Karriere Medien eigenverantwortlich, reflektiert und gezielt nutzen zu können sowie Gefahren und Risiken der Mediennutzung zu kennen. Auch wenn die Erprobungsphasen des *Medienpasses NRW* für die unterschiedlichen Schulstufen mittlerweile erfolgreich abgeschlossen sind, besteht dennoch weiterhin die Möglichkeit für Lehrpersonen über Rückkopplungstagungen Feedback an die Medienberaterinnen und Medienberater zu geben, das wiederum zur Weiterentwicklung des Konzepts des *Medienpasses NRW* genutzt werden kann.

Das übergeordnete Ziel der Initiative ist, die Medienkompetenz der Schülerinnen und Schüler systematisch zu fördern. Gleichzeitig sollen die Lehrpersonen bei der Vermittlung der Medienkompetenz Unterstützung erfahren. Über die verfügbaren Materialien und Anregungen zur Unterrichtsgestaltung werden sowohl Leitlinien als auch Freiräume zur Integration des Kompetenzkonzepts in den Unterricht geboten.

Darüber hinaus wird mit der Initiative auch das Ziel verfolgt, den Medienkompetenzerwerb der Kinder und Jugendlichen für die Eltern transparent zu gestalten und die Kooperation mit außerschulischen Institutionen und Bildungspartnern anzuregen.

Die Systematisierung der Medienkompetenzförderung erfolgt vorwiegend dahingehend, dass alle Schulfächer einen Beitrag zur Kompetenzförderung leisten können und die bestehenden Konzepte und Initiativen der Einzelschulen fortgeführt werden können, indem die vorgeschlagenen Inhalte und Kompetenzerwartungen des *Medienpasses NRW* in diese integriert werden können. Über den kontinuierlichen Einsatz des *Medienpasses NRW* kann zudem eine transparente Medienkompetenzförderung über die gesamte Pflichtschulzeit, d.h. bis zum Ende der Sekundarstufe I, gewährleistet werden.

Die Initiative *Medienpass NRW* setzt sich aus drei Elementen zusammen: Der **Kompetenzrahmen** dient Lehrkräften als Leitfaden und Orientierungshilfe. In ihm sind die Fähigkeiten beschrieben, die die Kinder und Jugendlichen am Ende einer festgesetzten Altersstufe erworben haben sollen. Es werden dabei vier Altersstufen differenziert: Kinder im Elementarbereich, Schülerinnen und Schüler in der Grundschule, Schülerinnen und Schüler in den Jahrgangsstufen 5/6 und Schülerinnen und Schüler der Sekundarstufe I in den Jahrgangsstufen 7–10.

Hervorzuheben ist, dass die Kompetenzerwartungen nach den Altersstufen und nicht nach Schulformen differenziert werden. Der Kompetenzrahmen gliedert sich in die fünf Kompetenzbereiche (1) *Bedienen und Anwenden*, (2) *Informieren und Recherchieren*, (3) *Kommunizieren und Kooperieren*, (4) *Produzieren und Präsentieren* sowie (5) *Analysieren und Reflektieren*, die jeweils noch einmal in vier Teilkompetenzen altersgerecht konkretisiert werden. Die Kompetenzerwartungen für die jeweiligen Kompetenzbereiche weisen deutliche Anknüpfungspunkte an das Rahmenmodell zur Vermittlung computer- und informationsbezogener Kompetenzen der Studie ICILS 2013 auf (vgl. Kapitel VI in diesem Band; Bos et al., 2014), wobei sich die insgesamt sieben Aspekte des ICILS-Modells in den fünf Kompetenzbereichen des *Medienpasses NRW* wiederfinden lassen.

Der **Lehrplankompass** dient als Orientierung für Lehrkräfte, wie und wo die im Kompetenzrahmen festgeschriebenen Anforderungen in den Unterricht integriert werden können. Dazu sind für jede Teilkompetenz Auszüge aus den aktuellen Kernlehrplänen hinterlegt, die eine altersstufengerechte fachintegrierte Medienkompetenzförderung der Schülerinnen und Schüler erleichtern. Dabei sind die vorgeschlagenen Fachbezüge zu den Teilkompetenzen als beispielhafte Orientierungshilfe gedacht. Außerdem sind im Lehrplankompass Links hinterlegt, über die die Lehrkräfte auf vorgefertigte Unterrichtsmaterialien, Werkzeuge und Unterrichtsbeispiele zugreifen können. Darüber hinaus enthält der Lehrplankompass praktische Tipps und Hinweise auf außerschulische Partner, die ihrerseits Projekte und Maßnahmen zu Medienkompetenzförderung anbieten.

Der eigentliche **Medienpass** ist ein Instrument, mit dem der Kompetenzstand der Schülerinnen und Schüler dokumentiert wird und der die Motivation der Kinder und Jugendlichen zur weiteren Auseinandersetzung mit Medien fördern soll. Für den schulischen Bereich steht der Medienpass für Grundschülerinnen und Grundschüler sowie für Schülerinnen und Schüler der Jahrgangsstufen 5 und 6 als Heft zur Verfügung. Der Kompetenzfortschritt wird in der Grundschule über speziell im Klassensatz der beantragten Medienpässe mitgelieferte Aufkleber dokumentiert; in den Klassen 5 und 6 geschieht dies über Stempel. Die Bestellung der gedruckten Medienpässe erfolgt direkt seitens der Schule bei der Medienberatung NRW. Für die Klasen 7–9/10 steht seit dem Schuljahr 2014/15 der digitale Medienpass zur Verfügung. Die Medienkompetenzdokumentation erfolgt dabei online durch die Lehrkraft, indem für die Schülerinnen und Schüler sogenannte „Badges[13]" (digitale Lernabzeichen) verge-

---

13 Die Idee der digitalen Lernabzeichen basiert auf dem Projekt „OpenBadges" von Mozilla, bei dem es darum geht, lebenslanges Lernen internet-/onlinebasiert zu dokumentieren (http://openbadges.org/)

ben werden. Die Jugendlichen erhalten einen eigenen Zugriff auf das System, sodass sie jederzeit den Überblick über ihre gesammelten „Badges" einsehen und ihren Kompetenzstand ausdrucken und weitergeben können. Das ist insbesondere vor dem Hintergrund interessant, dass die über den digitalen Medienpass dokumentierte Medienkompetenz beispielsweise als Anlage bei Bewerbungen hinzugefügt werden kann, die am Ende der Sekundarstufe I für die Schülerinnen und Schüler, die nicht die gymnasiale Oberstufe absolvieren wollen, verstärkt anstehen. Der digitale Medienpass wird schulintern von einer/einem oder mehreren Schuladministratorinnen/Schuladministratoren verwaltet. Die Administratorinnen und Administratoren geben den Zugriff für die Lehrkräfte sowie die Schülerinnen und Schüler frei und legen sogenannte „Lerneinheiten" an, die angelehnt an den Kompetenzrahmen jeweils eine Teilkompetenz fokussieren.

Das Projekt *Medienpass NRW* ist ein von den Schulen freiwillig nutzbares Angebot. Statistiken und Kennzahlen darüber, wie viele Schulen den *Medienpass NRW* für welche Jahrgangsstufen nutzen, werden nicht erhoben. Geplant ist jedoch ein im größeren Rahmen angelegtes wissenschaftliches Forschungsprojekt zur Erfassung guten Unterrichts unter Einsatz des *Medienpasses NRW,* wobei der Schwerpunkt auf Good-Practice-Beispielen liegen soll.

Die Initiative *Medienpass NRW* kann als Beispiel dafür gesehen werden, dass schulische Medieninitiativen dann erfolgreich implementiert werden können, wenn sie mit den Lehrplänen verzahnt sind. Im Konzept der Initiative *Medienpass NRW* sind über den Lehrplankompass genau die Stellen in den Lehrplänen benannt, an denen Medienthemen in den Unterricht integriert werden können und an denen Medienkompetenzvermittlung ansetzen kann. Diese Praxisnähe stellt die wichtigste Gelingensbedingung für den Erfolg der Initiative *Medienpass NRW* dar (s.o).

Der *Medienpass NRW* ist das Vorzeigeprojekt schulischer Medieninitiviativen in Nordrhein-Westfalen und gewinnt zunehmend auch über die Landesgrenzen hinaus Beachtung. Unterstützt wird diese Popularität nicht zuletzt auch durch die Auszeichnung mit dem Bildungsmedienpreis *digita*[14], der im Februar 2015 im Rahmen der Bildungsmesse *didacta* in Hannover in der Kategorie „Sonderpreis" an die Initiative *Medienpass NRW* verliehen wurde. Die Jury begründete die Auswahl des Preisträgers mit der „hervorragenden Gesamtkonzeption, die bis ins Detail stimmig ausdifferenziert ist" und lobte die Initiative *Medienpass NRW* „als beispielgebend in der deutschen Bildungslandschaft" (https://www.digita.com). Prof. Dr. Wilfried Hendricks vom Institut für Bildung in der Informationsgesellschaft (IBI) hebt in seiner Laudatio hervor, dass das Gesamtkonzept des *Medienpasses NRW* „in bildungspolitischer, pädagogischer, didaktischer und formaler Hinsicht überzeugt" (ebd.).

Sylvia Löhrmann, die amtierende Ministerin für Schule und Weiterbildung und stellvertretende Ministerpräsidentin des Landes Nordrhein-Westfalen, kommentier-

---

14 Der *digita* ist eine Qualitätsauszeichnung für digitale Bildungsmedien. Träger und Ausrichter des Preises ist das Institut für Bildung in der Informationsgesellschaft (IBI). Mit dem *digita* werden Lehr- und Lernangebote ausgezeichnet, die inhaltlich und formal als hervorragend gelten und die digitalen Medien beispielgebend nutzen (https://www.digita.com).

te die Auszeichnung wie folgt: „Den Schulen in Nordrhein-Westfalen steht mit dem Medienpass NRW ein beispielhaftes Instrument zur Förderung der Medienkompetenz bei Kindern und Jugendlichen zur Verfügung. Die Verleihung bescheinigt, dass das Land Nordrhein-Westfalen wirksame Strukturen im Bereich der Medienbildung geschaffen hat. Das Konzept des Medienpasses NRW wird von den Lehrkräften und ihren Schülerinnen und Schülern als praktikables Angebot anerkannt und angenommen. Mit dem Preis erhält das wegweisende Konzept der Initiative Medienpass NRW bundesweite Beachtung und Anerkennung." (LVR Zentrum für Medien und Bildung, 2015)

3.2.2 learn:line NRW

learn:line NRW ist die Bildungssuchmaschine des Landes Nordrhein-Westfalen und unterliegt dem Zuständigkeitsbereich der Medienberatung NRW. Die Online-Suchmaschine ist seit 2010 in Betrieb und bietet Links zu direkten, rechtssicheren und kostenlosen digitalen Lernmitteln zur Einbindung in den Unterricht. Derzeit kann über *learn:line NRW* auf ca. 28.000 Unterrichtsmaterialien zugegriffen werden. Die Bereitstellung der digitalen Lernmittel erfolgt unter anderem in Zusammenarbeit mit dem Institut für Film und Bild in Wissenschaft und Unterricht (FWU), dem Medieninstitut der Länder. Viele der vorhandenen und über *learn:line NRW* frei zugänglichen Materialien entsprechen der Definition von Open Educational Ressources (OERs). Die verfügbaren digitalen Lernmittel stammen aus seriösen und namhaften Quellen, die auf die hochwertige Qualität der Materialien schließen lassen. Unter den Anbietern finden sich unter anderem der Westdeutsche Rundfunk (WDR), die Siemens Stiftung oder EDMOND NRW[15]. Gleichzeitig bemüht sich die Medienberatung NRW kontinuierlich um die Akquise neuer Anbieter. Geplant ist eine Erweiterung der Suchmaschine, indem ab dem nächsten Jahr neue Suchfunktionen ergänzt werden. Außerdem hat das Bildungsministerium der *learn:line NRW* den Auftrag erteilt, die Anzahl an Creative-Commons-Lizenzen[16] weiter zu steigern, sodass größere Freiheiten in der Verwendung urheber- und leistungsschutzrechtlich geschützter Inhalte entstehen und rechtliche Unsicherheiten vermieden werden können.

3.2.3 LOGINEO NRW

Die Landesregierung plant *LOGINEO NRW* als landesweit verlässliche standardisierte sichere digitale Lernumgebung für Schulen und Zentren der schulpraktischen Lehrerausbildung in NRW anzubieten. *LOGINEO NRW* bietet eine Basis-IT-Infrastruktur für geschützte Internetanwendungen, die kommunalen IT-Dienstleistern

---

15 EDMOND steht für die Elektronische Distribution von Medien ON Demand in NRW. Über EDMOND NRW werden kostenlos lizensierte Medien (Lehr- und Spielfilme, Fotos, Texte, Unterrichtsmaterialien) zum Download oder zum Bestellen bereitgestellt (http://www.edmond-nrw.de)
16 http://de.creativecommons.org/

die Möglichkeit eröffnet, sichere Server zum Speichern schulinterner Daten anzulegen. *LOGINEO NRW* zeichnet sich durch einen Single Sign-on-Zugang zu allen Medien und IT-Komponenten, für die die Schule die Rechte besitzt, aus. Über einheitliche schulbezogene E-Mail-Adressen wird eine einfache digitale Kommunikationsstruktur geschaffen, die durch weitere Angebote (z.B. ein gemeinsamer Kalender des Schulpersonals) ergänzt werden kann. Mit *LOGINEO NRW* steht eine Benutzerverwaltung für alle digitalen Angebote einer Schule bereit. Auch die Anbindung an weitere Medieninitiativen und Angebote (z.B. *learn:line NRW* oder *Medienpass NRW*) ist möglich. *LOGINEO NRW* soll die offizielle Schnittstelle des Landes für alle digitalen Produkte des Schulmarktes werden (Landtag Nordrhein-Westfalen, 2015). Seit dem Frühjahr 2015 läuft der Probelauf Roll-out für *LOGINEO NRW* für Lehrpersonen aller öffentlichen und genehmigten Ersatzschulen. Anfang 2016 ist der offizielle landesweite Roll-Out für Lehrpersonen sowie Schülerinnen und Schüler vorgesehen (ebd.). Nach spätestens drei Jahren soll der Roll-out vollständig abgeschlossen sein.

3.2.4 Medienscouts NRW

Mit dem Projekt *Medienscouts NRW* verfolgt die Landesanstalt für Medien Nordrhein-Westfalen einen Peer-Education-Ansatz zur Ausbildung und Vermittlung von Medienkompetenz bei Schülerinnen und Schülern (Fileccia, 2014). Im Jahr 2011 startete das Projekt in einer Pilotphase in zehn Schulen der Sekundarstufe I, wobei Schulen unterschiedlicher Schulform beteiligt waren (Hauptschulen, Realschulen, Gesamtschulen und Gymnasien). Pro Schule wurden vier Schülerinnen und Schüler, die zuvor durch Lehrkräfte vorgeschlagen wurden, in von Experten geleiteten Workshops zu Medienscouts ausgebildet. An diesen Workshops nahmen je Schule auch zwei Lehrpersonen teil. Die Aufgabe der Medienscouts besteht darin, das in den Workshops erworbene Wissen über Medien in ihrer Schule weiterzugeben und neue Medienscouts auszubilden. Schwerpunkte der Medienscoutausbildung liegen dabei in den Bereichen „Internet und Sicherheit", „Social Communities", „Handy" und „Computerspiele" (Fileccia, 2014). Außerdem sollen die Medienscouts einer Schule ein umfassendes Beratungs- und Unterstützungssystem für Fragen und Probleme rund um digitale Medien (z.B. Nutzung, Risiken, rechtliche Fragen etc.) etablieren und als Ansprechpartner für ihre Mitschülerinnen und Mitschüler agieren. Das Projekt Medienscouts NRW wurde während der Pilotphase durch die Universität Duisburg-Essen wissenschaftlich begleitet. Gewählt wurde dafür ein triangulativer Forschungsansatz, in dem standardisierte Befragungen von Schülerinnen und Schülern sowie Lehrpersonen mit leitfadengestützten Interviews kombiniert werden konnten. Als Hauptergebnis der wissenschaftlichen Begleitforschung konnte festgestellt werden, dass sowohl Schülerinnen und Schüler als auch Lehrpersonen das Pilotprojekt weitestgehend sehr positiv bewerteten. Bedarf wurde vor allem hinsichtlich zeitlicher und materieller Ressourcen geäußert, die für eine effektive und nachhaltige Umsetzung entscheidend seien (Kerres, Rohs & Heinen, 2012).

Mittlerweile hat sich das Medienscout-Projekt landesweit etabliert und geht in diesem Jahr in die vierte Runde (Landesanstalt für Medien Nordrhein-Westfalen, 2015). Die Popularität des Projekts zeigt sich nicht zuletzt in den statistischen Kennzahlen, die die aktuelle Beteiligung beziffern: Über 1 700 Schülerinnen und Schüler ließen sich in NRW bereits zu Medienscouts ausbilden. Dazu kommen mehr als 870 Beratungslehrkräfte in 444 Schulen. Im Zuge der neuen Projektphase setzt sich die hohe Beteiligungsbereitschaft fort. 2015 nehmen von den 53 Kommunen in NRW 46 an dem Projekt teil, was einer kommunalen Beteiligungsquote von 87 Prozent entspricht (ebd.). Damit ist *Medienscouts NRW* das „größte Projekt seiner Art im deutschsprachigen Raum" (ebd.).

3.2.5 *Bring Your Own Device (BYOD)*

Der Ansatz des *BYOD*, also die „Integration von privaten mobilen Computern in Form von Smartphones, Tablets, Netbooks und Laptops in ein ‚Netz'" (Medienberatung NRW, 2013), zielt darauf ab, die vom kommunalen Schulträger finanzierte IT-Ausstattung in den Schulen um schülereigene Endgeräte zu ergänzen. Im Rahmen verschiedener Pilotprojekte wird dieser Ansatz landesweit in Schulen unterschiedlicher Schulformen getestet. Erkenntnisse und Erfahrungen einer curricularen Einbettung und flächendeckenden Nutzung im Sinne von Evaluationsstudien liegen bisher aber noch nicht vor (Landtag Nordrhein-Westfalen, 2015). Für das kommende Schuljahr (2015/2016) ist die Entwicklung von Nutzungskonzepten geplant, die koordiniert über die Medienberatung NRW online zur Verfügung gestellt werden sollen, sodass interessierte Schulen sich daran orientieren und selbst die Einführung von *BYOD* initiieren können.

3.2.6 *mBook NRW* und *BioBook NRW*

Die beiden Projekte *mBook NRW* und *BioBook NRW* sind darauf ausgerichtet, die Nutzung digitaler Schulbücher im Unterrichtsalltag und den Nutzen dieser Angebote für die Unterrichtsentwicklung und Kompetenzförderung zu erproben. Der Einsatz der beiden fachspezifisch ausgelegten digitalen Schulbücher ist speziell für die Sekundarstufe I an Gymnasien vorgesehen (Landtag Nordrhein-Westfalen, 2015). Die digitalen Schulbücher werden den teilnehmenden Pilotschulen kostenlos zur Verfügung gestellt. Das *mBook NRW* umfasst drei digitale Bände für das Fach Geschichte für alle Jahrgänge der Sekundarstufe I. Die Erprobungsphase läuft seit dem Jahr 2014 und wird 2016 abgeschlossen. Das *BioBook NRW*, das für den Anfangsjahrgang im Fach Biologie konzipiert ist, wird seit August 2015 in einer eigenen Pilotphase erprobt.

4. Schulportraits: Nordrhein-Westfalen

Die schulpraktische Umsetzung verschiedener Medieninitiativen aber auch die schuleigenen Strategien der Medienerziehung werden in der folgenden Darstellung der Portraits zweier ausgewählter Schulen in Nordrhein-Westfalen in den Blick genommen. Die Medienarbeit der Schulen wird im Stil von Good-Practice-Beispielen beschrieben.

4.1 Schulportrait: Gesamtschule Xanten-Sonsbeck/Walter-Bader-Realschule

> Homepage: http://www.gesamtschule-xanten-sonsbeck.de/
> Schulform: Gesamtschule
> Größe: 475 Schülerinnen und Schüler in den Jahrgängen 5, 6 und 7 (im Schuljahr 2015/2016)
> Besonderheiten:
> - Neu gegründete Gesamtschule und auslaufende Realschule zusammengelegt (GS: 5+6, RS: 7–10)
> - Gezielte Medienkompetenzförderung der Schülerinnen und Schüler entsprechend den Kompetenzbereichen des *Medienpasses NRW*
> - Projektschule im Projekt School IT Rhein Waal (Prof. Dr. Michael Kerres und Richard Heinen) zur Entwicklung von Medienschulen in Zusammenarbeit mit regionalen IT-Unternehmen → *BYOD*
> - Medienscouts

Die an zwei Schulstandorten neu gegründete Gesamtschule Xanten Sonsbeck ist als „Medienschule" anerkannt. Der Gesamtschulstandort in Xanten befindet sich im Xantener Schulzentrum und nutzt das Schulgebäude der Walter-Bader-Realschule, deren Schließung beschlossen wurde. Am Schulstandort Xanten werden deshalb die Jahrgangsstufen 7 bis 10 weiterhin nach Realschulstandards unterrichtet. Die unteren Jahrgangsstufen 5 und 6 dagegen lernen bereits im Gesamtschulbetrieb. Die langjährige Schulleitung der Realschule hat die Schulleitung der neugegründeten Gesamtschule übernommen. Die Gesamtschule wurde von Anfang an als Medienschule konzipiert, in welcher der selbstverständliche Einsatz digitaler Medien zur Förderung des Lernens im Unterricht praktiziert wird. Dabei kann nahtlos an die Vorarbeiten und das Medienkonzept der Realschule angeknüpft und dieses weiter ausgestaltet werden.

4.1.1 Medienarbeit in der Schule

Leitbild der Schule: Im Fokus des schulischen Leitbilds steht die Optimierung von Lernprozessen. Digitale Medien können dabei unterstützend wirken und hilfreich eingesetzt werden, unter anderem auch für die Entwicklung differenzierender Lernformen. Selbstständiges Arbeiten und Leistungskontrollen durch die Schülerinnen und Schüler selbst werden besonders unterstützt. Die digitalen Medien ermöglichen verstärkt individuelle Förderung und können dabei helfen, die Begabungen der einzelnen Schülerinnen und Schüler zu erkennen und gezielt zu fördern. Trotz des Titels „Medienschule" stellen die digitalen Medien und Lernformen lediglich Ergänzungen zu weiteren Lernformen dar. Übergeordnetes Ziel bleibt es, die verschiedenen Begabungen der Schülerinnen und Schüler möglichst optimal auszuschöpfen und zu fördern – digitale Medien stellen dafür eine Möglichkeit von vielen dar.

Einsatz des Medienpasses NRW: Die Lehrpersonen richten ihren Fachunterricht nicht spezifisch nach Inhalten oder Kompetenzbereichen des *Medienpasses NRW* aus. Vielmehr integrieren sie digitale Medien regelmäßig und selbstverständlich in ihren Unterricht, um Fachinhalte zu vermitteln, zu vertiefen oder die Schülerinnen und Schüler eigenständig Inhalte erarbeiten zu lassen. Über ein ausgefeiltes Kooperations- und Lehrplansystem können die Fachlehrkräfte klassen- und zum Teil jahrgangsstufenübergreifend auf vorbereitete Unterrichtsinhalte zugreifen, die in einem zentralen Cloudsystem („Dropbox") online gespeichert sind.

Bezüglich der Anbindung an die Kompetenzbereiche, die der *Medienpass NRW* umfasst, wird am Ende der Jahrgangsstufe 6 rückblickend von den Schülerinnen und Schülern zusammengetragen, welche Kompetenzbereiche bereits erarbeitet und behandelt wurden – welche also für die weitere Unterrichtsplanung auch zukünftig als erworbene Medien(teil)kompetenzen vorausgesetzt werden können – und welche noch gezielter Beachtung finden sollten. Koordiniert wird dieses Vorgehen im Rahmen des Informatikunterrichts, der an der Schule verpflichtend in den Klassenstufen 5 und 6 unterrichtet wird. Festzuhalten ist demnach, dass sich der (Fach-)Unterricht nicht nach dem *Medienpass NRW* richtet, sondern die Lehrkräfte in ihrem geplanten Unterricht, der ganz selbstverständlich im Rahmen des schulinternen Medienkonzepts den Einsatz digitaler Medien beinhaltet, viele Aspekte und Kompetenzbereiche, wie sie im *Medienpass NRW* beschrieben sind, „unbewusst" abdecken. Am Ende der Jahrgangsstufe 6 geben die Schülerinnen und Schüler im Rahmen des Informatikunterrichts Rückmeldung darüber, welche Kompetenzen sie gemessen am Kompetenzrahmen des *Medienpasses NRW* bereits erworben haben. Daraufhin werden für verschiedene Fächer Pläne erstellt, in denen festgelegt ist, auf welche Kompetenzen fachunabhängig zurückgegriffen werden kann und in welchen Fächern welche Kompetenzbereiche zusätzlich aufbereitet werden können. Diese Pläne werden den Fachlehrkräften zu Beginn des neuen Schuljahrs (Jahrgangsstufe 7) zur Verfügung gestellt.

Seit dem Schuljahr 2009/2010 besteht an der Schule eine Arbeitsgemeinschaft „Medienscouts". Das schulinterne Konzept entstand damit bereits vor dem Start des gleichnamigen NRW-weiten Schulprojekts „Medienscouts NRW"[17], dessen Pilotphase im Jahr 2011 startete (siehe auch Abschnitt 4.2.4). Die Medienscouts der Gesamtschule Xanten-Sonsbeck kümmern sich um die Medienausleihe, die Wartung der Geräte, die Unterstützung bei auftretenden technischen Problemen und organisieren zum Teil auch schulinterne Fortbildungen für die Lehrkräfte an ihrer Schule. Durch das Engagement der medien- und technikaffinen Schülerinnen und Schüler in der Medienscout-AG gestaltet sich die Medienarbeit der Schule insgesamt äußerst vielfältig, innovativ und kreativ.

4.1.2 Ausstattungssituation in der Schule

Ab der Jahrgangsstufe 7 nutzen die Schülerinnen und Schüler ihre privaten digitalen Endgeräte in der Schule und im Unterricht nach dem Prinzip des *Bring Your Own Device* (*BYOD*). In den Klassenstufen 5 und 6 können die Schülerinnen und Schüler auf die schuleigenen Leihgeräte zurückgreifen, die zu Beginn einer Unterrichtsstunde am Medienausleihzentrum der Schule unter Vorlage des persönlichen Medienausweises geliehen werden können. Verwaltet werden die Leihgeräte und das Ausleihsystem von Medienscouts aus höheren Jahrgangsstufen, die in den Pausen zwischen einzelnen Unterrichts(doppel)stunden Geräte ausgeben und wieder entgegennehmen. Jedes Gerät ist genau wie auch jeder Medienausweis mit einem Strichcode versehen, der bei Ausgabe und Rückgabe der Geräte gescannt wird, sodass stets nachvollziehbar ist, wie viele Geräte entliehen sind und eine Zuordnung zwischen Gerät und Entleiherin oder Entleiher erfolgen kann. Der Ausleihraum ist mit Ladestationen ausgestattet, sodass die Geräte direkt aufgeladen werden können und gewährleistet ist, dass sie zur nächsten Unterrichtsstunde wieder einsatzbereit sind.

Etwa 115 Leihgeräte, die neben den Schülerinnen und Schülern auch von Lehrkräften ebenfalls über einen Medienausweis entliehen werden können, stehen in der Schule zur Verfügung. Dazu zählen Laptops, Netbooks, Tablets, Beamer und Dokumentenkameras. Ein Großteil der Geräte steht der Gesamtschule als Ausstattung der auslaufenden Realschule zur Verfügung. Diese wurden vorwiegend über Sponsoren oder als Investition von Preisgeldern der Schule erworben. Ein Set von 30 Notebooks wurde der Schule über die Herstellerfirma geschenkt. Es liegt daher in der Schule keine einheitliche Ausstattungssituation mit einem bestimmten Gerätetyp oder -hersteller vor, was nach Aussagen der schulischen Akteure den Unterrichtseinsatz der digitalen Medien nicht beeinträchtigt, sondern eher als Gewinn hinsichtlich der Vielfalt und Vorteile einzelner Gerätetypen angesehen wird.

In der Schule (am Standort Xanten) ist flächendeckendes WLAN vorhanden (28 Access Points), das allerdings nicht in allen Gebäudeteilen gleich stark ist. Zudem kann es zu kurzzeitigen Überlastungen kommen, wenn zu Beginn einer Schulstunde nahezu alle Schülerinnen und Schüler versuchen sich ins WLAN einzuwählen. Der

---

17 Projekthomepage: http://www.medienscouts-nrw.de/

Internetzugang erfolgt für alle Schülerinnen und Schüler individualisiert und passwortgesichert und ist auch von den privaten Schülergeräten aus möglich.

4.1.3 Support und Umgang mit technischen Problemen

Für die Wartung und Reparaturen der schuleigenen Leihgeräte sind die Medienscouts verantwortlich. Die schulinterne Initiative, Schülerinnen und Schüler zu Medienscouts auszubilden, entstand aus der Not heraus, die Lehrperson, die für die Wartung und Reparatur der digitalen Geräte zuständig ist, zu unterstützen und zu entlasten. Die schulinterne Ausbildung der Medienscouts erfolgte dabei anfangs über das große Engagement der Informatiklehrkräfte und setzte sich schnell über den Ausbau der privaten Erfahrungen und Kenntnisse der Schülerinnen und Schüler im Umgang mit den digitalen Medien fort. Statt einer systematischen Ausbildung wurden viele der für die Arbeit der Medienscouts benötigten Fähigkeiten über „learning by doing" erworben.

Aufgrund der hohen Technikaffinität und des großen Wissens der freiwillig teilnehmenden Schülerinnen und Schüler rund um Notebooks, Tablets und Co. entwickelte sich schnell eine Eigendynamik, sodass den Medienscouts immer mehr und verschiedenartige Aufgaben zukamen und die Schülerinnen und Schüler eigenverantwortlich Ideen und Projekte realisierten. Die Umfunktionierung des Schularchivs zum Medienausleihzentrum und die Entwicklung des Strichcode-Medienausweis-Ausleihsystems erfolgten beispielsweise in Eigeninitiative der Medienscouts.

Auch das (De-)/Installieren von Software fällt in den Aufgabenbereich der Medienscouts. Kommt es zu technischen Problemen während der Unterrichtszeit können Medienscouts in den Unterricht geholt werden. Prinzipiell ist es vorgesehen in jeder Klasse mindestens eine Schülerin oder einen Schüler als Medienscout auszubilden, die bzw. der unter anderem bei technischen Problemen als direkter Ansprechpartner fungieren kann. Kann ein Medienscout auftretende Probleme nicht selbstständig lösen, werden andere Medienscouts um Hilfe gebeten und in letzter Instanz die Informatiklehrkräfte hinzugezogen.

4.1.4 Fortbildungen

Die Lehrpersonen haben an einer externen Apple-Schulung teilgenommen. Schulinterne Fortbildungen finden unregelmäßig statt und die Weitergabe von Wissen erfolgt eher über schulinterne Kooperationsstrukturen und den Erfahrungsaustausch der Lehrkräfte untereinander. Sehr viel Wert wird zudem auf die Wissensstände und die Medienerfahrungen der Schülerinnen und Schüler gelegt, die wann immer möglich in den Unterricht integriert werden. Die Wertschätzung des Schülerwissens spiegelt sich nicht nur in der Lern- und Unterrichtskultur, in der sich Schülerinnen und Schüler ganz selbstverständlich bei technischen Fragen und Problemen helfen, sondern auch in schülerorganisierten Lehrerfortbildungen wider.

Im laufenden Schuljahr haben die Schülerinnen und Schüler der Medienscout-AG eine schulinterne Fortbildung für Lehrpersonen organisiert und durchgeführt, in der medienspezifische Kenntnisse zu Themen vermittelt wurden, von denen sich die Schülerinnen und Schüler wünschen, dass diese im Unterricht häufiger Anwendung finden. Die Fortbildungsmaterialien werden außerdem von den Medienscouts über die Schulhomepage zur weiteren Nutzung zur Verfügung gestellt.

4.1.5 Vorbereitungsaufwand für den Medieneinsatz im Unterricht

Der Vorbereitungsaufwand zur Planung von Unterricht, der den Einsatz digitaler Medien beinhaltet, oder zur Erstellung/Zusammenstellung von digitalen Lernmaterialien ist nach Einschätzung der interviewten Lehrkräfte nicht größer als die Vorbereitung des „analogen" Unterrichts. Zeitintensiv ist vielmehr die Erstellung von Arbeits- und Lernplänen, die fächer- und jahrgangsstufenübergreifend in einer Arbeitsgruppe koordiniert werden und in denen Lern- und Arbeitsweisen beschrieben sind, die individuelles und differenziertes Lernen ermöglichen sollen. Die zu etablierenden Lern- und Arbeitsformen werden in der Jahrgangsstufe 5 abgestimmt für alle Hauptfächer erarbeitet, sodass ab der Klassenstufe 6 auf ein einheitliches System von erlernten und noch zu vermittelnden Arbeitsweisen zurückgegriffen werden kann.

Die Vorbereitung einzelner Unterrichtsstunden unter geplantem Einbezug digitaler Medien bzw. digitaler Materialien hält sich laut Einschätzung der interviewten Lehrkraft in Grenzen. Dadurch, dass sehr viele vorbereitete Materialien und ganze Unterrichtseinheiten im Internet verfügbar sind, findet zum Teil eine Verschiebung des Vorbereitungsaufwands statt: Statt selbst Arbeitsblätter und Aufgaben zu konzipieren, besteht die Herausforderung für die Lehrkraft oftmals darin, geeignete Materialen und Dokumente im Internet zu suchen, auszuwählen und – im Falle von digitalen Lernprogrammen, Learning Apps o.ä. – auszuprobieren, ob die gefundenen Materialen kompatibel mit den digitalen Endgeräten sind, die die Schülerinnen und Schüler im Unterricht benutzen werden.

Der Vorbereitungsaufwand verringert sich längerfristig dadurch, dass durch andere Lehrkräfte der Schule vorbereitete Unterrichtsstunden und -materialien zentral online gespeichert werden können, sodass nach und nach ein Pool an Unterrichtsmaterialien für verschiedene Fächer und Jahrgangsstufen entsteht.

4.1.6 Im Unterricht eingesetzte digitale Medien

Die beobachtete Unterrichtsstunde fand in einem Klassenraum statt, der mit einem fest unter der Decke installierten Beamer, einem Computerarbeitsplatz für die Lehrkraft, einem Overhead-Projektor, einem portablen CD-Player und zwei fest installierten Lautsprechern ausgestattet ist. Zusätzlich wurden in der beobachteten Unterrichtsstunde über die Lehrkraft im Vorfeld zehn iPads ausgeliehen, die von den

Schülerinnen und Schülern, die nicht mit selbst entliehenen Geräten arbeiteten, während der Stunde genutzt werden konnten. Im beobachteten Mathematikunterricht stand für diese Stunde Stationenlernen auf dem Programm, für das Aufgaben mit unterschiedlichen Schwierigkeitsniveaus anhand eines Aufgabenblattes gelöst werden sollten. Zu jeder der insgesamt neun Stationen waren unterschiedliche Aufgaben zum übergeordneten Themenbereich „Oberfläche von Quader und Würfel" auf dem Aufgabenblatt hinterlegt, die zum Teil mit Hilfe des iPads gelöst werden sollten. Über angegebene Links konnten zum Beispiel gezielt Online-Lernmaterialien geöffnet oder im Internet verfügbare Aufgaben gelöst werden. Neben der Nutzung des iPads standen auch andere Hilfsmittel zu Verfügung. Die Schülerinnen und Schüler konnten ebenfalls mit dem Mathematikbuch oder mit Würfel- und Quadermodellen arbeiten, um die Aufgaben zu lösen. Im Verlauf der Stunde legte die Lehrkraft im vorderen Bereich des Klassenraums Lösungszettel aus, anhand derer die Schülerinnen und Schüler nach Beendigung der Aufgaben selbstständig ihre Ergebnisse überprüfen konnten. Bei abweichenden Ergebnissen konnten die Aufgaben wiederholt werden.

Über das Medienausleihsystem der Schule und das etablierte Prinzip des *BYOD* ab der Jahrgangsstufe 7 ist der Unterricht mit digitalen Medien in allen Fächern und Jahrgangsstufen flexibel möglich. Dennoch werden die digitalen Geräte und Materialien lediglich als Erweiterung des Lernspektrums verstanden und ersetzen „traditionelle" Unterrichts- und Arbeitsweisen nicht. Durch die starke Betonung des individuellen und differenzierten Lernens ist es den Schülerinnen und Schülern in vielfacher Hinsicht möglich, selbst zu entscheiden, welche (digitalen) Medien sie zur Bearbeitung verschiedener Aufgaben heranziehen.

Die Selbstverständlichkeit der Einbindung digitaler Medien in den Unterricht ergibt sich auch aus der Erkenntnis, dass Schülerinnen und Schüler heutzutage schon von klein auf mit digitalen Medien aufwachsen, den Umgang damit in ihrer Freizeit erlernen und ihre Erfahrungen in den Unterricht einfließen lassen können. Die interviewten Lehrkräfte verwiesen übereinstimmend auf die Beobachtung, dass Schülerinnen und Schüler verstärkt über den „visuellen Kanal" lernen, was dem Lernen mit digitalen Medien entgegenkommt.

4.1.7 Weitere Besonderheiten der Schule bezüglich digitaler Medien

Das Medienscout-Projekt der Schule hat sich als Arbeitsgemeinschaft (Medienscout-AG), an der interessierte Schülerinnen und Schüler jeder Klassenstufe teilnehmen können und mindestens für ein Schuljahr aktiv als Medienscouts zur Verfügung stehen, etabliert. Das mitgebrachte Vorwissen der neuen Teilnehmerinnen und Teilnehmer wird durch die gezielte AG-Leitung durch Medienscouts aus höheren Jahrgangsstufen erweitert. Die Medienscouts stehen neben ihrer Wartungs- und Verwaltungstätigkeit der digitalen Geräte auch anderen Schülerinnen und Schülern als Ansprechpartner und Berater zur Verfügung, insbesondere bei Problemen rund um „social media" (z.B. Stichwort Cyber Mobbing). In diesem Zusammenhang haben die Medienscouts einen digitalen

Kummerkasten eingerichtet, über den Schülerinnen und Schüler bei Problemen und Sorgen die Medienscouts über E-Mail kontaktieren können.

Die kreativen Ideen der Medienscouts werden auch in die Schule hineingetragen z.B. über selbst entworfene Platzsets, die auf den Tischen in der Cafeteria ausliegen und kurze, prägnante Sätze zum sicheren Umgang mit digitalen Medien oder zum Thema Cyber Mobbing enthalten.

Eine weitere Besonderheit stellt der „Handyführerschein" dar, der im Informatikunterricht im zweiten Halbjahr der Klassenstufe 6 erworben wird. Über diesen wird der sichere Umgang mit Handys und Smartphones vermittelt. Gleichzeitig dient er als Voraussetzung für die Nutzung dieser Geräte im Unterricht ab Klasse 7 über den Ansatz des *Bring Your Own Device*. Im Zuge des „Handyführerscheins" werden Regeln für den Smartphone-Gebrauch im Unterricht eingeführt.

4.2 Schulportrait: Friedensschule, Münster

> Homepage: www.friedensschule.de
> Schulform: Gesamtschule
> Größe: ca. 1500 Schülerinnen und Schüler (im Schuljahr 2014/2015)
> Besonderheiten:
> - Teil des Bistums Münster, das im letzten Jahr eine große Ausstattungsinitiative für alle 33 Schulen im Bistum gestartet hat
> - Das Bistum nutzt eine eigene schülerzentrierte Online-Lernplattform (www.*schulbistum*.de)
> - IT-Abteilung des Bistums als Servicedienstleister, der die Infrastruktur bereitstellt und technischen Support bietet
> - Fortbildungen für Lehrpersonen des Bistums zur Entwicklung einer nachhaltigen didaktischen Verankerung digitaler Medien

An der Gesamtschule Friedensschule in Münster werden ca. 1 500 Schülerinnen und Schüler unterrichtet. Als eine von insgesamt 33 Schulen im Bistum Münster hat die Friedensschule im Jahr 2014 an einer großen Initiative teilgenommen, im Rahmen derer die Schulen mit digitalen Medien ausgestattet wurden und der Breitbandausbau sowie flächendeckendes WLAN in den Schulen vorangetrieben wurden. Das Bistum Münster hat eine eigene IT-Abteilung, die Arbeitsfelder für die Schulen konzipiert und einen Medienentwicklungsplan für die Schulen im Bistum Münster vorgibt. Innerhalb dieses Medienentwicklungsplans haben die Schulen gewisse Freiräume und Auswahlmöglichkeiten, was beispielsweise die Ausstattung der Klassenräume betrifft. Dabei werden auch Software und Lizenzen über das Bistum Münster für alle Schulen angeschafft.

4.2.1 Medienarbeit in der Schule

Ein zentrales Element für die Medienarbeit an der Friedensschule stellt die Lernplattform *schulbistum*[18] (basierend auf dem System WebWeaver®) dar, für die die Schule bei der Einführung im Schuljahr 2012/2013 als Pilotschule fungiert hat. Die Lernplattform bietet Lehrpersonen sowie Schülerinnen und Schüler den zeit- und ortsunabhängigen Zugriff auf Lern- und Lehrmaterialien und Möglichkeiten für die Kommunikation und Kooperation in „virtuellen Klassenräumen". Somit wird der im *Medienpass NRW* definierte Kompetenzbereich „Kommunizieren und Kooperieren" über die Anwendung der Lernplattform *schulbistum* gefördert. Darüber hinaus werden die Kooperation der Lehrpersonen untereinander sowie der Aufbau eines gemeinsamen Pools für Unterrichtsmaterialien unterstützt. Auch die schulübergreifende Zusammenarbeit der Schulen im Bistum Münster hat sich durch die Implementation dieser Lernplattform nach Angaben der interviewten Lehrkräfte merklich erhöht und die Lehrkräfte haben sich in Arbeitskreisen zu bestimmten Themen oder fachspezifischen Aspekten vernetzt, was als deutlicher Vorteil hervorgehoben wird. Zu den vielfältigen Möglichkeiten, die die Lernplattform *schulbistum* bietet, gehören unter anderem Kommunikationswerkzeuge (z.B. Forum oder Chat), ein Modul zur Erstellung von Umfragen, Publikationswerkzeuge wie der Website-Generator oder die Möglichkeit Wikis oder interaktive E-Learning-Einheiten zu erstellen. Auch Schulverwaltungsprogramme (z.B. zur Erfassung von Noten) werden von den Lehrkräften verpflichtend über die Plattform *schulbistum* genutzt. Schülerinnen und Schüler haben hier u.a. auch die Möglichkeit ein digitales Lerntagebuch anzulegen.

In den Jahrgangsstufen 6 und 7 wird an der Friedensschule „Informationstechnische Grundbildung" (ITG) im Umfang von einer Wochenstunde fächerintegrativ unterrichtet. Der ITG-Unterricht wird im „Teamteaching" von einer Fachlehrkraft und einer computerkundigen Lehrkraft (anfangs insbesondere Informatiklehrkräfte, später übernehmen dies auch Lehrkräfte, die bereits eine ITG-Unterrichtseinheit mitgestaltet haben) durchgeführt, dabei ändern sich die Lehrerteams pro Unterrichtsreihe. Im Lehrerteam werden gemeinsam Unterrichtseinheiten unter Einbezug digitaler Medien entwickelt und durchgeführt. Medienbezogene Aspekte, die durch den ITG-Unterricht vermittelt werden, beziehen sich auf den Umgang mit dem Computer im Allgemeinen, den Aufbau und die Nutzung eines Dateiensystems, die Verwendung des Schulnetzwerks, die Funktionsweise und Möglichkeiten der Lernplattform *schulbistum* sowie Grundlagen der Informationsbeschaffung im Internet und deren Darstellung in Text- und Multimediadokumenten. Ein besonderes Augenmerk wird dabei auch auf den sicheren Umgang mit dem Internet und damit verbundene mögliche Gefahren gelegt. Zudem werden den Schülerinnen und Schülern in der 6. Jahrgangsstufe Kompetenzen im Hinblick auf die Nutzung von Smartphones und dafür nötige Sicherheitsgrundlagen vermittelt. In der 7. Jahrgangsstufe werden diese Kompetenzen weiter vertieft und ein zusätzlicher Schwerpunkt auf die Verwendung eines Tabellenkalkulationsprogramms im Mathematikunterricht gelegt. Aufgrund der Einbindung des ITG-Unterrichts in

---

18 https://www.schulbistum.de

den Fachunterricht ist gesichert, dass die erworbenen medienbezogenen Kompetenzen der Schülerinnen und Schüler nicht für sich stehen, sondern in fachlichen und lebensweltlichen Kontexten eingebunden sind und als fächerübergreifende Kompetenzen vermittelt werden. Im ITG-Unterricht werden auch die Materialien, die im Rahmen des *Medienpasses NRW* bereitgestellt werden, zunehmend implementiert. Somit ist eine Anbindung an den *Medienpass NRW* und die Förderung der Kompetenzen der Schülerinnen und Schüler in den darin definierten Kompetenzbereichen sichergestellt.

4.2.2 Ausstattungssituation in der Schule

Die Schule verfügt über zwei Computerräume mit je ca. 30 Schülerarbeitsplätzen. Zum Zeitpunkt des Schulbesuchs befand sich ein Raum im Umbau, da die gesamte stationäre Ausstattung auf ein Citrix[19]-System umgestellt wird. Zudem wurde ein Whiteboard installiert, dessen Funktionsweise eine Woche lang in einer offenen Stunde pro Tag von zwei Informatiklehrkräften der Schule für das Kollegium demonstriert wird. Die Schülerarbeitsplätze sind entlang der Wände eingerichtet und in der Mitte des Raums stehen freie Tische zur Verfügung, sodass der Unterricht phasenweise auch an diesen stattfinden kann. Auch der zweite Computerraum wird diesem Modell entsprechend zeitnah umgebaut. Auf den Computern in den beiden Räumen ist fachspezifische Software installiert und vom Bistum Münster wurden für die Schulen im Bistum diverse Lizenzen für digitale Schulbücher erworben, die hier ebenfalls zugänglich sind. Zudem ist das gesamte Schulgebäude mit WLAN ausgestattet.

Darüber hinaus verfügt die Schule über eine Mediothek, in der neben analogen Medien auch digitale Medien vorhanden und für Lehrkräfte sowie Schülerinnen und Schüler ausleihbar sind. In der Zeit von 8 bis 16 Uhr ist die Mediothek durchgängig von einer festangestellten Kraft besetzt (Bibliothekar mit IT-Kenntnissen). Hier stehen zwei Laptop-Wagen mit je 16 Geräten (16 MacBooks und 16 Windows-Computer) sowie vier Laptopboxen mit je sechs bis acht Netbooks zur Verfügung. Neben der Verwendung im Unterricht besteht für die Schülerinnen und Schüler während der Schulzeit die Möglichkeit sich aus diesem Bestand einzelne Geräte auszuleihen, um auch außerhalb der Unterrichtsstunden individuell mit den Geräten zu arbeiten. Zudem bietet die Mediothek acht stationäre Computerarbeitsplätze und WLAN-Zugang für mobile Endgeräte.

Zu Präsentationszwecken können Medientürme in der Mediothek entliehen werden, die mit Laptop, Beamer und teilweise mit Dokumentenkameras ausgestattet sind. Ferner können Digitalkameras und auch weiteres Zubehör wie z.B. Adapter oder USB-Sticks in der Mediothek entliehen werden.

---

19 Softwaredefinierte „Lösungen für mobile Arbeitsplätze, durch die Anwender von neuen, besseren Möglichkeiten der Zusammenarbeit profitieren und zugleich nahtlosen und sicheren Zugriff auf Apps, Dateien und Dienste haben, die sie unterwegs auf ihrem Gerät benötigen" (Citrix Systems, Inc., 1999–2015)

In den Räumen der Mediothek sind Arbeitsplätze vorhanden, die zum Teil auch zu Unterrichtszwecken genutzt werden können, wobei die Mitarbeiter der Mediothek aktiv bei technischen Problemen oder bei Rechercheaufgaben (analog oder digital) eingebunden werden können. Das senkt vor allem bei nicht technikaffinen Lehrpersonen die Hemmschwelle digitale Medien im Unterricht einzusetzen, da ein kompetenter Ansprechpartner direkt vor Ort ist. Dieses Angebot zur Durchführung des Unterrichts in der Mediothek wird in fast jeder Unterrichtsstunde genutzt, wobei die Mediothek Raum für maximal drei Klassen gleichzeitig bietet.

Die Ausstattung mit digitalen Medien ist in der Schule größtenteils durch das Bistum Münster finanziert. Ergänzt wird die Ausstattung je nach Bedarf durch Mittel des Fördervereins, indem beispielsweise zusätzliche Laptops oder Roboter für den Informatikunterricht angeschafft werden.

4.2.3 Support und Umgang mit technischen Problemen

Für den technischen Support ist in erster Linie das Bistum Münster zuständig. Dieser wird hinsichtlich der Personalstärke als optimierbar eingeschätzt. In der Friedensschule Münster gibt es einen sogenannten Medienwart, der bei technischen Problemen von der jeweiligen Lehrkraft kontaktiert wird. Zudem dienen übergangsweise in der Phase nach der Ausstattungsinitiative im Bistum Münster auch die Informatiklehrkräfte als Ansprechpartner für das Kollegium. Durch die schulexterne Organisation des technischen Supports fehlen den Lehrpersonen an vielen Stellen die notwendigen Rechte, um Probleme selbst beheben zu können, sodass diese an den externen technischen Support gemeldet werden. Dieser hat die Möglichkeit, über eine Fernwartung alle Geräte zu überprüfen, was von den Lehrkräften und der Schulleitung als komfortabel und stabil beschrieben wird. Hardwareprobleme werden direkt an den externen Support weitergeleitet. Geräte, die nicht über das Bistum Münster angeschafft wurden, werden vom Medienwart der Schule bzw. von den Informatiklehrkräften gewartet.

Der pädagogische Support ist an der Friedensschule im Rahmen des ITG-Unterrichts verankert. Über das Teamteaching werden dabei Möglichkeiten, wie digitale Medien im Fachunterricht eingebunden werden können und der Unterricht durch computerkundige Kollegen begleitet und unterstützt werden kann, aufgezeigt und gemeinsam entwickelt. Neben dem ITG-Unterricht steht auch der Mitarbeiter der Mediothek für den pädagogischen Support beratend als Ansprechpartner zur Verfügung.

4.2.4 Fortbildungen

Fortbildungen wurden vom Bistum Münster begleitend zur Ausstattungsinitiative mit digitalen Medien in den Schulen angeboten, um in die Möglichkeiten und Potenziale dieser Medien einzuführen. Da das Bistum sich auf die Ausstattung mit Apple-Geräten fokussiert hat, wurde eine Apple-Schulung für alle Lehrkräfte des Bistums angeboten.

Für die Lernplattform *schulbistum* wurden bei der Einführung pro Schule zwei Lehrkräfte als Administratoren ausgebildet, die in den Schulen als Multiplikatoren fungierten und so alle Inhalte im Kollegium verbreitet haben. Dazu wurden in der Schule Fortbildungen für das Kollegium abgehalten und zu einem späteren Zeitpunkt vertiefende Workshops angeboten und Good-Practice-Beispiele demonstriert.

Das Bischöfliche Generalvikariat Münster gibt zudem zweimal jährlich einen Fortbildungskalender für Lehrkräfte heraus, der u.a. auch bezüglich der Plattform *schulbistum* Fortbildungen zu Grundlagen, fortgeschrittenen Anwendungen und Good-Practice-Beispielen zur Erarbeitung von konkreten fachspezifischen Unterrichtsmaterialien umfasst.

4.2.5 Vorbereitungsaufwand für den Medieneinsatz im Unterricht

Der Vorbereitungsaufwand für Unterrichtseinheiten im Rahmen des ITG-Unterrichts wird zunächst aufgrund der Abstimmungs- und Koordinationsprozesse zwischen den beiden Lehrkräften, die den ITG-Unterricht im Teamteaching durchführen, als vergleichsweise höher wahrgenommen. Anfangs müssen zudem fach- und jahrgangsspezifische Unterrichtseinheiten vorbereitet werden, die den Einsatz digitaler Medien umfassen. Die fertiggestellten Unterrichtseinheiten werden für alle Lehrkräfte zugänglich auf der Lernplattform *schulbistum* gesammelt, sodass im Laufe der Zeit ein Pool entsteht, auf den die Lehrpersonen zugreifen können. Dadurch wird der Vorbereitungsaufwand für die Planung von Unterricht mit digitalen Medien langfristig als geringer eingeschätzt, wenn innerhalb des Kollegiums auf diese Weise kooperiert und Unterrichtsmaterialien ausgetauscht werden.

Ein weiterer Aspekt hinsichtlich der Vorbereitung des Unterrichts mit digitalen Medien ist das eventuelle Testen von Software oder digitalen Medien, um deren Funktionstüchtigkeit im Unterricht sicherzustellen, wenn die Lehrkraft diese zuvor noch nicht oder nur vereinzelt eingesetzt hat.

4.2.6 Im Unterricht eingesetzte digitale Medien

In der besuchten ITG-Mathematikunterrichtsstunde fand der Unterricht im Computerraum statt und es wurden die stationären Computer sowie ein Beamer genutzt. Die Schülerinnen und Schüler hatten die Aufgabe mithilfe des MS Office Programms Excel Prozentrechenaufgaben selbstständig zu lösen. Thematisch wurde dabei an die vorhergehende Unterrichtsstunde angeknüpft. Abschließend wurde der Lösungsweg gemeinsam mit der gesamten Klasse besprochen und am Beispiel einer Schülerlösung, die an die Wand projiziert wurde, demonstriert.

Außerhalb des ITG-Unterrichts werden ebenfalls Medien genutzt, dies erfolgt am Lehrplan orientiert. Im Fachunterricht wird regelmäßig mit digitaler Lernsoftware gearbeitet. Zudem nutzen die Lehrkräfte u.a. digitale Lehr- und Lernmittel, um differenziertes und individuelles Lernen der Schülerinnen und Schüler zu fördern. Digitale Medien werden im Fachunterricht eingebunden z.B. anhand von Geometrie- oder Tabellenkalkulationssoftware (GeoGebra oder MS Excel) im Mathematik- oder Physikunterricht, zur Erstellung von Texten, Präsentationen oder unterrichtsbegleitenden Wikis in den sprachlichen und geisteswissenschaftlichen Fächern sowie zur zielgerichteten Internetrecherche in allen Fächern. Im Musikunterricht werden beispielsweise von den Schülerinnen und Schülern Musikstücke selbst aufgenommen und geschnitten.

4.2.7 Weitere Besonderheiten der Schule hinsichtlich digitaler Medien

In der 5. Jahrgangsstufe findet seit dem Schuljahr 2013/2014 im Umfang einer Doppelstunde eine Veranstaltung der Initiative „Datenschutz geht zur Schule" statt, die von Mitarbeitern des Berufsverbands der Datenschutzbeauftragten Deutschlands (BvD) durchgeführt wird. Ziel der Initiative ist es, den Schülerinnen und Schülern klare und einfache Verhaltensregeln für den Umgang mit persönlichen Daten im Internet näherzubringen. Schwerpunkte liegen dabei vor allem auf Bereichen wie dem Recht am eigenen Bild, illegalen Downloads oder dem Thema Cyber Mobbing. Ab dem Schuljahr 2014/2015 wird ergänzend dazu auch eine Lehrerfortbildung angeboten, um das Lehrerkollegium ebenfalls für diese Themen zu sensibilisieren.

Von der 8. bis zur 10. Jahrgangsstufe besteht für die Schülerinnen und Schüler an der Friedensschule Münster die Möglichkeit, das Fach Informatik als Wahlpflichtfach zu belegen. Die hier behandelten Themen orientieren sich an den Standards der Gesellschaft für Informatik (GI), wobei grundlegende Konzepte und Ideen der Informatik vermittelt werden. Beginnend mit Grundlagen der Programmierung in der 8. Jahrgangsstufe sowie der Auseinandersetzung mit den zahlreichen Facetten des Internets und der kritischen Auseinandersetzung mit der zunehmenden Technisierung der Gesellschaft werden in der 9. Jahrgangsstufe die Bereiche der Robotik sowie der Erstellung von Webseiten fokussiert. In der Jahrgangsstufe 10 lernen die Schülerinnen und Schüler die vielfältigen Einsatz- und Umsetzungsmöglichkeiten von Verschlüsselungsalgorithmen sowie die Informationsübermittlung mittels QR-Codes kennen. Vor dem Hintergrund einer möglichen Berufsvorbereitung werden am Ende der 10. Jahrgangsstufe grundlegende Fertigkeiten im Umgang mit Textverarbeitungs- und Tabellenkalkulationsprogrammen wiederholt und es wird ein Einblick in die Verwendung von Datenbankmanagementprogrammen gegeben.

Seit dem Schuljahr 2014/2015 besteht für Schülerinnen und Schüler an der Friedensschule die Möglichkeit, im Rahmen einer AG den Europäischen Computerführerschein (European Computer Driving Licence, kurz: ECDL) zu erwerben. Damit wird den Schülerinnen und Schülern in Form eines international anerkannten Zertifikats attestiert, dass sie über grundlegende Fähigkeiten im Umgang mit gängigen IT-Systemen und Anwendungsprogrammen verfügen.

In die Medienscout-Ausbildung im Rahmen des Projekts *Medienscouts NRW* wurden 2014 eine Lehrkraft, ein Sozialarbeiter und vier Schülerinnen und Schüler eingebunden. Die Medienscouts bieten für die Schülerinnen und Schüler Fortbildungen an, hier ist als Beispiel ein Workshop zum Thema Cyber-Mobbing anzuführen. Die Medienscouts sind in ihren Freistunden oft in der Mediothek anzutreffen, um bei Fragen und technischen Problemen weiterzuhelfen.

Darüber hinaus fand im März 2014 ein Themenabend zu „Facebook, WhatsApp & Co. – Funktionen, Nutzen, Risiken" für Eltern, Schülerinnen und Schüler sowie Lehrkräfte statt. In dieser Veranstaltung wurden die vielfältigen Vernetzungsmöglichkeiten der Kommunikationstechnologien vorgestellt, aber auch vor deren unreflektierten und leichtsinnigen Gebrauch gewarnt. Schließlich wurden Tipps und Hinweise für die sichere Nutzung der angesprochenen Medien vorgestellt.

5. Diskussion

In Hinblick auf die vorgestellten Aspekte lassen sich explizite Unterschiede und Gemeinsamkeiten in den Leitinitiativen der beiden Bundesländer ausmachen. Bezogen auf die Implementierung der vorgestellten Medieninitiativen zeigt sich ein Unterschied hinsichtlich der beschlossenen Umsetzungsstrategien. Während in Thüringen der Kurs *Medienkunde* verpflichtend in allen Jahrgangsstufen und allen Schularten der Sekundarstufe I in die schulinterne Lehr- und Lernplanung integriert werden muss, ist die Nutzung des Angebots *Medienpass NRW* in Nordrhein-Westfalen freiwillig. Allerdings ist jede Schule in Nordrhein-Westfalen dazu verpflichtet ein schulinternes Medienkonzept zu entwickeln. In beiden Bundesländern obliegt die Ausgestaltung der jeweiligen Medieninitiativen der Einzelschule.

Die curriculare Anbindung der Medieninitiativen variiert dabei zwischen den Bundesländern. In Thüringen ist die Einzelschule für die Anbindung des Kurses *Medienkunde* an den schulinternen Lehrplan verantwortlich. Dies erfolgt zum einen über die Lehrerkonferenz, die über die fachlichen Anbindungsmöglichkeiten entscheidet. Zum anderen wählen die Fachlehrer Unterrichtsinhalte aus, die sich besonders für die Förderung der Medienkompetenz eignen. Die Schulen in Nordrhein-Westfalen, die den *Medienpass NRW* nutzen, können auf den Lehrplankompass zurückgreifen, der integraler Bestandteil der Medieninitiative ist. Der Lehrplankompass ist dabei nicht an die Verwendung des Dokumentationsinstruments „Medienpass" gebunden und kann somit auch unabhängig von diesem für die Unterrichtsgestaltung verwendet werden. Im Lehrplankompass sind neben den Kompetenzbereichen auch Auszüge aus den Kernlehrplänen hinterlegt, um die direkte Einbindung in den Unterricht zu erleichtern. Außerdem finden die Lehrkräfte dort Beispielmaterial sowie vorgefertigte Unterrichtseinheiten, auf die sie bei Bedarf zurückgreifen können.

In beiden Bundesländern sind zu den Medieninitiativen Kompetenzbereiche bzw. Lernbereiche definiert, anhand derer erkennbar ist, über welche Kompetenzen Schülerinnen und Schüler am Ende unterschiedlicher Klassenstufen verfügen sollen. Damit sind in beiden Bundesländern Kompetenzrahmen gegeben, die eine systematische Medienkompetenzförderung der Schülerinnen und Schüler bis zum Ende der Sekundarstufe I gewährleisten. In Thüringen umfassen die Kompetenzerwartungen insgesamt sieben Lernbereiche, die verschiedene Aspekte der methodisch-didaktischen und inhaltlichen Medienbildung umfassen. Im Kompetenzrahmen des *Medienpasses NRW*, der Leitinitiative für Nordrhein-Westfalen werden fünf Kompetenzbereiche unterschieden, die jeweils in vier Teilbereiche gegliedert sind. Die Kompetenzrahmen beider Bundesländer lassen dabei Anknüpfungspunkte an das empirisch geprüfte Kompetenzmodell der Studie ICILS 2013 erkennen. Darüber hinaus wird die sogenannte informatische Grundbildung in Thüringen berücksichtigt, die in Nordrhein-Westfalen nicht explizit ausgewiesen wird.

Literatur

Baacke, D. (1997). *Medienpädagogik. Grundlagen der Medienkommunikation*. Tübingen: Niemeyer.

Bethge, B., Drews, D., Rumpf, U., Fothe, M. & Meißner. G. (2011). *Medienkunde + Informatik = ?. Zur Neukonzeption des Kurses Medienkunde an Thüringer Schulen*. Zugriff am 23. August 2015 unter http://subs.emis.de/LNI/Proceedings/Proceedings189/57.pdf

BITKOM [Bundesverband Informationswirtschaft, Telekommunikation und neue Medien e.V.]. (2015). *Digitale Schule – vernetztes Lernen. Ergebnisse repräsentativer Schüler- und Lehrerbefragungen zum Einsatz digitaler Medien im Schulunterricht*. Zugriff am 01. Juni 2015 unter https://www.bitkom.org/Publikationen/2015/Studien/Digitale-Schule-vernetztes-Lernen/BITKOM-Studie_Digitale_Schule_2015.pdf

Bos, W., Eickelmann, B., Gerick, J., Goldhammer, F., Schaumburg, H., Schwippert, K., Senkbeil, M., Schulz-Zander, R & Wendt, H. (Hrsg.). (2014). *ICILS 2013. Computer- und informationsbezogene Kompetenzen von Schülerinnen und Schülern in der 8. Jahrgangsstufe im internationalen Vergleich*. Münster: Waxmann.

Brandenburger, B. (2014). *Medienbildung in Thüringen. Eine empirische Untersuchung struktureller Bedingungen vor dem Hintergrund normativer Leitbilder*. Hamburg: Dr. Kovač.

Fileccia, M. (2014). *Medienscouts NRW. Ein Angebot der Landesmedienanstalt Nordrhein-Westfalen*. Düsseldorf: Landesanstalt für Medien Nordrhein-Westfalen (LfM).

Gerick, J., Schaumburg, H., Kahnert, J. & Eickelmann, B. (2014). Lehr- und Lernbedingungen des Erwerbs computer- und informationsbezogener Kompetenzen in den ICILS-2013-Teilnehmerländern. In W. Bos, B. Eickelmann, J. Gerick, F. Goldhammer, H. Schaumburg, K. Schwippert, H. Schaumburg, M. Senkbeil, R. Schulz-Zander & H. Wendt (Hrsg.), *ICILS 2013. Computer- und informationsbezogene Kompetenzen von Schülerinnen und Schülern in der 8. Jahrgangsstufe im internationalen Vergleich* (S. 147–196). Münster: Waxmann.

Giering, B., Paschenda, K., Schmidt, J. & Westhoff, J. (2008). *Lern-IT NRW. Eine Orientierungshilfe für Schulen, Schulträger, Kompetenzteams und IT-Dienstleister*. Düsseldorf: Medienberatung NRW.

Kerres, M., Rohs, M. & Heinen, R. (2012). *Evaluationsbericht Medienscouts NRW*. (LfM-Dokumentation Band 46/Online). Düsseldorf: Landesanstalt für Medien Nordrhein-Westfalen (LfM).

Klimsa, P., Klimsa, A., Liebal, J. & Grobe, A. (2011). *Lernstand Medien in Thüringen. Ergebnisse einer digitalen Befragung zur Überprüfung der Medienkompetenz der Thüringer Schüler und Schülerinnen der 7. Klassen sowie zur Bewertung der Eignung von Erhebungssoftware aus der Sicht der Schüler und Lehrer*. Ilmenau: Universitätsverlag.

KMK [Sekretariat der Ständigen Konferenz der Kultusminister der Länder in der Bundesrepublik Deutschland]. (2014). *Vereinbarung über die Schularten und Bildungsgänge im Sekundarbereich I* (Beschluss der Kultusministerkonferenz vom 03.12.1993 i.d.F. vom 25.09.2014). Zugriff am 16. Juni 2015 unter http://www.kmk.org/fileadmin/veroeffentlichungen_beschluesse/1993/1993_12_03-VB-Sek-I.pdf

KMK [Sekretariat der Ständigen Konferenz der Kultusminister der Länder in der Bundesrepublik Deutschland]. (2012). *Medienbildung in der Schule*. Beschluss der Kultusministerkonferenz vom 8. März 2012. Zugriff am 20. April 2015 unter http://www.kmk.org/fileadmin/veroeffentlichungen_beschluesse/2012/2012_03_08_Medienbildung.pdf

Landesanstalt für Medien Nordrhein-Westfalen [LfM]. (2015). *Die Medienscouts NRW starten in Runde vier*. Pressemitteilung vom 30.03.2015. Zugriff am 15. Mai 2015 unter http://www.lfm-nrw.de/aktuell/pressemitteilungen/pressemitteilungen-detail/article/die-medienscouts-nrw-starten-in-runde-vier.html

Landtag Nordrhein-Westfalen. (2015). *Antwort der Landesregierung auf die Kleine Anfrage 3194 vom 3. März 2015 der Abgeordneten Monika Pieper und Michele Marsching PIRATEN Drucksache 16/8057. NRW 4.0 – Vorhaben und Pläne im Ressort Schule und Weiterbildung*. Düsseldorf. Zugriff am 12. September 2015 unter http://www.landtag.nrw.de/portal/WWW/dokumentenarchiv/Dokument/MMD16-8363.pdf?von=1&bis=0

LVR Zentrum für Medien und Bildung. (2015). *Medienpass NRW mit Bildungsmedienpreis „digita" ausgezeichnet*. Zugriff am 15. Mai unter https://www.medienpass.nrw.de/de/meldung/medienpass-nrw-mit-bildungsmedienpreis-%E2%80%9Edigita%E2%80%9C-ausgezeichnet

Medienberatung NRW. (2013). *BYOD – Fluch oder Segen*. Vortrag auf der didacta im Rahmen des Forums Unterrichtspraxis vom 23. Februar 2013 in Köln.

Medienberatung NRW. (2015). *Medienkonzept*. Zugriff am 13. Mai, 2015 unter http://www.medienberatung.schulministerium.nrw.de/medienkonzept/

Medienscouts NRW. (2014). Zugriff am 16. August 2015 unter http://www.medienscouts-nrw.de/

Ministerium für Bildung, Wissenschaft und Kultur. (2010). *Förderung der Ausstattung der Thüringer Schulen mit naturwissenschaftlichen und fachpraktisch-technischen Laborausrüstungen sowie moderner Informations- und Kommunikationstechnik aus Mitteln des Europäischen Fonds für Regionale Entwicklung und des Freistaats Thüringen (Ausstattungsrichtlinie)*. Verwaltungsvorschrift des Ministeriums für Bildung, Wissenschaft und Kultur vom 11. März 2010. Thüringer Staatsanzeiger Nr. 14/2010, 379–381.

Ministerium für Schule und Weiterbildung des Landes Nordrhein-Westfalen (2014). *BASS 2014/2015. Bereinigte Amtliche Sammlung der Schulvorschriften*. (29. Ausgabe, Stichtag 15.06.2014). Düsseldorf: Ritterbach Verlag.

Missal, D., Herz, C., Kerst, N. & Plagge, C. (2014). *Leitfaden zum Medienpass NRW*. Düsseldorf: Medienberatung NRW.

Thüringer Kultusministerium. (2004a). *Medienkompetenzentwicklung an den Thüringer allgemein bildenden Schulen*. Verwaltungsvorschrift des Thüringer Kultusministeriums vom 31. Mai 2001 in der Fassung der Dritten Änderung vom 31. Mai 2004. Zugriff am 13.

Februar 2015 unter: http://www.thueringen.de/imperia/md/content/tkm/schulwesen/gesetze/verwaltungsvorschriften/vvmk.pdf

Thüringer Kultusministerium. (2004b). *Medienkompetenz in der Grundschule. Handreichung für Schulen mit dem Bildungsgang der Grundschule Umsetzung des Konzepts zur Vermittlung von Medienkompetenz.* Zugriff am 13. Februar 2015 unter http://www.schulportal-thueringen.de/documents/10113/20024/gshandr_medienkompetenz.pdf

Thüringer Landesmedienanstalt (2015). *Medienstandort. Medienkompetenz-Netzwerke in Thüringen.* Zugriff am 13. Mai 2015 unter http://www.tlm.de/tlm/medienstandort/zusamenarbeit/medkompnetzwerk_th/index.php

Thüringer Ministerium für Bildung, Wissenschaft und Kultur. (2010). *Medienkunde.* Thüringer Ministerium für Bildung, Wissenschaft und Kultur: Erfurt.

Thüringer Ministerium für Bildung Wissenschaft und Kultur. (2014). *Matschie für Landesprogramm zur Ausstattung von Schulen mit Informationstechnik.* Pressemitteilung des Thüringer Ministeriums für Bildung, Jugend und Sport vom 10.10.2014.

Thüringer Ministerium für Bildung, Wissenschaft und Kultur. (2013). *Thüringer Schulordnung für die Grundschule, die Regelschule, die Gemeinschaftsschule, das Gymnasium und die Gesamtschule (ThürSchulO) vom 20. Januar 1994 (GVBl. S. 185) zuletzt geändert durch Verordnung vom 7. Juli 2011 (GVBl. S. 208).* Erfurt.

Thüringer Schulportal. (2015a). *Eigenverantwortliche Schule und externe Evaluation.* Zugriff am 27. Mai 2015 unter http://www.schulportal-thueringen.de/web/guest/schulentwicklung/eigenverantwortlicheschule

Thüringer Schulportal. (2015b). *Regelschule.* Zugriff am 15. Mai 2015 unter http://www.schulportal-thueringen.de/schulentwicklung/regelschule

Thüringer Schulportal. (2015c). *Thüringer Medienschulen.* Zugriff am 27. Mai 2015 unter https://www.schulportal-thueringen.de/web/guest/bildung_medien/medienschulen

Thüringer Schulportal. (2015d). *Thüringer Medienzentren.* Zugriff am 15. Mai 2015 unter http://www.schulportal-thueringen.de/media/mediacenter

Tulodziecki, G. (2008). Medienerziehung. In U. Sander, F. Gross & K-U. Hugger (Hrsg.). *Handbuch Medienpädagogik* (S. 110–115). Wiesbaden: VS Verlag für Sozialwissenschaften.

Walsmann, M. (2011). *Stärkung und Weiterentwicklung der Vermittlung von Medienkompetenz in Thüringen. Unterrichtung durch die Landesregierung.* Thüringer Landtag 5. Wahlperiode. Drucksache 5/2991 (29.06.2011).

Anhang

Indikatoren der Gesamtübersicht des Bundesländervergleichs

Die Gesamtübersicht des Bundesländervergleichs basiert auf insgesamt 25 Indikatoren, die in der folgenden Tabelle 1 benannt und den vier inhaltlichen Bereichen dieses Berichtsbandes zugeordnet werden. Die Formulierung der Items sowie deren Operationalisierung können den jeweiligen Kapiteln in diesem Band entnommen werden.

Tabelle 1: Indikatoren der Gesamtübersicht des Bundesländervergleichs

IT-Ausstattung der Schulen (5 Indikatoren)	– Ausreichende IT-Ausstattung – Ausreichender Internetzugang – WLAN-Zugang in den Klassenräumen – Technischer Stand der Computer – Kein Problem mit Softwarekosten
Nutzung digitaler Medien im Unterricht (10 Indikatoren)	– Nutzungshäufigkeit: Mindestens einmal in der Woche – Nutzungshäufigkeit: Nie – Wenig organisatorische Probleme – Vorhandensein eines Medienkonzepts in der Schule – Ausreichende Vorbereitungszeit für computergestützten Unterricht – Gemeinsame Entwicklung computergestützter Unterrichtsstunden – Vorhandensein von Beispielmaterial zu computergestütztem Unterricht – Interne Workshops zu computergestütztem Unterricht – Technischer Support – Pädagogischer Support
IT-bezogene Einstellungen der Lehrpersonen[1] (5 Indikatoren)	– Bessere Informationsquellen – Wirksamere Vertiefung und Verarbeitung von Informationen – Entwicklung eines größeren Interesses am Lernen – Arbeiten auf einem den Lernbedürfnissen entsprechenden Niveau – Verbesserung schulischer Leistungen
Förderung der IT-bezogenen Fähigkeiten der Schülerinnen und Schüler (5 Indikatoren)	– Erläuterung des Speicherns von Informationen in einem Dokument – Schritt-für-Schritt-Instruktionen zur Bearbeitung von Tabellen, Grafiken oder Texten – Üben der Navigation im Internet – Eigenständige Erstellung adressatengerechter Poster oder Präsentationen – Richtige Einschätzung der Glaubwürdigkeit und Nützlichkeit medial ermittelter Informationen

---

1 Die Indikatoren für die Risikowahrnehmung digitaler Medien durch die Lehrkräfte fließen aufgrund von Ambiguitäten nicht in die Gesamtübersicht ein.

UNSERE BUCHEMPFEHLUNG

2014, 336 Seiten, br., 34,90 €,
ISBN 978-3-8309-3131-7

Wilfried Bos, Birgit Eickelmann,
Julia Gerick, Frank Goldhammer,
Heike Schaumburg, Knut Schwippert,
Martin Senkbeil, Renate Schulz-Zander,
Heike Wendt (Hrsg.)

ICILS 2013

Computer- und informationsbezogene Kompetenzen von Schülerinnen und Schülern in der 8. Jahrgangsstufe im internationalen Vergleich

Mit diesem Band werden die Ergebnisse der internationalen Schulleistungsstudie *International Computer and Information Literacy Study* (ICILS 2013) vorgelegt. ICILS 2013 ergänzt den Kanon der Schulleistungsstudien und trägt dem Wandel zur Informations- und Wissensgesellschaft Rechnung. Neben der wichtigen Frage, wie Schülerinnen und Schüler der Jahrgangsstufe 8 in Deutschland hinsichtlich ihrer computer- und informationsbezogenen Kompetenzen im internationalen Vergleich abschneiden, werden in diesem Buch detailliert schulische Rahmenbedingungen des Erwerbs dieser Kompetenzen aus verschiedenen Perspektiven dargestellt sowie Prozessfaktoren der schulischen Mediennutzung beleuchtet.

www.waxmann.com
order@waxmann.com

UNSERE BUCHEMPFEHLUNG

2014, 160 Seiten, br., 27,90 €,
ISBN 978-3-8309-3020-4
E-Book: 24,99 €,
ISBN 978-3-8309-8020-9

Birgit Eickelmann, Ramona Lorenz,
Mario Vennemann, Julia Gerick,
Wilfried Bos (Hrsg.)

Grundschule in der digitalen Gesellschaft
Befunde aus den Schulleistungsstudien IGLU und TIMSS 2011

Dieses Buch greift die Diskussion um den Stellenwert neuer Technologien in der Primarstufe auf und nutzt aus diversen Perspektiven Daten der IGLU- und TIMS-Studie aus dem Jahr 2011. Die Beiträge nehmen dabei Aspekte wie die Ausstattungsbedingungen zum Lernen und Lehren mit digitalen Medien, die Rolle der Schulleitung, die fachliche Nutzung digitaler Medien im Unterricht sowie differenzierte Betrachtungen hinsichtlich Hintergrundmerkmalen von Schülerinnen und Schülern wie Geschlecht, Migrationshintergrund und sozioökonomischer Status in den Blick. Die Beiträge wenden sich sowohl an die schulische Praxis, die Bildungsadministration als auch an die Wissenschaft.

www.waxmann.com
order@waxmann.com